디지털 미디어

Digital Media

정민영 著

디지털(digital)을 기반으로 하는 컴퓨터(computer)와 정보 통신 기술의 놀라운 발전은 전 세계를 하나의 네트워크(network)로 엮고 서로 정보를 주고받을 수 있도록 하는 인터넷(internet)을 탄생시켰고, 인간의 의사소통 양식과 방법을 변화시키면서 보다 많은 정보를 보다 신속히 전달하게 함으로써 사회의 범위를 확장시키고 사회 구조를 진화시키고 있다.

0 또는 1로 표현되는 비트를 기반으로 하는 디지털 데이터는 정보기술의 발전과 더불어 신문, 잡지, 라디오 방송, TV 방송 등의 대중 매체는 물론 음악, 미술, 영화, 만화 등의 디지털 콘텐츠로 거듭나면서 각종 디지털 기기에 표현되고 전달됨으로써 각종 새로운 디지털 미디어의 등장과 발전에 영향을 미치고 새로운 커뮤니케이션 문화를 형성하게 하여 이른바 '디지털 미디어 시대'를 열었다. 디지털 컴퓨터, 디지털 TV, 모바일폰, PDA, MP3, 전자사전, DMB, 인터넷 전화 등의 형태로 탄생한 디지털 미디어는 고유의 디지털 특성을 이용해서 와이브로, LTE, BcN, RFID, USN, 홈네트워크 서비스, 임베디드 소프트웨어 등의 유비쿼터스 컴퓨팅, 모바일 컴퓨팅, 클라우드 컴퓨팅 기술들과 융합된 형태로 발전하여 스마트폰, 스마트패드, 스마트TV, 스마트 자동차, 로봇 등 새로운 디지털 미디어들을 등장시켰다. 이들은 정치, 경제, 사회, 문화, 예술 등 인간 사회 전반에 걸쳐 지대한 변화를 일으키면서 미래 학자들의 예상보다 더 빨리 지식 정보 사회를 앞당기며 심화시키고 있다.

지식 정보 사회란 지식과 정보가 사회의 중심이 되는 사회로서 컴퓨터 기술과 정보 통신 기술을 활용하여 가치 있는 정보와 지식을 창출하고 보다 유익하고 윤택한 생활을 영위하는 사회를 말한다. 사회 모든 분야에서 물질이나 다른 어떤 자원보다도 정보가 중요시되고 이를 기반으로 만들어지는 지식의 가치가 높이 평가된다. 여기에 디지털 미디어가 언제, 어디서나, 어느 기기든지 미디어에 구애받지 않고 경제적이며 편리한 정보 처리와 커뮤니케이션을 수행할 수 있게 함으로써 보다 편리하고 활발한 사회를 이루는 중요한 역할을 하고 있다.

이 책은 이러한 변화에 능동적으로 적응할 수 있게 도와줄 목적의 기초 강의서로 만든 것이다. 지식 정보화 사회를 주도하는 사람의 기본 소양이라 할 수 있는 효율적인 디지털 정보 생산과 정보 활용 능력을 갖추기 위해, 디지털 미디어에 대한 이해를 바탕으로 디지털 정보의 가공 및 표현, 정보 전달 개념, 인터넷과 웹서비스를 통한 정보 검색, 정보 공유에 대한 개념을 이해하고 이를 표현하고 응용하는 능력을 기를 수 있는데 초점을 맞추고 있다.

1장에서는 디지털 미디어의 개요, 2장에서는 디지털 미디어와 사회, 3장에서는 디지털 콘텐츠와 기기, 4장에서는 디지털 컴퓨터, 5장에서는 디지털 정보의 표현 6장에서는 디지털 정보의 압축과 저장, 7장에서는 컴퓨터 네트워크, 8장에서는 인터넷, 9장에서는 웹 서비스, 10장에서는 모바일 정보 검색, 11장에서는 모바일 정보 공유, 12장에서는 디지털 미디어 기술의 발전, 13장에서는 디지털 프레젠테이션을 다룬다.

아무쪼록 이 책을 통하여 디지털 미디어를 이해하고, 정보 획득 및 가공, 정보 검색 및 정보 공유에 대한 기초 소양을 얻고자 하는 모든 이들에게 무궁한 발전과 성장이 있기를 기원하며, 끝으로 이 책이 만들어지도록 도와주신 여러분과 부족한 부분을 잘 완성시켜 주신 도서출판 기한재의 사장님 이하 임직원 여러분께도 깊은 감사를 드린다.

저자

CONTENTS

CHAPTER 01_디지털 미디어의 개요 ▸ 9

1.1 디지털(digital) ········· 11

1.2 미디어(media) ········· 16

연습문제 ········· 22

CHAPTER 02_디지털 미디어와 사회 ▸ 25

2.1 디지털 미디어(digital media) ········· 27

2.2 디지털 정보 사회 ········· 31

연습문제 ········· 37

CHAPTER 03_디지털 콘텐츠와 기기 ▸ 41

3.1 디지털 콘텐츠 ········· 43

3.2 디지털 기기 ········· 49

연습문제 ········· 55

CHAPTER 04_디지털 컴퓨터 ▸ 59

4.1 디지털 컴퓨터의 정의 ········· 61

4.2 컴퓨터 시스템 ········· 64

연습문제 ········· 71

CHAPTER 05_디지털 정보의 표현 ▸ 75

5.1 숫자와 문자 표현 ········· 77

5.2 소리와 영상 표현 ········· 83

연습문제 ········· 88

차례

CHAPTER 06_디지털 정보의 압축 및 저장 ▸ 91

6.1 디지털 정보 압축 ········ 93
6.2 디지털 정보 저장 기술 ········ 96
연습문제 ········ 100

CHAPTER 07_컴퓨터 네트워크 ▸ 103

7.1 정보통신과 컴퓨터망 ········ 105
7.2 근거리망과 컴퓨터 통신구조 ········ 112
연습문제 ········ 117

CHAPTER 08_인터넷 ▸ 119

8.1 인터넷(Internet)의 개요 ········ 121
8.2 인터넷 서비스 개요 ········ 127
연습문제 ········ 135

CHAPTER 09_웹 서비스 ▸ 137

9.1 웹 서비스 개요 ········ 139
9.2 웹 서비스 운영 ········ 144
연습문제 ········ 150

CHAPTER 10_모바일 정보 검색 ▸ 153

10.1 모바일 브라우저와 정보 검색 ········ 155
10.2 모바일 메일과 정보 획득 ········ 162
연습문제 ········ 171

CONTENTS

CHAPTER 11_모바일 정보 공유 ▸ 173

11.1 모바일 인터넷 서비스 ········ 175
11.2 모바일 SNS ········ 179
연습문제 ········ 192

CHAPTER 12_디지털 미디어 기술의 발전 ▸ 195

12.1 디지털 미디어 기술 ········ 197
12.2 클라우드 컴퓨팅 ········ 202
연습문제 ········ 212

CHAPTER 13_디지털 프레젠테이션 ▸ 215

13.1 디지털 프레젠테이션의 개요 ········ 217
13.2 프레지 ········ 219
연습문제 ········ 229

C.H.A.P.T.E.R 01

디지털 미디어의 개요

1.1 디지털
1.2 미디어

1.1 디지털(digital)

20세기 초반에 등장한 컴퓨터(computer)는 이른바 정보 혁명의 주역으로서 정보화 사회를 여는데 결정적인 역할을 했고, 이를 기반으로 모든 정보를 낱낱이 구분할 수 있는 형태의 디지털 정보로 표현할 수 있게 되면서부터 우리는 디지털 정보 사회에 살고 있다. 그런데 디지털(digital)이라는 말이 무엇을 뜻하는지에 대해서는 정확히 말하는데 자신이 없다. 디지털을 아날로그(analog)와 비교할 수 있는 사람은 최소한 디지털이 무엇인지 어렴풋이나마 의식은 하고 있는 것이다. 대체로 새 휴대폰을 구입하여 사용할 때, 무선 전화 기능 외에 카메라(camera), 영상 송수신, MP3(MPEG Audio Layer-3), DMB(Digital Multimedia Broadcasting), 전자 사전, GPS(Global Positioning System) 등의 기능이 추가적으로 들어있고 이것은 디지털 방식을 사용하기 때문에 가능하다는 정도만 이해해도 훌륭하다. 스마트폰으로 찍은 사진을 멀리 떨어져 있는 친구에게 이메일(E-mail)을 통해 보내거나 개인용 컴퓨터를 이용하여 문서 파일(file)을 작성하고 인터넷을 통해서 이를 주고받거나 인터넷을 통해 필요한 정보를 검색할 수 있을 정도면 디지털 정보 사회에 잘 적응하고 있다고 볼 수 있다.

그렇지만, 새로운 디지털 기기가 인터넷(internet)이나 대중매체를 통해 소개되거나, 널리 사용되고 있는 디지털 기기가 잘 모르고 있었던 것이라는 사실을 알게 되거나 디지털 기기의 사용법에 답답함을 느끼는 순간, 왠지 모르는 서글픔과 두려움이 엄습해 올 수 있다. 도대체 디지털이란 무엇이란 말인가?

디지털은 디지트(digit)라는 단어에서 파생된 형용사이다. 디지트(digit)란 낱낱이 구분할 수 있는 것을 말하며, 사람의 손가락, 동물의 발가락을 의미하는 라틴어에서 유래한 단어이다. 10진수는 0~9까지 10개의 서로 구별되는 디지트로 구성된다. 즉, 10진수에서 디지트는 구체적으로는 0~9 중 하나를 뜻한다. 10진수로 열을 표시할 때 0~9까지의 기호로 표시할 수 없으므로 자리수를 하나 늘려서 10으로 표시하여 각각의 가지 수를 구별할 수 있게 한다. 그러므로 한 자리 10진수는 1개의 디지트가, 두 자리 10진수는 2개의 디지트가, 세 자리 10진수는 3 개의 디지트가 필요하다. 따라서 3 자리 10진수 123은 1 자리 디지트가 3, 10자리 디지트가 2, 100자리 디지트가 1이 된다.

그림 1-1 디지트

그런데 이와 같이 n 자리의 수는 n 개의 디지트가 필요하게 된다. 또한 역으로 n 개의 디지트로 표현할 수 있는 최대 수는 n 자리수를 갖는 수라고 할 수 있다. 그림 1-1은 이러한 디지트의 의미를 표현한 것이다.

디지털이란 특히 실세계의 데이터와 정보를 이진 상태로 변환하여 디지털 데이터와 정보로 표현하는 디지털 컴퓨터가 발명되면서부터 널리 사용되고 있는 개념이다. 디지털 컴퓨터는 처리하고자 하는 문제와 관련된 데이터를 입력받아 프로그램에 의해 가공하여 원하는 문제의 해에 해당하는 정보를 출력하는 전자식 정보 처리기이다. 여기서 사용되는 데이터와 정보는 컴퓨터 내부에서는 디지털 신호로 표현되므로 컴퓨터 외부에서 사용되는 데이터는 디지털로 변환되어야 한다.

그림 1-2에서 알 수 있듯이 아날로그 데이터(analog data)나 정보를 표현할 때 유사하거나 연속적인 범위의 값을 사용하지만, 디지털 데이터(digital data)는 연속적이지 않고 낱낱이 구별되는 값을 표현하는데 사용한다.

종류 / 항목	디지털 데이터 (Digital data)	아날로그 데이터 (Analog data)
개념	이산적으로 변하는 것 낱낱이 셀 수 있는 것	연속적으로 변하는 것 연속적인 물리량
어원	Digit(손가락)	Analogue(유사함)
느낌	인공적	자연스러움
표현	숫자, 문자	그래프, 도표

그림 1-2 디지털 데이터와 아날로그 데이터

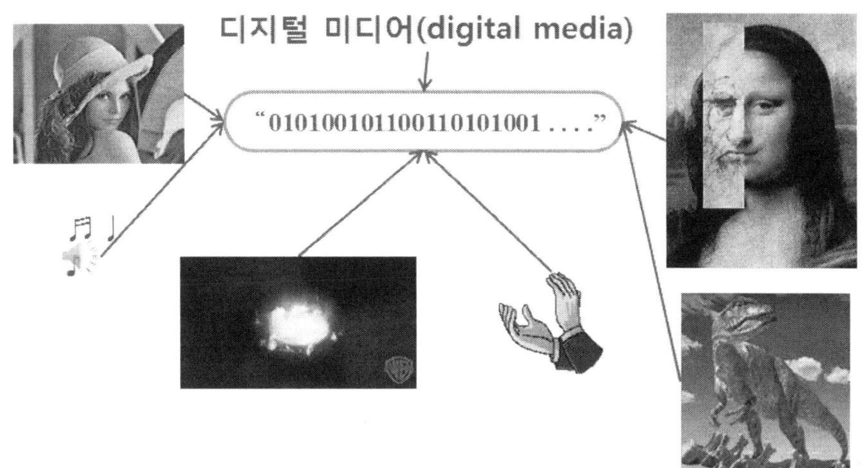

그림 1-3 디지털 데이터의 예

이진수	0	1
진리값	False	True
사람	여자	남자
요철	⊔	⊓
전구		

그림 1-4 이진 상태

디지털 데이터는 숫자와 문자 같이 낱낱이 셀 수 있는 형태로 표현되는 값이나 사실들을 말한다. 숫자와 문자는 코드화하여 10진수, 2진수, 16진수 등으로 나타내는데 이들은 컴퓨터에서 이진 상태로 표현된다.

그림 1-3은 디지털 데이터의 예를 나타낸 것이다. 문자는 물론 소리, 정지영상, 동영상 등으로 이루어진 멀티미디어 데이터들이 0 또는 1로 대표되는 2진상태의 연속으로 나타낼 수 있다.

이진 상태는 그림 1-4와 같이 0 상태와 1 상태로 대표되는 명확히 구분되는 두 가지 상태를 말한다. 이러한 이진 상태를 사람 중심으로 보다 간편하게 표시하기 위해 0 또는 1의 디지트를 갖는 2진수로 대신하여 표현한다.

10진수	2진수	16진수
0	0000	0
1	0001	1
2	0010	2
3	0011	3
4	0100	4
5	0101	5
6	0110	6
7	0111	7
8	1000	8
9	1001	9
10	1010	A
11	1011	B
12	1100	C
13	1101	D
14	1110	E
15	1111	F
16	10000	10

그림 1-5 2진수와 16진수

2진수는 이진 상태를 표현하는데 가장 이상적이지만 0 또는 1 디지트를 가지므로 큰 수를 표시하자면 자리수가 늘어날 수밖에 없다. 자리수가 긴 2진수를 보다 적은 자리수로 간단히 나타내기 위해 그림 1-5와 같이 2진수 4개를 하나로 대신할 수 있는 16진수를 많이 사용한다. 예를 들면 2진수 11010011의 경우 16진수 D3에 해당된다.

비트(bit)는 이진 숫자(binary digit)를 의미하며, 0 또는 1 둘 중의 하나의 이진 상태 값을 기억장치에 저장할 수 있는 디지털 정보의 최소 단위이다. 전구 1 개로 표현할 수 있는 것에 해당된다.

바이트(byte ; binary term)는 글자 한 자 정도를 기억할 수 있는 크기를 나타내는 것으로서 8 비트로 구성된다. 전구 8개로 표현할 수 있는 경우의 수는 2^8=256가지이므로 256가지의 서로 다른 상태를 표현할 수 있다. 전구가 모두 꺼진 상태를 나타내는 00000000에서 전구가 모두 켜진 상태를 나타내는 11111111까지 특히 컴퓨터 기억장치의 기억용량 단위로 많이 사용된다.

10진수	2진수	전구	비트수
0	0		1
1	1		1
2	10		2
3	11		2
4	100		3
5	101		3
7	110		3
7	111		3
8	1000		4

그림 1-6 10진수, 2진수에 대응하는 이진상태와 비트수

단위	단위명	표기	기억용량 단위
10^{12}	테라(tera)	T	2^{40}
10^{9}	기가(giga)	G	2^{30}
10^{6}	메가(mega)	M	2^{20}
10^{3}=1000	킬로(kilo)	k	2^{10}=1024

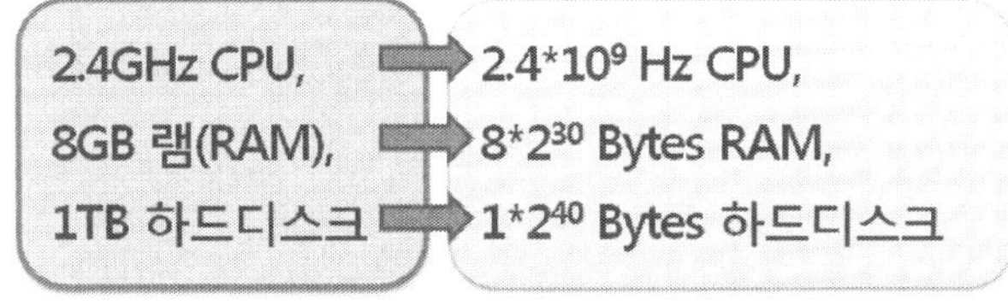

그림 1-7 표준단위와 적용 예

그림 1-6은 10진수, 2진수에 대응하는 이진상태와 비트수를 나타낸 것이다.

2.4GHz CPU, 8GB 램(RAM), 1TB 하드 디스크를 갖는 컴퓨터를 그림 1-7의 표준단위를 참조하여 기본단위 값으로 계산하여 표현하면 $2.4*10^{9}$Hz CPU, $8*2^{30}$Bytes RAM, $1*2^{40}$Bytes 하드디스크를 갖고 있다는 뜻이 된다.

'디지털이다(BEING DIGITAL)'의 저자인 니콜라스 네그로폰테(Nicholas Negroponte) 미국 MIT 대학 교수는 "이제 세상은 아톰(atom ; 물질의 최소단위)이 지배하던 시대에서 비트(정보의 최소단위)의 세계로 변화하고 있다." 고 선언했다. 이는 그림 1-8에서 상징하듯, 손으로 잡히는 원자와 분자 구조를 갖는 물질로 제품 생산에 주력했던 산업 사회에서, 손으로 잡히지 않는 비트 구조를 갖는 정보가 중요한 시대인 디지털 정보 사회로 진입했음을 의미한다.

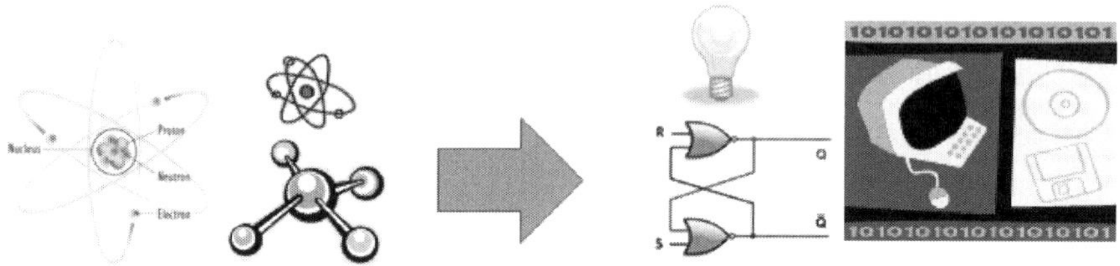

그림 1-8 아톰과 비트

1.2 미디어(media)

"인간은 사회적 동물이다."라는 말처럼 인간은 이 세상에 태어나는 그 순간부터 사회의 구성원으로서 끊임없는 의사소통의 노력을 한다. 인간 사이의 의사소통은 정보를 주고받으면서 이루어지는데 이러한 정보를 전달하는 매개체를 미디어(media), 즉 매체(媒體)라고 한다. 인간의 역사를 미디어 발달의 역사라고 할 정도로 미디어는 인간과 더불어 끊임없이 발전해왔다. 미디어가 근거리 정보 전달 매체에서 원거리 정보 전달 매체로, 느린 전달속도의 매체에서 빠른 전달 속도의 매체로 발달할수록 사회의 범위는 넓혀져 갔고, 급기야 전 세계는 지구촌으로 엮어지기에 이르렀다.

미디어는 미디엄(medium)이라는 단어의 복수이며, 정보를 표현하는 수단, 정보를 전달하는 매체, 표현 및 전달하는 중간자로서의 의미를 갖는다. 그림 1-9는 송신자에서 수신자로 정보가 매체를 거쳐 전달되는 과정을 나타낸 것이다. 송신자의 정보는 매체에 맞게 변환되어 표현되어 수신자가 있는 곳으로 이동하며, 수신자의 정보로 변환되어 전달된다. 정보 전달 방향이 반대인 경우가 추가되면 송수신자는 매체를 통해 정보를 송수신하며 송수신자가 의사소통하는 중간자 역할을 하게 된다.

그림 1-9 정보의 전달 과정

원시 시대의 주요 미디어는 구어(口語), 즉 말소리였다. 문자가 만들어지면서 필사본이나마 좀 더 많은 사람에게 정보를 전달할 수 있게 되었고, 인쇄술

이 나오면서 아주 많은 사람들에게 정보를 전달하는 큰 변화가 일어났으며, 전기가 발견되면서 보다 많은 정보를 보다 많은 사람들에게 엄청나게 빠른 속도로 전달하는 혁명적 변화가 일어나게 되었다.

미디어는 정보를 표현하는 표현 매체, 송신자의 정보를 수신자에게 전달하는 전달 매체, 표현 매체와 전달 매체의 속성을 모두 갖는 표현 및 전달 매체의 특성을 갖는 것으로 볼 수 있다. 표현 매체로서의 미디어로는 문자, 만화, 그림, 사진, 음성, 음악, 영상 등이 있으며, 전달 매체로서 미디어로는 공기, 도로, 자동차, 기차, 비행기, 전화망, 방송망, 컴퓨터망(인터넷) 등이 있다. 표현 및 전달 매체로서의 미디어로는 봉화, 신문, 잡지, 전화, 라디오, TV, 영화, 컴퓨터 게임(computer game), 인터넷서비스(internet service) 등이 있다.

마샬 맥루한(Marshall McLuhan)은 "미디어(media)란 메시지(message)이다."라고 하였는데, 이는 미디어의 내용이라 할 수 있는 메시지까지도 미디어로 보며, 기술과 연결되는 미디어가 그 내용인 메시지보다 더 중요하다는 뜻으로, 결국 미디어를 인간의 감각의 확장으로 본다는 것이다. 여기서 정보가 매체에 맞게 기호화 된 것인 전달 정보를 그림 1-10처럼 메시지로 보며 이는 궁극적으로 미디어의 확장이라는 것이다.

그림 1-10 전달 정보

미디어의 발달을 표현 매체 중심으로 살펴보면 정보의 양적 팽창의 역사로 볼 수 있다. 말소리에서 시작하여 문자가 만들어지면서 표현되는 정보의 양은 늘어나게 된다. 이때의 정보는 필사에 의해 생산되기에 한정된 특정 집단이 소유하게 된다. 그러나 인쇄술이 등장하면서 폭발적으로 정보의 양이 늘어나게 되고 이는 책, 신문, 잡지 등을 통해 일반 대중들까지도 소유할 수 있을 정도에 이르게 되었다. 전기를 사용할 수 있게 됨에 따라 정보는 혁명적으로 늘어나게 되고 이는 전화, 라디오, 영화, TV, 컴퓨터 등을 통해 한 국가를 뛰어넘어 다른 지역의 각 개인까지도 소유할 수 있게 되었다. 특히 컴퓨터의 등장으로 정보의 표현 방식이 아날로그에서 디지털로 바뀜에 따라 서로 다른 매체가 같은 디지털 방식으로 표현할 수 있게 되고 서로 융합할 수 있게 되었다. 이로 인해 정보의 양은 상상을 초월할 정도로 늘어나게 되고 심지어 전 세계의 각 개인이 정보의 송수신자 입장에서 분화된 이중내지는 다중 인격체로서 각각의 정보를 소유하기에 이르렀다.

미디어의 발달을 전달 매체 중심으로 살펴보면 정보의 전달 속도의 발전 역사로 볼 수 있다. 인류 역사가 시작된 이래로 사람들은 먼 곳에 있는 상대방에게 정보를 전달하기 위하여 여러 가지 통신 수단을 이용해 왔다. 그리고 그 통신 수단들은 반드시 나름대로 전달 매체로서 통신 매체를 가지고 있었다. 전쟁의 승보를 전달하기 위해 직접 사람이 마라톤(marathon) 평야를 뛰었던 이야기에서, 적군의 침입이나 긴급 상황을 전달했던 파발은 전기통신 이전 시대의 통신 수단들이었다. 이때에는 사람이나 말이 전달 매체로서 통신 수단으로 사용되었기에 정보의 전달 속도는 매우 느렸다.

19세기 이후 패러데이(Faraday)가 전자기 유도법칙을 발견하고 이를 응용하여 모르스(Morse)가 전기신호를 이용하여 부호를 사용하는 전신기를 발명하면서 유선에 의한 전기통신이 시작되었고 정보의 전달 속도는 빨라지기 시작하였다. 벨(Bell)이 음성을 전기 신호로 변환하여 전달하는 전화를 발명하면서 각 가정에까지 정보를 신속히 전달할 수 있게 된 엄청난 변화가 일어나서 전신기와 전화는 인간과 인간 사이의 신속한 의사소통 수단으로 사용되었다. 20세기에 들어서 컴퓨터가 등장하면서 컴퓨터를 이용하여 다양한 정보를 신속 정확하게 전송하는 데이터통신 시스템이 개발되고 이를 통해 기계와 기계, 기계와 인간 사이의 신속한 의사소통이 가능하게 되었고 컴퓨터 네트워크가 발전하면서 인터네트워크 기술에 의해 상호연결한 인터넷이 등장하기에 이르렀다.

이제는 전 세계적으로 수천 만대의 크고 작은 컴퓨터가 거미줄처럼 얽혀 통신 선로에 의해 서로 정보를 빠른 속도로 교환할 수 있는 환경이 갖춰짐에 따라 문자는 물론, 음성, 영상 등의 다양한 형태의 멀티미디어 정보들을 신속하게 전달할 수 있게 되었고, 컴퓨터에 저장된 다양한 형태의 디지털 정보들을 공간적 제약 없이 공유할 수 있게 되었다. 또한 전파 통신 기술의 발달로 인해 많은 인공위성이 발사되어 무선으로 지역과 시간적 제약을 뛰어넘는 정보 교환이 가능하게 되었다.

미디어는 크게 출판 매체, 전자 매체로 구분한다. 출판 매체로는 대중 매체로서 방송 매체, 뉴스 매체 등이 있으며 라디오, 텔레비전, 신문을 들 수 있다. 전자 매체로는 멀티미디어(multi-media), 하이퍼미디어(hyper-media), 디지털 미디어(digital media) 등이 있다. 멀티미디어란 정보를 표현하는데 두 가지 이상의 매체가 결합된 것을 말하며, 하이퍼미디어는 연결정보를 포함하고 있는 멀티미디어를 뜻한다. 디지털 미디어란 디지털화된 정보를 수신하고, 저장하며, 전송하는데 사용하는 전자 매체를 뜻한다.

미디어를 보다 세부적으로 구분할 때 표현 매체와 전달 매체로 구분할 수 있다. 이는 미디어가 정보를 표현하는 것은 궁극적으로 정보를 전달하기 위한 것이고, 미디어가 정보를 전달하는 것은 전달 정보의 내용이 표현 가능한 형태로 유지됨을 전제로 하는 것이기 때문에 미디어를 표현 매체와 전달 매체로 구태여 구분할 필요는 없지만 단순히 한 가지 특성이 강한 여러 가지 미디어를 이해하는데 도움이 되도록 편의상 구분한 것이다.

먼저 미디어를 표현 매체 측면에서 분류해보면 크게 문자미디어계, 소리미디어계, 영상미디어계로 구분할 수 있다. 문자미디어계는 문자정보(부수적으로 그림, 사진) 중심의 정보를 전달하는 것으로 전자신문, 전자사서함, 문자다중TV방송, 문자라디오방송, 무선호출기 등이 있다. 소리미디어계는 소리, 음성, 음악 같은 정보를 전달하는 것으로 디지털오디오테이프, 오디오 CD, 디지털라디오방송, 문자라디오방송, 휴대폰 등이 있다. 영상미디어계는 정지영상, 동영상, 비디오 등의 정보를 전달하는 것으로 비디오 CD(Compact Disk), VOD(Video On Demand), 디지털 위성 방송, 디지털 TV 등이 있다.

다음으로 미디어를 전달 매체 측면에서 분류해보면 유선계, 무선계, 위성계, 패키지계로 구분할 수 있다. 유선계는 트위스티드 페어, 동축케이블, 광케이블 등을 직접 연결하는 것으로 케이블TV, 인터넷, 방송, 전화 등이 있다. 무선계는 전파를 이용하여 무선으로 정보를 담은 신호를 전달하는 것으로 디지털라디오방송, 지상파DTV, 휴대폰, DMB, 무선인터넷 등이 있다. 위성계는 통신위성이나 방송위성을 이용하여 정보를 전달하는 것으로 직접방송위성, 위성공시청TV 등이 있다. 패키지계는 독립된 패키지형태로 정보나 프로그램을 전달하는 것으로 CD, DVD(Digital Video Disk) 등이 있다.

유선 전송매체로 널리 사용되는 케이블로는 트위스티드 페어, 동축케이블, 광케이블 등이 있다. 트위스티드 페어(Twisted Pair)는 두 개의 절연된 도선

이 서로 꼬인 선으로 만들기 좋고, 설치하기 좋고, 유연성이 뛰어나며, 가격도 저렴하다. 그러나 전자파 간섭이 심하므로 속도가 비교적 느리고 전송거리가 짧다. 동축케이블은 두 개의 구리 도선 가운데 절연 물질이 채워진 선으로 TV선으로 많이 사용되는 것을 말한다. 광 케이블은 광섬유(optical fiber)를 여러 가닥 묶어서 케이블로 만든 것으로 대역폭이 크고 전송속도가 빨라서 고속으로 정보를 전송하는데 최근 들어 가장 많이 사용되고 있다.

무선의 경우는 전파를 이용하여 전파신호에 정보를 담아서 전송하는 방법을 사용한다. 전파는 물질의 매개 없이 공간을 전파하는 3000GHz 이하의 주파수를 지니는 전자기파를 말하며, 공기를 매개로 전달되는 우리의 목소리나 음향과 같은 음파와는 달리 공기가 없는 우주공간 속에서도 광속(300000km/sec)으로 전달되는 특성을 가지고 있다.

전파는 일종의 파동으로 볼 수 있으므로 파동의 주파수를 표현하는 단위인 헤르츠(Hertz ; Hz)를 사용하여 전파의 크기를 나타낸다. 파동은 주기를 갖는 진동의 연속이므로, 1 Hz란 1초 동안 1회 진동이 있어난 것을 뜻한다. 헤르츠를 초단위로 환산하면 초의 역수(1Hz = 1/sec)에 해당된다. 결국 1초 동안 몇 번의 진동이 일어났는가를 표현하는 것이 바로 헤르츠(Hz)이다. 만약 전파 신호가 1진동이 일어날 때 1bit의 정보를 전달한다면 Hz와 bps(bits per second)는 갖은 단위로 볼 수 있다.

주파수 대역폭은 특정 주파수의 범위의 폭, 간격을 말한다. 예를 들어 중파(AM)방송이 300~3000kHz를 이용한다면, 주파수 대역(Band)은 300~3000kHz이며 주파수 대역폭은 2700kHz(3000-300)이 된다. 광대역 네트워크는 200kbps 이상 속도 네트워크를 말하는데 실제로 1진동에 1bit 정보를 전달하므로 200kHz 이상의 주파수를 갖는 것으로 볼 수 있다.

전파의 파장은 전파의 진동에 해당하는 파동의 1주기가 갖는 길이를 말한다. 따라서 1초 동안에 많은 진동이 일어날수록 그만큼 많은 주기를 가지므로 그만큼 파장은 짧아진다. 즉, '파장(λ) = 진행속도/주파수'이므로 파장은 주파수와 반비례를 갖는다. 그리고 전파의 속도는 광속(300000km/sec)을 가지므로 전파의 파장은 '(300000km/sec)/주파수'이라 할 수 있다. 만약 300MHz를 갖는 전파라면 파장은 '(300000km/sec)/300MHz=(300000000m/sec)/(300000000/sec)' 이므로 모두 약분되어 1m가 된다.

전파는 주파수가 300MHz~300GHz이고, 파장이 1 밀리미터(mm)에서 1미

터 사이인 마이크로파와 비교적 주파수가 낮고 파장이 긴 라디오파로 구분한다. 라디오파는 비교적 낮은 주파수를 가지므로 고체, 진공, 대기를 통과할 수 있어서 장거리통신에 유리하나 전송되는 정보량은 적다. 라디오파에는 해상에서 어선끼리 신호를 주고받을 때 널리 사용하는 초장파, 원거리 무선 전화나 장파 방송에 사용하는 장파, AM 방송에 사용하는 중파, 아마추어 무선 통신과 단파방송에 널리 사용하는 단파, FM 방송과 텔레비전 그리고 무선호출과 지상파 DMB 등에 사용하는 초단파 등이 있다.

마이크로파는 비교적 높은 주파수를 가지므로 빛과 유사하게 직진, 반사, 굴절 등의 성질을 가지고 있다. 따라서 많은 정보를 초고속으로 통신하거나 원격 물체의 범위, 속력 등의 특성을 탐지하는 레이더와 지구 항해 위성 시스템을 이용하여 물체의 위치를 추적하는 GPS에 사용하며, 식물이나 물에 잘 흡수되는 성질이 있어서 열을 발생할 수 있으므로 전자레인지에서도 사용한다. 마이크로파에는 이동전화와 위성 DMB에 사용하는 극초단파, 위성 TV에 사용하는 초극초단파, 고해상도 레이더와 실내용 초고속 무선 LAN에 사용하는 밀리미터파 등이 있다. 특히 마이크로파를 이용한 통신과 관련해서 블루투스(bluetooth)나 와이파이, 와이브로(wibro) 등의 무선 근거리망과 모바일폰을 통한 이동통신이 최근 들어 널리 활성화 되고 있다.

연 / 습 / 문 / 제

1. Analogue의 반대말이며 사람의 손가락, 동물의 발가락에서 유래한 명사형 단어로, 낱낱이 구분할 수 있는 것을 뜻하는 것은?

   ① Digital ② Digit ③ Medium ④ Media ⑤ Hybrid

2. 0 또는 1의 상태를 나타내는 이진 상태를 나타내는 디지털 정보의 최소 단위를 무엇이라고 하는가?

   ① bit ② nibble ③ character ④ byte ⑤ word

3. 1바이트(byte)는 (   )비트이므로 (   )가지 상태를 나타낼 수 있도록 한 문자를 디지털 형태로 표현하기 적당한 크기 단위이다.

   ① 4, 16 ② 6, 64 ③ 7, 128 ④ 8, 256 ⑤ 16, 65536

4. 2.83GHz CPU, 3.25GB RAM, 600GB Hard Disk의 의미가 잘못 표현된 것은?

   ① $2.83*10^9$Hz CPU ② $2.83*10^3$MHz CPU
   ③ $3.25*2^{30}$Byte RAM ④ $600*2^{30}$Byte Hard Disk
   ⑤ $600*10^9$Byte Hard Disk

5. 송신자와 수신자 사이에서 정보를 표현하고 전달하는 역할을 하는 것은?

   ① Analog ② Digital
   ③ Media ④ Communication
   ⑤ Message

6. 마샬 맥루한은 "미디어는 (   )다"라고 했는데, 이것은 기술과 연결되는 미디어가 그 내용인 (   )보다 더 중요하며, 인간의 신체 및 감각 기관의 기능을 확장하는 것은 모두 미디어라고 보았다. 여기서 괄호에 공통으로 들어갈 말은?

   ① Mass Communication ② Digital Technology
   ③ Presentation ④ Matrix
   ⑤ Message

7. 미디어의 발달을 (   ) 매체 측면에서 보면 정보의 (   )의 역사라 할 수 있고, (   )매체 중심으로 보면 (   ) 발전의 역사라 할 수 있다.

   ① 전달, 양적 팽창, 표현, 전달 속도 ② 전달, 전달 속도, 표현, 양적 팽창
   ③ 표현, 전달속도, 전달, 양적 팽창 ④ 표현, 양적 팽창, 전달, 전달 속도
   ⑤ 정보, 양적 팽창, 정보, 전달 속도

8. 전송매체를 분류할 때 이질적으로 보이는 하나는 무엇인가?

① 트위스트페어 ② 동축케이블
③ 광케이블 ④ UTP 케이블
⑤ 전파

9. 외부의 전계, 자계로부터의 영향을 차단하기 위한 물질이 많은 피복으로 둘러싸지 않은 연선으로 LAN 선으로 많이 사용하는 것은?

① 트위스트페어 ② 동축케이블
③ 광케이블 ④ UTP 케이블
⑤ STP

10. 다음 중 대역폭이 크고 전송속도가 가장 빠른 것은?

① 트위스트페어 ② 동축케이블
③ 광케이블 ④ UTP 케이블
⑤ STP

11. 전파법에서 정의하고 있는 전파의 주파수 범위는?

① 3THz 이하 ② 3000kHz~3000GHz
③ 3000Hz~3000GHz ④ 3000Hz~3000Thz
⑤ 3000MHz~3THz

12. Analogue와 반대 의미를 갖으며, 사람의 손가락, 동물의 발가락에서 그 뜻이 유래된 (　　　　)의 형용사로서 '손가락의'라는 의미를 갖는 것을 (　　　　)이라 한다.

13. (　　)이란 사람의 손가락, 동물의 발가락에서 그 뜻이 유래된 디지트(Digit)의 형용사로서 '손가락의'라는 의미를 갖는다. (　　)란 손가락 중 하나, 0~9 중 하나에 해당된다.

14. 비트(bit)란 (　　　　　)의 약자이며 0 또는 1의 상태를 의미하는 (　　　) 상태를 표현하는 디지털 정보의 최소 단위이다. 1 바이트(byte)는 (　　　　)비트이며 한 문자를 디지털 형태로 표현하기 적당한 크기 단위이다. 150GB는 (　　　　) 바이트를 말한다.

15. 니콜라스 네그로폰테 미국 MIT 대학 교수는 "이제 세상은 (　　　)이 지배하던 시대에서 (　　　)의 세계로 변화하고 있다."고 했다.

연 / 습 / 문 / 제

16. (　　　)란 (　　　)의 복수로서 어떤 것을 표현하는 수단, 어떤 것을 전달하는 매체, 표현 및 전달을 위한 것이라 할 수 있다. 즉 (　　)매체, (　　)매체, 정보매체로서의 의미를 갖는다.

17. 마샬 맥루한은 "미디어란 메시지다"라고 했는데, 이것은 기술과 연결되는 (　　)가 그 내용인 (　　)보다 더 중요하다는 뜻이다. 맥루한은 인간의 신체 및 감각기관의 기능을 확장하는 것은 모두 (　　　)라고 보았다.

18. 미디어의 발달을 (　　) 매체 측면에서 보면 정보의 양적 팽창의 역사라 할 수 있고, 전달 매체 중심으로 보면 정보 (　　　) 증가의 역사라 할 수 있다.

19. 전파는 주파수가 300MHz~300GHz이고, 파장이 1 밀리미터(mm)에서 (　　　)미터 사이인 마이크로파와 비교적 주파수가 낮고 파장이 긴 라디오파로 구분한다.

20. 라디오파는 비교적 낮은 주파수를 가지므로 (　　　　), 진공, 대기를 통과할 수 있어서 장거리통신에 유리하나 전송되는 정보량은 적다.

21. 마이크로파는 비교적 높은 주파수를 가지므로 빛과 유사하게 (　　　), 반사, 굴절 등의 성질을 가지고 있다.

22. 전파는 일종의 파동으로 볼 수 있으므로 파동의 (　　　)를 표현하는 단위인 헤르츠(Hertz ; Hz)를 사용하여 전파의 크기를 나타낸다. 파동은 주기를 갖는 진동의 연속이므로, (　　　　　　)란 1초 동안 1회 진동이 있어난 것을 뜻한다.

C.H.A.P.T.E.R

02

디지털 미디어와 사회

2.1 디지털 미디어

2.2 디지털 정보 사회

2.1 디지털 미디어(digital media)

디지털 미디어란 디지털 정보를 수신하고, 저장하며, 전송하는데 사용하는 전자 매체를 뜻한다. 디지털 정보란 0 또는 1로 표현되어 컴퓨터에서 가공된 디지털 데이터를 말한다. 디지털 데이터(digital data)는 컴퓨터 내부에서 2진 상태의 값을 갖는 디지털 신호로 표현되므로 글자, 소리, 영상 데이터를 멀티미디어 데이터(multimedia data)로 통합하여 나타낼 수 있다.

디지털 미디어를 통해서 그림 2-1과 같이 멀티미디어 데이터를 받아들이고 이를 가공·처리하여 정보를 만든 다음, 저장, 전송, 표시한다. 즉 디지털 미디어는 입력, 가공·처리, 저장, 표시, 전송 기능을 갖고 있다. 최근에 가공·처리 기능은 컴퓨터에 맡기고 나머지 기능을 부분적으로 수행하는 간편한 디지털 기기들이 등장하고 있다. 디지털 기기에 표현되는 멀티미디어 형태의 디지털 정보는 특별한 목적이나 주제를 위한 내용을 갖는 것이 보통이므로 이를 디지털 콘텐츠(digital content)라 한다. 이런 측면에서 본다면 디지털 미디어는 그림 2-2처럼 디지털 콘텐츠를 저장, 표시, 전송하는 디지털 기기라고 할 수 있다.

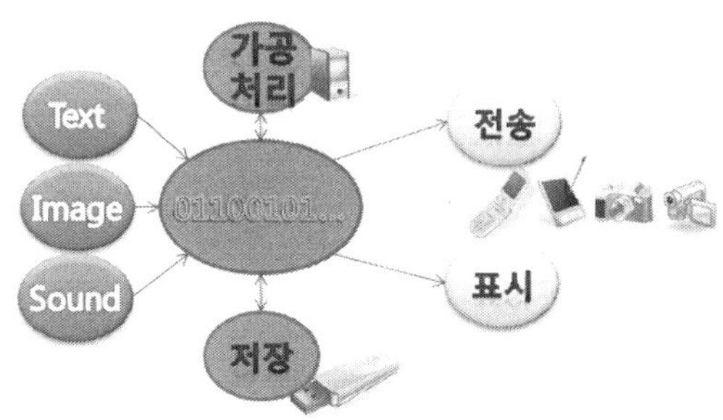

그림 2-1 디지털 미디어의 기능

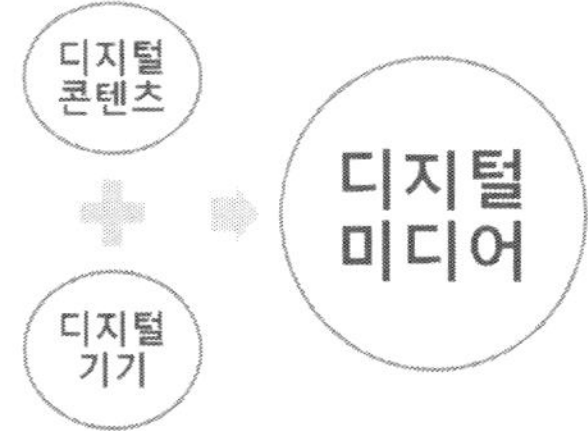

그림 2-2 디지털 콘텐츠와 디지털 기기로써의 디지털 미디어

1990년대 이후에 등장한 새로운 미디어, 즉 뉴미디어들은 대부분 디지털 콘텐츠를 기반으로 하는 디지털 기기들이므로 거의 모두 디지털 미디어라 할 수 있다. 1990년대 이후의 뉴미디어인 디지털 미디어는 디지털 통신망을 통해 서로 연결되어 커뮤니케이션(communication) 환경을 제공하고, 쌍방향성, 상호작용성을 갖도록 설계되어 만들어졌다.

이와 관련하여 예를 들면, 인터넷을 기반으로 하는 주문형 비디오(VOD ; Video On Demand), 주문형 뉴스(NOD ; News On Demand), 와이브로(WiBro ; Wireless BroadBand), 디지털 멀티미디어 방송(DMB ; Digital Multimedia Broadcasting), 홈네트워킹(Home Networking), 지능형 로봇(Robot), 전파인식(RFID ; Radio Frequency IDentification), BcN(Broadband Convergence Network), USN(Ubiquitous Sensor Network), 광대역 코드 분할 방식 휴대 전화(HSPA/WCDMA ; High Speed Packet Access /Wideband-Code Division Multiple Access), LTE(Long-Term Evolution), 지상파 DTV(Digital Television), 인터넷 전화(VoIP ; Voice over Internet Protocol) 등이 있다.

와이브로란 언제, 어디서나, 이동 중에도 높은 전송속도로 무선 인터넷 접속 가능한 서비스를 말한다. DMB란 고속이동 시청, 초고화질 방송 등 기존 방송의 한계를 극복하고 통신망과 연계되어있는 차세대 멀티미디어 방송 서비스를 말한다. 홈 네트워킹이란 가정 내의 각종 전자장치들을 통신 장비를 통해 연결하여 가정 내의 정보를 처리, 관리, 전달 및 저장함으로써 가정의 정보를 통합하고 관리할 수 있도록 한 것을 말한다. 지능형 로봇은 언제 어디서나 이용자 요구에 부응한 서비스를 지능적으로 제공하는 네트워크 기반 지능형 로봇 기술 및 단말기기를 말한다. RFID란 모든 사물에 전자태그를 부착하고 무선통신기술을 이용하여 사물의 정보 및 주변 상황정보를 감지할 수 있게 한 것을 말한다. BcN은 통신, 방송, 인터넷이 융합된 멀티미디어 서비스를 언제, 어디서나 광대역으로 이용할 수 있는 차세대 네트워크이다. USN은 각종 센서에서 감지한 정보를 수집할 수 있는 무선네트워크로서 사물 정보 관리연동을 위한 기본 인프라를 형성하며, RFID와 BcN과 연계하여 사물의 정보를 인식하는 네트워크이다. LTE는 2GHz대역의 주파수를 이용하여 음성뿐 아니라 영상 및 고속데이터 서비스가 가능한 비동기식 IMT-2000 서비스라 할 수 있는 3세대 이동통신(3G) 기술을 '장기적으로 진화'시킨 기술이란 뜻이다.

앞서 살펴본 바와 같이 미디어는 표현 매체 입장에서 살펴볼 때, 정보의 양

이 조금씩 꾸준히 증가하다가 컴퓨터의 등장과 더불어 정보를 디지털화하면서 폭발적으로 그 양이 증가하였다. 또한 전달 매체 입장에서 살펴볼 때, 통신기술의 발달에 따라 전달속도가 조금씩 꾸준히 증가하다가 전기통신의 등장으로 그 속도가 엄청나게 빨라졌고, 인터넷의 등장으로 전송범위를 넓히더니 디지털화 되면서 전 세계를 대상으로 빠른 속도로 정보를 전달할 수 있게 되었다. 뿐만 아니라 이동통신의 발달과 더불어 전파를 이용한 무선 전송기술을 이용하게 되면서 기존의 유선과 더불어 유무선 복합으로 정보를 주고받을 수 있게 되었고 이로 인해 미디어 환경은 양적인 측면과 질적인 측면, 그리고 편리성 측면에서 엄청나게 향상된 변화를 겪게 되었다.

그리하여 그림 2-3과 같이 디지털 기술의 발달을 근간으로 컴퓨터와 통신기술의 발달로 인터넷이 등장하고, 문자·소리·영상 등을 아날로그 형태의 단일 매체로 표현하던 것에서 변화하여 디지털 형태의 멀티미디어로 기존 미디어를 통합하는 뉴미디어의 등장을 촉진시켰다. 이들은 비트(bit)를 기반으로 하는 디지털 미디어로 통합되어 가면서 이전의 물리적이고 경험적인 커뮤니케이션(communication) 중심의 의사소통에만 머물러 있지 않고 컴퓨터와 인터넷 기반의 디지털 미디어를 통해 가상적이고 주관적인 의사소통까지 추가하여 보다 복잡한 방식의 의사소통 양식으로 발전시키는 계기를 만들었다. 예를 들면, 현실 속에서의 소시민인 '나'는 사이버(cyber) 공간속의 가상현실에서 아바타(avatar)를 통해 왕으로 군림할 수 있고, 여러 개의 아바타로 분화할 수도 있게 되었다.

그림 2-3 인터넷과 디지털 미디어

디지털 미디어의 특징으로는 미디어의 융합(convergence), 상호연결성, 상호작용성을 들 수 있다. 미디어의 융합은 텍스트(Text), 사운드(Sound), 이미지(image)가 결합된 멀티미디어로의 통합, 패키지(package), 유선, 무선, 위성의 통합, 음성과 영상이 결합된 차세대 이동 통신, 컴퓨터를 매개로 하는 통신인 CMC(Computer Mediated Communication) 등에 해당된다. 상호연결성은 디지털 미디어에 의한 통신 환경, 전자적 공동체 형성, 지구촌화 등에 해당되며, 상호작용성은 쌍방향 통신, 다중 상호작용 등에 해당된다. 디지털 컨버전스(Digital Convergence)는 하나의 기기와 서비스에 여러 기기와 서비스들을 융합하는 것을 말하며 융합현상은 휴대폰, PMP, UMPC, 내비게이션, 게임기, 사전, 카메라, DMB, 홈네트워크 서비스(Home Network Services), 로봇(Robot) 등에서 나타난다.

새롭게 생성되는 정보는 물론, 디지털 시대 이전의 많은 정보가 디지털화하는 작업을 통해 추가적으로 디지털 정보로 생산되고, 여러 지역에 있는 정보들이 정보통신망을 기반으로 디지털 미디어를 통해 연결된다. 또한 디지털 미디어는 디지털 정보를 기반으로 하는 디지털 콘텐츠를 디지털 기기에 표현하고 전달하기 때문에 어떤 디지털 기기라도 서로 소통할 수 있다. 따라서 디지털 미디어를 통하면 시간과 공간, 그리고 장치를 초월한 의사소통의 양식을 형성할 수 있고, 정보의 장악이 중요한 사회로 변화시킬 수 있고, 세계적으로 자신만의 디지털 지식을 갖추는데 활용할 수 있다. 그림 2-4는 이러한 디지털 미디어 활용 속성을 나타낸 것이다.

디지털 미디어를 통해 언제, 어디서든, 어떤 장치에서도 자료를 분석하여 정보를 찾고 이를 경험과 엮어 지식을 쌓고 다져서, 이 지식으로 문제를 해결하고 어려움을 극복하고 많은 사람들을 유익하게 하는데 활용하여 좋은 사회를 만드는데 기여하는 것이야말로 이 시대를 능동적으로 보람 있고 가치 있게 살아가는 것이라 확신한다.

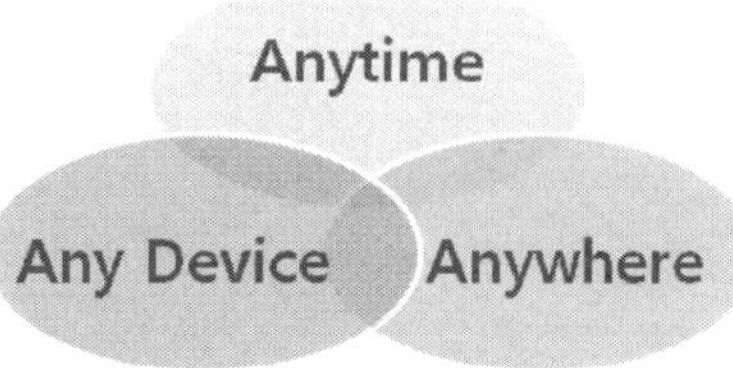

그림 2-4 디지털 미디어 활용 속성

2.2 디지털 정보 사회

정보 사회란 정보를 생성, 분배, 사용, 가공하는 것이 정치적, 경제적, 문화적으로 중요한 활동이 되는 사회를 말하며 컴퓨터와 통신기술의 발달로 인한 정보 혁명의 결과로 형성된 사회이다. 정보 사회에서는 정보 기술을 창조적이고 생산적으로 사용하여 세계적으로 경쟁우위를 갖도록 하는 것에 목적을 갖고 있다. 특히 정보 사회는 디지털 정보를 표현하고 전달하는 디지털 미디어를 활용하여 커뮤니케이션(communication)을 활발히 하는 것이 중요하므로 디지털 정보 사회, 디지털 지식정보 사회, 디지털 사회 등으로 말하기도 한다.

1) 정보 혁명

엘빈 토플러(Alvin Toffler)는 '제 3의 물결'에서 정보 혁명에 대한 중요한 메시지를 던졌다. 불을 발견하고 농사를 짓기 시작하면서 수렵·채취 이동 생활에서 벗어나 정착 생활을 하면서 농업 사회를 형성하게 만든 것이 바로 신석기 혁명이요, 증기기관의 발명을 필두로 기계를 이용한 대량 생산이 가능하게 되면서 이른바 시민(citizen)이 주도하는 산업사회를 이루게 한 것이 바로 산업 혁명이며, 전기·전자 공업의 발달을 기반으로 한 컴퓨터의 등장과 통신 기술의 발달은 복잡한 정보 처리와 정보 통신이 가능하게 함으로써 이른바 네티즌(netizen)이 주도하는 정보 사회를 이루게 한 것이 바로 정보 혁명이다. 이른바 새로운 물결은 이전 사회의 엄청난 생산성을 바탕으로 일어나며, 새로운 가치관과 질서를 요구하면서 거세지고 급기야 기존의 낡은 질서를 무너뜨리고, 심지어 가족관에서 정치이데올로기 까지 모든 것을 휩쓸고 지나간다. 따라서 이 물결에 휩쓸려 사라지지 않기 위해서는 이 물결을 타고 갈 수 있는 지혜와 준비가 있어야 한다는 것을 알려주고 있다.

정보 혁명은 컴퓨터에 정보를 디지털 형식으로 표현하고 디지털 방식을 기반으로 정보를 처리하기 때문에 디지털 데이터의 중요성을 강조하기 위해 '디지털 혁명'이라는 말로 변신하기도 하고, 정보를 신속히 주고받을 수 있는 환경을 가능하게 한 통신 기술의 발달을 강조하기 위해 '통신 혁명'이라는 말로 사용되기도 하며 둘 다 동시에 의미하는 말로 사용되기도 한다.

신석기 혁명 이후의 농업 사회에서는 아는 사람이 누구인지, 누구의 자식인지를 나타내는 'know who'가 중요했고, 산업 혁명 이후의 산업 사회에서는 제품을 어떻게 생산하는지, 비법이 무엇인지를 나타내는 'know how'가 중요했다면, 정보 혁명 이후의 정보 사회에서는 정보가 어디에 있는지를 나타내는 'know where'가 중요하다. '어디에 정보가 있는지를 안다.'는 것은 하이퍼링크(hyper link)나 스마트태그(smart tag)의 기본 철학이기도 하지만 정보의 장악력이 그만큼 중요하다는 것을 의미한다. 정보 사회에 있어서 중요한 것은 정보를 가공하고 정보를 주고받으며 정보를 장악할 수 있는 능력이다. 누가 먼저 정보를 아느냐에 따라 삶의 질이 달라지는 새로운 세계가 열리는 것이다. 그림 2-5는 신석기 혁명, 산업 혁명, 정보 혁명에 따른 사회의 변화·발전 과정을 요약한 것이다.

농업 사회에서 정보를 전달하는 매체로서 통신 수단으로는 기본적으로 사람이 직접 그 역할을 하였으며, 말, 새 등과 같은 훈련된 동물을 이용하거나 강과 바다, 바람, 불과 같은 자연을 이용하였고, 산업 사회에서는 철도, 도로를 닦아 추가적으로 사용하였다, 정보 사회에서는 정보통신망이 주요 전달 매체로 활용됨에 따라 정보를 디지털 신호로 바꾸어 표현하고 전달하는 디지털 미디어가 널리 사용된다.

오늘날과 같은 디지털 정보 사회에서는 특히 '어디에 필요한 정보가 있는가? (know where)'를 잘 파악할 수 있는 능력을 갖추도록 해야 한다. 그러기 위해서는 무엇보다도 디지털 미디어를 잘 이해하고 이를 사용할 수 있는 능력을 갖추는 것이 중요하다. 그래야만 디지털 미디어를 통해서 세계적인 자신만의 지식을 축적하고 이를 기반으로 문제를 해결하는데 활용하여 사회 발전에 기여할 수 있다.

시대 / 구분	농업사회	산업사회	정보사회
계기	신석기혁명	산업혁명	정보혁명
주역	농민(farmer)	시민(citizen)	네티즌(netizen)
주업	농사	제조	정보서비스
중심	정치	경제	문화
공간	지방	국가	세계
매체	말,새	철도,도로	정보통신망
특징	know who	know how	know where

그림 2-5 사회의 발전

2) 정보 기술과 사회구조

이른바 'IT(Information Technology)'라 일컫는 정보기술은 컴퓨터와 통신 기술의 발달로 이룩한 정보 사회의 근간이 되는 기술이라 할 수 있다. 정보 사회에서는 컴퓨터에 의한 정보 처리를 기반으로, 컴퓨터와 컴퓨터, 사람과 컴퓨터 사이의 정보 통신이 일반화되었기 때문에 이제는 정보처리 개념에서 정보통신 개념을 떼어놓고 생각할 수 없게 되었다. 그뿐 아니라, 정보처리와 정보통신의 개념 속에는 컴퓨터와 통신장비, 전송매체 등과 하드웨어 뿐 아니라, 하드웨어를 동작시키거나 정보를 처리하고, 통신하는데 필요한 소프트웨어, 정보를 준비하고, 검사하고, 입력하는 사람, 하드웨어를 작동하는 사람, 프로그램을 작성하는 사람, 정보를 전달받아 사용하는 사람 등이 필요하고 이러한 모든 일들이 공동의 목적을 위해 이루어지도록 이루어지게 해주는 절차가 필요하다. 따라서 정보 처리와 정보 통신도 하나의 정보 시스템의 내부 구성요소들이 유기적으로 결합된 속에서 나온 것임을 알 수 있다.

정보 기술이 발전하게 된 계기는 다른 여러 분야 기술의 발달이 정치·경제·사회 구조를 발달시키면서 표현의 자유와 개인주의, 자유주의의 발달을 촉진시키면서부터이다. 또한 발달된 정보 기술은 다른 분야의 기술 혁신을 불러일으키면서 다른 기술의 발달을 촉진시키면서 사회 구조를 발전시키는 사회적 상호작용을 확대시킴으로서 그림 2-6과 같은 순환 구조를 만들었다. 사회적 상호작용은 둘 이상의 사람이 커뮤니케이션하고 서로의 행위에 영향을 주어 사회적 역할, 갈등, 협력, 통제, 규범이 있게 하는 것을 말한다.

그림 2-6 사회적 상호작용

정보 기술이 발전함에 따라 사회적 상호작용을 확대되므로 결국 정보 기술이 정치, 경제, 사회, 교육, 문화 구조를 변화시키는 중요한 요인이 된다. 따라서 정보 기술 활용 능력이야말로 사회를 주도하는 능력이라 할 수 있다. 정보 사회의 주역으로 살아가기 위해서는 싫든 좋든 기본적인 정보처리 능력과 정보 통신 능력을 갖추지 않을 수 없다. 이를 위해서 모두가 보다 적극적인 자세로 최선의 노력을 다해야 할 것이다.

3) 정보 사회와 커뮤니케이션

디지털 정보 사회는 디지털 미디어를 활용한 커뮤니케이션이 활발한 사회이다. 따라서 커뮤티케이션의 양식과 방식도 이전 사회보다 훨씬 다양하고 편리하게 지속적으로 발전하고 있다.

일반적 의미의 커뮤니케이션은 언어·몸짓이나 화상(畵像) 등의 물질적 기호를 매개 수단으로 하는 정신적·심리적인 전달 교류를 말하지만, 디지털 미디어의 기반이 되는 정보통신과 연관하여 의미를 살펴보면 송신자와 수신자가 통신 매체를 이용하여 상호간에 정보를 주고받는 행위를 말한다.

정보 통신 매체를 이용한 커뮤니케이션은 그림 2-7과 같이 단순한 정보 전달 역할이외에 각 개인들의 부단한 일상의 상호작용 속에서 의미를 창출하는 사회적 요인으로서 역할로 변화·발전하였다. 그리고 이러한 변화가 정보 기술 발달과 더불어 뉴미디어로서의 디지털 미디어의 발달을 촉진시켰다.

정보는 그 의미에서도 알 수 있듯이 항상 송신자와 수신자가 존재하며 따라서 수신자와 송신자 사이의 통신이 필요하다는 것이 그 뜻 속에 내재되어 있다.

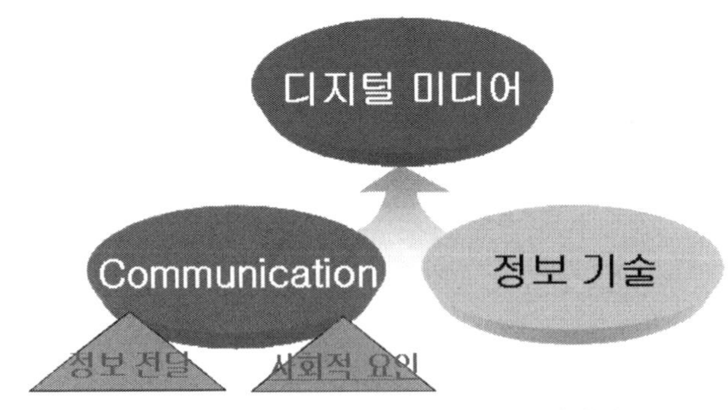

그림 2-7 커뮤니케이션과 디지털 미디어

정보는 통신을 통하여 송신자에게서 수신자에게로 전달되므로 정보가 있는 곳에는 그것을 사용하는 것 이외에 통신 방법을 생각해야 한다. 결국 정보 통신이라는 용어는 정보라는 용어에 녹아있는 용어임을 알 수 있다.

앞서 살펴본 바와 같이 새로운 미디어의 탄생은 커뮤니케이션의 양식을 변화시켜 사회적 상호작용을 활발하게 하여 새로운 문화를 낳는 원동력이 되어 사회 구조를 발전시켜 왔다. 특히 정보기술을 기반으로 하는 디지털 미디어의 탄생은 커뮤니케이션하는 정보의 양을 팽창시키고, 커뮤니케이션의 속도를 빠르게 함으로써 디지털 미디어를 이용하는 개인의 커뮤니케이션 능력을 확장시키는 결과를 낳았다. 특히 디지털 미디어를 통한 커뮤니케이션은 다양한 커뮤니티(community)를 현실 공간에서나 가상 공간에서나 빠르게 생성함으로써 그림 2-8과 같이 '지구촌'이라는 말을 흔하게 사용할 정도로 사회의 범위를 확대시켰다.

이와 같이 사회가 확대될수록 커뮤니케이션 구성요소의 개념도 변화하기 시작하여 인터넷과 같은 세계적인 정보 통신망이 새로운 사회의 체계를 구성하는 새로운 구성요소로서의 역할을 하게 되어 그림 2-9와 같이 사회를 지탱하는 기반이 될 것이다. 그리고 이를 근간으로 다양하고 새로운 디지털 미디어들의 탄생과 진화도 촉진시키게 될 것이다.

디지털 미디어를 이용한 커뮤니케이션은 언제, 어디서나 어떤 장치에서나 자신이 원하는 정보를 손쉽게 얻을 수 있는 사회로 만드는 핵심으로서 사회 변화와 인간의 삶의 변화를 유도한다.

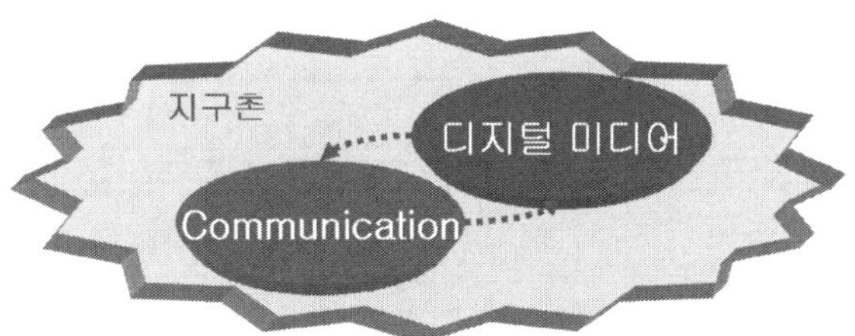

그림 2-8 디지털 미디어를 통한 커뮤니케이션

그림 2-9 디지털 미디어와 사회 구성요소

4) 스마트 시대의 디지털 미디어

스마트폰의 등장과 확산은 정보기술 분야는 물론 우리 사회 전반에 걸쳐 엄청난 파급효과를 가져오면서 'smart'라는 말이 화두가 되었다. 스마트폰은 단순히 이동전화로서 기능뿐만 아니라 손안의 휴대용 PC 역할을 하기 때문에 무선 인터넷의 단말기로 사용할 수 있으며, 이를 통해 형성된 이른바 온라인 열린 장터에서 응용프로그램과 콘텐츠(contents)를 거래할 수 있다.

스마트폰은 그 활용 측면에서 GPS와 무선 인터넷 서비스를 필수 기능으로 가지고 있어서 같은 기능을 갖는 책 크기의 태블릿(tablet) PC라 할 수 있는 스마트패드(smart pad)와 함께 발전하고 있다. 특히 방송과 인터넷, 그리고 PC의 기능을 함께 가진 스마트TV의 등장은 클라우드 컴퓨팅(cloud computing), 증강현실의 발전을 가속화시키고 새로운 물리적 웹 환경을 형성하여 실감나게 이용할 수 있는 획기적인 계기가 되었다.

유무선 통합망을 이용하여 언제 어디서든 원격으로 업무를 볼 수 있게 하는 스마트워크(smart work), 친환경 에너지 생산과 지능형 전력망을 구축하고 에너지 사용을 효율적으로 관리함으로써 저탄소 녹색성장에 기여하는 스마트그리드(smart grid), 그리고 스마트그리드를 기반으로 하는 스마트홈(smart home), 스마트빌딩(smart building), 스마트시티(smart city), 학습자의 학습능력이나 학습 패턴 그리고 학습목표나 시간적 공간적 학습 환경에 따라 학습내용을 선택하고 자기주도 학습이 가능하게 하는 스마트러닝(smart learning) 등이 점차 현실 속에서 이루어짐으로써 이른바 쌍방향, 실시간 인터넷 서비스를 기반으로 하는 '스마트 시대'를 향해 차근차근 나아가고 있다.

이러한 인터넷 기반 스마트 시대는 하드웨어보다는 소프트웨어, 수직 구조보다는 수평 구조, 패쇄적인 것보다는 개방적인 것, 지역인 것보다는 세계적인 것, 단일 기능 보다는 융복합 기능이 중요한 시대라 할 수 있다.

따라서 새롭게 등장하는 디지털 미디어는 보다 스마트한 방향인, 소프트웨어 중심, 수평 구조 중심, 개방적인 글로벌 사회 중심, 융복합 중심으로 진화할 것이다.

연 / 습 / 문 / 제

1. 디지털 미디어란 멀티미디어 정보를 디지털신호로 통합적으로 처리하고, 전송하고 표시하는 것으로서 디지털 (   )와 이를 표현하고 전달하는 디지털 (   )를 통합한 것이라 할 수 있다.

   ① devices, content ② content, devices
   ③ information, devices ④ software, hardware
   ⑤ knowledge, unit

2. 디지털 정보를 수신하고, 저장하며, 전송하는데 사용되는 전자매체는 무엇인가?

   ① Multi Media ② Hyper Media
   ③ Digital Media ④ Mass Media
   ⑤ The Media

3. 모든 사물에 전자태그를 부착하고 무선통신기술을 이용하여 사물의 정보 및 주변 상황 정보를 감지할 수 있게 한 것은?

   ① Wibro ② DMB
   ③ Telematics ④ RFID
   ⑤ W-CDMA

4. 산업 혁명을 계기로 이루어진 산업 사회의 주역이 (   )이라면 정보 혁명을 계기로 이루어진 정보 사회의 주역은 (   )이다.

   ① citizen, farmer ② netizen, citizen
   ③ farmer, netizen ④ farmer, citizen
   ⑤ citizen, netizen

5. 농업 사회의 주요 특징이 know (   )이고, 산업 사회의 주요 특징이 know (   )라면 정보 사회의 주요 특징은 know (   )이다.

   ① where, how, who ② what, how, where
   ③ who, how, where ④ how, who, what
   ⑤ when, who, what

6. 언제, 어디서나, 이동 중에도 높은 전송속도로 무선 인터넷 접속 가능한 서비스를 무엇이라고 하는가?

   ① Wibro ② DMB
   ③ Telematics ④ RFID
   ⑤ W-CDMA

7. 디지털 미디어를 이용한 통신은 언제, 어디서나, 어떤 (   )에서나 자신이 원하는 정보를 손쉽게 얻을 수 있는 사회로 만드는 핵심으로서 사회 변화와 인간의 삶의 변화를 유도한다.

① software　　② hardware
③ media　　④ network
⑤ device

8. 컴퓨터와 통신기술의 발달로 인터넷이 등장하고, 인터넷이 성장함에 따라 이를 기반으로 기존 미디어를 통합하는 (   )가 등장했으며, 이들은 비트(bit)를 기반으로 한 (   )로 통합되었다.

① New media, digital media　　② Multi media, hyper media
③ Digital media, new media　　④ Hyper media, multi media
⑤ New media, hyper media

9. 발달된 (   )가 정보 기술 혁신에 영향을 주고, 또한 정보 기술 발전이 다른 기술과 사회 구성원간의 통신을 활발하게 하여 사회적 역할, 갈등, 협력, 통제, 규범이 있게 함으로써 사회적 (   )을 확대시킨다.

① 제도, 활동　　② 구조, 상호작용
③ 체계, 의사소통　　④ 시스템, 범위
⑤ 정책, 기업

10. communication은 정보 전달 역할이외에 부단한 일상의 상호작용 속에서 의미를 창출하는 (   )적 요인으로서 역할로 변화 발전했으며, 이러한 변화가 정보 기술 발달과 더불어 디지털 미디어의 발달을 촉진시켰다.

① 정치　　② 경제
③ 사회　　④ 문화
⑤ 교육

11. 인터넷이 성장함에 따라 이를 기반으로 기존 미디어를 통합하는 (   )가 등장했으며, 이들은 비트(bit)를 기반으로 한 (   )로 통합되었다.

① New media, digital media　　② Multi media, hyper media
③ Digital media, new media　　④ Hyper media, multi media
⑤ New media, hyper media

연 / 습 / 문 / 제

12. 디지털 데이터를 기반으로 하나의 기기와 서비스에 여러 기기와 서비스들을 융합하는 것을 무엇이라고 하는가?

① Digital knowledge ② Digital Broadcasting
③ Digital Convergence ④ Digital Content
⑤ Digital Device

13. 디지털 미디어를 이용한 Communication이 활발해지면 다양한 ( )가 생성되어 사회 범위가 확대된다. 또한 디지털 미디어의 발달로 통신 구성요소들이 사회( )를 구성하게 되는 변화가 이루어진다.

① 커뮤니티(community), 제도 ② 커뮤니티 (community), 체계
③ 인프라(infra), 시스템(system) ④ 인프라(infra), 체계
⑤ 그룹(group), 제도

14. 디지털 미디어란 멀티미디어 정보를 디지털신호로 통합적으로 처리하고, 전송하고 표시하는 것으로서 디지털 ( )와 이를 표현하고 전달하는 디지털 ( )를 통합한 것이라 할 수 있다.

15. 디지털 미디어는 1990년대 이후에 등장한 뉴미디어로서 멀티미디어 정보 형태로 디지털망을 통해 서로 연결되어 ( ) 환경을 제공하고, 쌍방향성, 상호작용성을 구현할 수 있다.

16. 컴퓨터와 통신기술의 발달로 인터넷이 등장하고, 인터넷이 성장함에 따라 이를 기반으로 기존 미디어를 통합하는 ( )가 등장했으며, 이들은 비트(bit)를 기반으로 한 ( )로 통합되었다.

17. 디지털 컨버전스(Digital Convergence)란 하나의 기기와 서비스에 여러 기기와 서비스들을 ( )하는 것을 말한다.

18. 산업 혁명을 계기로 이루어진 산업 사회의 주역이 ( )이라면 정보 혁명을 계기로 이루어진 정보 사회의 주역은 ( )이다.

19. 산업 혁명을 계기로 이루어진 산업 사회의 주역이 citizen이라면 정보 혁명을 계기로 이루어진 정보 사회의 주역은 ( )이다.

20. 농업 사회의 주요 특징이 know who 이고, 산업 사회의 주요 특징이 know ( ) 라면 정보 사회의 주요 특징은 know ( )이다.

연 / 습 / 문 / 제

21. 발달된 사회 ( )가 정보 기술 혁신에 영향을 주고, 또한 정보 기술 발전이 다른 기술과 사회 구성원간의 통신을 활발하게 하여 사회적 역할, 갈등, 협력, 통제, 규범이 있게 함으로써 사회적 ( )을 확대시킨다.

22. 정보기술의 영향력이 정치, 경제, 사회, 교육, 문화 구조를 변화시킬 때, 정보기술 ( ) 능력이 사회를 주도하는 능력으로 자리를 잡게 된다.

23. communication은 정보 전달 역할 이외에 부단한 일상의 상호작용 속에서 의미를 창출하는 ( )으로서 역할로 변화 발전했으며, 이러한 변화가 정보 기술 발달과 더불어 디지털 미디어의 발달을 촉진시켰다.

24. 일반적 의미의 ( )은 언어·몸짓이나 화상(畵像) 등의 물질적 기호를 매개 수단으로 하는 정신적·심리적인 전달 교류를 말하지만, 디지털 미디어의 기반이 되는 ( )과 연관하여 의미를 살펴보면 송신자와 수신자가 통신 매체를 이용하여 상호간에 정보를 주고받는 행위를 말한다.

25. 디지털 미디어를 이용한 통신은 언제, 어디서나, 어떤 ( )에서나 자신이 원하는 정보를 손쉽게 얻을 수 있는 사회로 만드는 핵심으로서 사회 변화와 인간의 삶의 변화를 유도한다.

26. 디지털 미디어를 이용한 통신이 활발해지면 다양한 ( )가 생성되어 사회 범위가 확대된다. 또한 디지털 미디어의 발달로 통신 구성요소들이 ( )체계를 구성하게 되는 변화가 이루어진다.

27. 유무선 통합망을 이용하여 언제 어디서든 원격으로 업무를 볼 수 있게 하는 것을 ( )라 하고, 친환경 에너지 생산과 지능형 전력망을 구축하고 에너지 사용을 효율적으로 관리함으로써 저탄소 녹색성장에 기여하는 것을 ( )라 한다.

28. 새롭게 등장하는 디지털 미디어는 보다 스마트한 방향인, 하드웨어보다는 ( ) 중심, 수직보다는 수평 구조 중심, 개방적인 글로벌 사회 중심, 융복합 중심으로 진화할 것이다.

C.H.A.P.T.E.R

03

디지털 콘텐츠와 기기

3.1 디지털 콘텐츠

3.2 디지털 기기

3.1 디지털 콘텐츠

1) 디지털 콘텐츠의 개념

디지털 콘텐츠(digital content)란 전달하고자 하는 디지털 형태의 내용이나 주제를 지닌 디지털 정보, 즉 디지털 메시지이며 부호, 문자, 음성, 음향, 영상 등이 정보기술과 결합하여 디지털 형태로 제작·처리된 멀티미디어 정보를 말한다. 멀티미디어(multi-media)는 다중 매체로서, 텍스트(부호, 문자, 숫자), 소리(음성, 음향, 음악), 영상(정지영상, 동영상) 등이 2개 이상 결합한 것을 말한다. 따라서 멀티미디어 정보는 두 가지 이상의 매체가 결합하여 표현한 정보를 말하며, 멀티미디어 콘텐츠는 전달하고자 하는 내용이나 주제를 멀티미디어 정보를 기반으로 표현한 것을 말한다. 멀티미디어 콘텐츠의 정보가 디지털 형태일 경우, 이를 디지털 콘텐츠라고 한다. 대부분의 멀티미디어 콘텐츠는 디지털 콘텐츠에 해당된다.

디지털 미디어에 있어서 디지털 기기가 인간의 육체에 해당된다면 디지털 콘텐츠는 인간의 정신에 해당된다. 또한 디지털 기기가 식물의 뿌리와 줄기라면 디지털콘텐츠는 잎과 꽃에 해당된다. 양질의 디지털 콘텐츠를 제작하는 것이야말로 정보 사회의 근간을 이루는 디지털 미디어를 보다 발전시키는 척도가 될 것이다.

디지털 콘텐츠를 제작하여 유지관리하면서 사용자에게 전달하는 과정에는 정보처리와 정보활용과 연계된 수많은 정보기술이 사용된다. 먼저 디지털 콘텐츠 제작 기술로는 하이퍼텍스트(hypertext), 음성, 음향, 음악, 컴퓨터그래픽스(computer graphics)와 가상현실, 영상처리, 게임, 애니메이션(animation), 멀티미디어 저작 등의 기술이 있다. 디지털 콘텐츠 유지관리 기술로는 압축, 인증 및 추적, 암호 및 보호 기술 등이 있다. 디지털 콘텐츠 전달 기술로는 유무선 인터넷, 위성방송, DMB, IPTV 등의 기술 등이 있다.

"컴퓨터 사용 비용이 공짜나 다름이 없으면 어떤 일이 생길까?"라는 화두를 던지고 스스로 PC 운영체제 사업에 뛰어들었던 빌게이츠는 진작부터 "컴퓨터 통신비용이 공짜나 다름이 없어지면 어떤 일이 생길까?"라는 화두를 던져놓고 이에 대비해야 한다는 메시지를 던졌다. 디지털 콘텐츠야말로 이 화두에 대한 답과 근접해 있다고 볼 수 있다.

2) 디지털 콘텐츠의 생명주기

하나의 디지털 콘텐츠가 만들어져서 사용되다가 소멸되기까지 과정을 디지털 콘텐츠 생명주기라 한다. 디지털 콘텐츠는 그림 3-1과 같이 기획, 제작, 유지관리, 유통 과정을 거치고 필요에 따라 피드백(feedback) 되다가 더 이상 활용할 가치가 사라지면 소멸된다.

기획 과정에서는 디지털 콘텐츠의 주제를 설정하고 핵심 타겟(target)을 고려하여 디지털 콘텐츠의 개괄적 내용과 컨셉(concept)을 정의한 다음, 콘텐츠를 어떻게 제공하고 관리할 것인지에 대한 계획을 수립한다.

제작 과정에서는 디지털 콘텐츠를 무슨 내용으로 구성할 것인지에 대한 핵심 사용자들의 요구사항을 분석하고, 이를 토대로 디지털 콘텐츠의 내용을 어떻게 디지털 기기에 구현할 것인가에 대한 디지털 콘텐츠 설계를 한 다음, 디지털 콘텐츠의 각 구성요소를 매체별로 작성하고 편집하고, 통합하고 인코딩(encoding)한다.

유지관리 과정에서는 디지털 콘텐츠를 압축하거나 암호화하여 저장하고, 분류하여 구분하고, 검색을 용이하게 한다. 유통 과정에서는 디지털 콘텐츠를 라이센스(License)화하여 인쇄하고, 웹 상에 게시하고, 케이블, 위성, 지상파TV, 무선 장치를 통해 전달하거나 판매한다.

그림 3-1 디지털 콘텐츠 생명주기

디지털 콘텐츠의 관리를 용이하게 하기 위해 디지털 콘텐츠 식별자(DOI ; Digital Object Identifier)를 부여하여 사용하고 있다. 디지털 콘텐츠 식별자는 책에 부여되는 국제표준도서번호(ISBN ; International Standard Book Number)

와 유사한 것으로 디지털 콘텐츠 소유자를 비롯한 각종 정보를 알 수 있도록 한 디지털 콘텐츠 고유번호를 말한다. 디지털 콘텐츠 주소가 바뀌어도 유통경로를 추적하여 저작자보호와 불법복제를 막을 수 있게 해준다.

3) 디지털 콘텐츠의 종류

디지털 콘텐츠는 멀티미디어 정보가 디지털 형식으로 통합된 것이므로 딱 부러지게 구분하기는 힘들다. 그래서 편의상 활용매체에 따라 인터넷에서 유통되는 인터넷 콘텐츠, 무선망을 통해 유통되는 모바일 콘텐츠 등으로 구분할 수 있으며, 용도에 따라 각종 학습을 위한 용도로 유통되는 교육용 콘텐츠, 각종 정보를 알리기 위한 홍보용 콘텐츠 등으로 구분할 수도 있다.

웹서비스가 인터넷 서비스의 대표에 해당되므로 대부분의 인터넷 콘텐츠는 웹 콘텐츠라 할 수 있다. 그 중 웹2.0 서비스를 활용하는 UCC(User Created Contents)는 사용자가 제작하여 유튜브(youtube)와 같은 비디오 공유사이트를 통해 올려놓으면 필요한 사람이 스트리밍 서비스를 통해 볼 수 있도록 한 것이다.

모바일 콘텐츠는 이동하면서 모바일 기기를 통해 언제 어디서나 활용할 수 있도록 한 것이며 대부분의 인터넷 콘텐츠는 모바일 서비스도 병행하는 경우가 일반적이다. 교육용 콘텐츠 중에 대표적인 것 중의 하나인 이러닝 콘텐츠는 이러닝을 위한 디지털 콘텐츠로서 전자적 학습을 위한 디지털형태 학습내용에 해당되는 것이다. 웹을 통하여 미리 계획된 특정한 방법으로 학습자의 지식 또는 능력을 육성하기 위한 의도적인 상호작용 활동이 일어나도록 하거나, 전자적인 테크놀로지를 사용하여 정보를 전달하거나 학습자의 기술 혹은 지식의 습득을 촉진시키기 위한 것이라 할 수 있다.

디지털 콘텐츠를 이용분야별로 구분해본다면 디지털 출판, 게임(game), 디지털 영상, 디지털 음악, 디지털 방송 등으로 나눌 수 있다.

(1) 디지털 출판

디지털 출판은 특정 분야의 전문정보나 일반정보를 디지털화하여 전자책(E-Book), EPUB(electronic publication), 전자 기사(electronic articles) 형태로 제공하는 것을 말한다. 전자책(electronic book)은 책 분량이나 크기를 가지고 디지털 형식으로 문자나 영상을 포함시켜 그림 3-2와 같은 각종 디지털 기기(데스크탑, 랩탑, 팜탑 PC는 물론 스마트폰까지 가능하고 특히 태블릿PC에 해당되는 스마트패드에 최적화됨)를 통해 그 내용을 읽을 수 있도록 한 출판물을 말한다. 간단히 이북(ebook)이라고도 한다. 전자책의 파일형식은 아도브(Adobe)사의 PDF(Portable Document Format) 형식을 많이 사용하고 있다.

전자책을 읽는 디지털 기기로는 세계 최대의 출판사 아마존(Amazon)사의 킨들(Kindle)이 있으며, 뒤이어 나온 애플(Apple)사의 아이패드(iPad) 시리즈가 있다. 아이패드에서는 애플사에서 운영되는 디지털 미디어 가게라 할 수 있는 아이튠즈 스토어(iTunes Store)에서 구매한 디지털 콘텐츠를 iBooks 어플을 통하거나 학생들을 위한 디지털 콘텐츠를 관리하고 분배하고 제어하는 아이튠즈유(iTunes U) 서비스를 통해 전자책을 구독할 수 있다. 그리고 최신의 스마트폰을 통해서도 전자책을 구독할 수 있다.

EPUB는 국제 디지털 출판 포럼(IDPF ; International Digital Publishing Forum)에서 제정한 개방된 전자책 표준으로 무료로 제공하며 파일형식은 .epub이다. 전자 기사는 전자 매체를 통해 접근할 수 있는 학술 간행물이나, 잡지에 있는 기사를 말하며, 전자 문서의 특별한 형태이다.

a) 킨들

b) 아이패드 미니

c) 아이패드 2

d) 뉴아이패드

그림 3-2 전자책 관련 디지털 기기

(2) 게임

컴퓨터 게임은 글자 그대로 컴퓨터에서 오락과 놀이를 하는 것을 말한다. 이것은 인간과 컴퓨터, 또는 컴퓨터를 이용하여 인간과 인간이 놀이나 오락을 하는 것이다. PC게임, 모바일게임 등이 널리 사용되고 있으며, 인간과 컴퓨터가 상호작용을 할 수 있도록 하는 HCI(Human Computer Interaction) 기술의 발전과 더불어 컴퓨터게임의 인터페이스도 텍스트에서 그래픽으로, 2D 그래픽에서 3D 그래픽으로, 그리고 가상현실로 발전하고 있다.

네트워크 관점에서는 오프라인에서 온라인으로, 내용적인 측면에서는 던전과 드래곤(D&D ; Dungeons and Dragons) 게임에서 어드벤처(Adventure) 게임, MUD(Multi User Dungeons) 게임, 전략시뮬레이션 게임으로 발전하고 있다.

디지털 게임의 종류로는 액션(Action), 액션-어드벤처(Action-adventure), 어드벤처(Adventure), 롤플레잉(Role-playing), 시뮬레이션(Simulation), 전략(Strategy) 등이 있다.

(3) 디지털 영상

디지털 영상은 0 또는 1과 같은 이산(離散)적인 상태를 의미하는 전자적 신호 형태로 생성되어 표현되고 저장되는 그림으로, 디지털 카메라(camera)에 의해 실세계의 상을 직접 획득하거나 스캐너(scanner)를 통해 필름(film) 영상을 획득하거나 그래픽 프로그램을 통해 획득하는 영상을 말한다.

크게 픽셀(Picture Element ; Pixel) 기반의 래스터(raster) 영상과 벡터(vector) 점 기반의 벡터 영상으로 구분한다. 래스터 영상은 래스터 화면을 구성하는 화소, 즉 픽셀들의 집합으로 페인팅(painting) 방식으로 칠하듯이 표시되며, 이것은 비트맵(bitmap)이라는 메모리에 저장되므로 비트맵 영상이라고도 한다. 벡터 영상은 벡터 점들의 집합으로 드로잉(drawing) 방식으로 작도하듯이 기하학을 기반으로 표현된다.

디지털 영상 처리는 입력 영상에 대해 영상 개선, 영상 복원, 영상 분석, 영상 변환, 영상 압축 등을 수행하는 것을 말한다. 이러한 디지털 영상 처리 과정을 통해 특수편집 영상물, 디지털 영화, 애니메이션(animations), 사이버 캐릭터(cyber character), 전시 영상 등이 만들어진다.

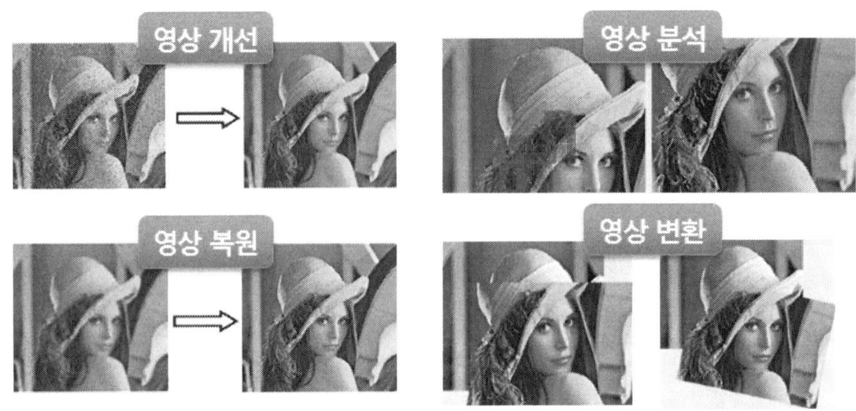

그림 3-3 영상 처리 예

(4) 디지털 음악

디지털 음악은 전자음악(E-Music)을 MIDI(Musical Instrument Digital Interface), MP3와 같은 형태로 인터넷이나 다른 디지털 기기를 통해 음악을 제공하는 것을 말한다.

MIDI는 1982년 제정된 디지털 음악에 대한 국제 표준안으로, 악기 제조업체가 다른 컴퓨터와 전자악기를 연결하는 통신 프로토콜에 대한 사양을 정의한 것이다. 이는 음원과 제어 시스템의 디지털화, 한 번에 많은 음을 내는 폴리포닉(Polyphonic)화를 달성하여 합성하는 고기능 신디사이저(synthesizer)가 조금씩 보급되기 시작하면서, 누구든지 멋진 음색을 얻을 수 있게 하기 위해 개발된 것이다. 일반적으로 MIDI 장비는 MIDI In, MIDI Out, MIDI Thru 중 적어도 한 개의 통신 포트를 가지고 있어서, MIDI 메시지를 송수신할 수 있도록 되어 있다. MIDI는 디지털 악기와 컴퓨터 등에 대응하는 디지털 신호를 사용하는 것으로, 0과 1의 숫자만으로 데이터를 전송한다. 데이터의 양이 웨이브 파일보다 상대적으로 적기 때문에 게임에서는 주로 배경음악 등에 사용된다.

MP3(MPEG Audio Layer 3)는 동영상 전문가 그룹에서 정의한 표준 동영상 및 멀티미디어 규격 중의 하나인 MPEG-1(Moving Picture Expert Group 1)의 오디오 규격 레이어(layer) 3을 말한다. 오디오 손실 압축 파일 형식으로 음악 파일을 중심으로 MP3 플레이어(player)가 등장하면서 음악 중심으로 대중화되었으며, 인터넷을 통해 널리 보급되었다. PCM(Pulse Code Modulation)

방식의 소리데이터를 인간의 가청주파수(20Hz~20kHz) 이외의 것은 버리고 일반적으로 들을만한 음반 CD 수준 음질로 크기를 1/10 이상까지 압축하여 줄인 것이다.

(5) 디지털 방송

디지털 방송은 인터넷을 통한 방송 중계 서비스인 웹캐스트(web cast), 팟캐스트(podcasts) 등을 말한다.

웹캐스팅은 하나의 디지털 콘텐츠를 여러 사용자들에게 스트림 미디어 기술을 사용하여 인터넷을 통해 동시에 제공하는 디지털 방송 서비스이다. 아주 큰 규모의 웹캐스트에는 인터넷을 통해 서비스를 제공하는 라디오와 TV의 스트리밍 서비스까지도 포함한다.

팟캐스트(podcasts)는 오디오 라디오, 비디오, PDF 등과 전자출판물과 같은 디지털 콘텐츠를 컴퓨터나 스마트폰 등을 통해 다운로드한 후, 또는 스트리밍 서비스를 통해 듣거나 볼 수 있는 디지털 방송 서비스의 하나로 특히 휴대용 디지털 미디어로서의 의미가 크다. 팟캐스트는 MP3 플레이어로서의 아이팟(iPOD)과 브로드캐스트(broadCAST)의 합성어이다.

3.2 디지털 기기

1) 디지털 기기의 개념

디지털 기기란 디지털 정보를 표현하고 전달하는 장치를 말한다. 디지털 콘텐츠와 더불어 디지털 콘텐츠를 실행하는 장치로서 디지털 미디어를 구성한다. 대표적인 디지털 기기로서 디지털 컴퓨터, 스마트폰(smart phone), 디지털 카메라, 디지털 TV, 디지털 방송망 등이 있다.

2) 디지털 컴퓨터

디지털 컴퓨터를 사용 목적과 크기(가격, 성능, 용량)에 따라 분류하면 그림 3-3과 같이 최상급 처리속도를 갖고 과학기술분야에 주로 사용하는 고성능

컴퓨터라 할 수 있는 슈퍼컴퓨터(super computer), 범용 목적으로 널리 사용하는 대형 컴퓨터라 할 수 있는 메인프레임(mainframe), 메인프레임과 비슷한 역할을 하지만 크기가 작은 소형 컴퓨터에 해당되는 미니컴퓨터(minicomputer), 하나의 칩(chip)으로 집적회로(Integrated Circuit ; IC)를 구성한 마이크로프로세서(microprocessor)를 산술, 논리 연산을 행하는 중앙처리장치로 사용하는 마이크로컴퓨터(microcomputer), 내장 컴퓨터 등으로 나눌 수 있다.

마이크로컴퓨터 중 다중 사용자 인터페이스(interface)를 갖는 컴퓨터를 워크스테이션(workstation)이라 하고 단일 사용자 인터페이스를 갖는 것을 개인용 컴퓨터, 즉 PC(Personal Computer)라 한다.

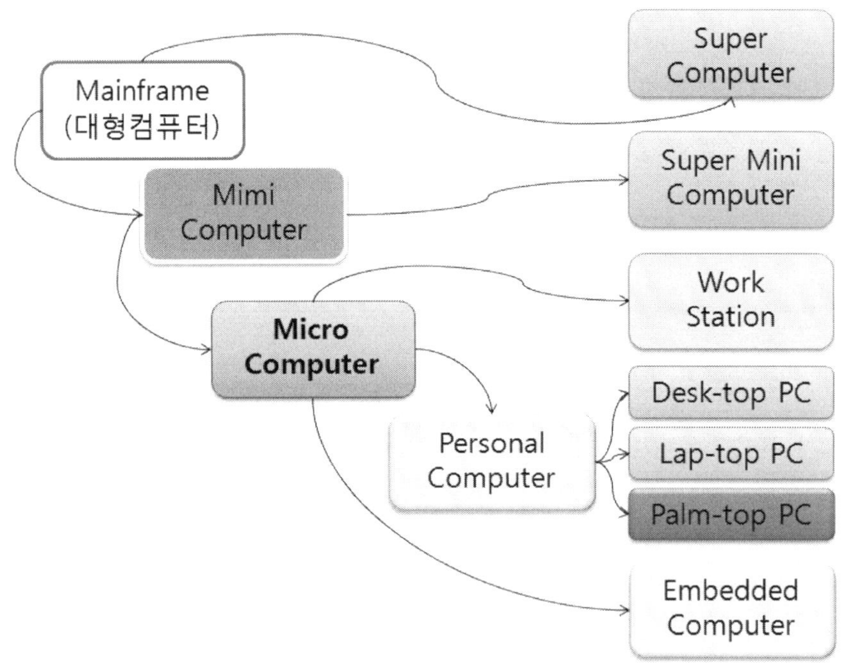

그림 3-3 크기(가격, 성능, 용량)에 따른 컴퓨터의 분류

최근 들어 PC의 성능이 월등히 좋아지고 있어서 단일 사용자 인터페이스를 가진 운영체제는 물론 다중 사용자 인터페이스를 갖는 PC도 많아지고 있어서 그 구분이 모호해지고 있다.

PC는 그 크기에 따라 데스크탑(desktop), 랩탑(laptop), 팜탑(palmtop)으로 구분한다. 데스크탑 PC는 글자 그대로 책상 위에 고정시켜 놓고 사용하기 적당한 크기의 PC를 말한다. 랩탑 PC는 무릎 위에 놓고 사용하기 적당한 크기

의 PC로서 노트북(notebook), 넷북(netbook)과 같은 휴대용 PC를 말한다. 팝탑 PC는 손바닥 위에 놓고 사용하기 적당한 크기의 PC로서 PDA(Personal Digital Assistant)와 같은 휴대용 PC를 말한다.

넷북(net book)은 'Internet'과 'Notebook'의 합성어로서 전자우편, 채팅, 웹 서비스 등의 간단한 인터넷 서비스를 이용할 수 있도록 한 비교적 저가의 미니 노트북급의 랩탑 PC를 말한다. 넷북이 최소사양의 랩탑 PC라면 넷탑(Nettop)은 최소사양의 데스크탑 PC이다.

PDA는 무선 통신과 정보 처리 기능을 결합시키고 터치스크린(touch screen)을 입력장치로 사용하는 팜탑 PC로서 개인 일정 계획(비서), 전자펜, 필기인식기능으로 개인정보관리, 사전, 메뉴얼 내장/검색(참고자료), E-mail, 팩스, 휴대문자 메시지(통신) 등의 기능을 가지고 있다.

최근 들어 랩탑 PC와 팜탑 PC의 경계에서 판(tablet) 형상을 하고 있는 태블릿 PC가 등장하여 널리 활용되고 있다. 태블릿 PC는 터치스크린을 주 입력장치로 하여 손가락이나 전자펜을 사용하며, 저전력으로 부팅시간이 거의 없이 바로 무선인터넷을 활용할 수 있는 기능을 가지고 있다. 애플의 iOS를 기반으로 하는 아이패드, 구글의 안드로이드 운영체제를 기반으로 하는 갤럭시 노트, 넥서스7, 윈도우즈8을 기반으로 하는 태블릿 PC가 있다. 태블릿 PC는 스마트폰이 널리 퍼지면서 스마트 패드라고도 불린다.

내장컴퓨터는 다른 것 속에 내장되어 인간과 직접적인 대화를 지원하지는 않지만 다른 모든 마이크로컴퓨터의 기준을 만족하는 컴퓨터를 말한다.

3) 디지털 카메라

디지털 카메라(digital camera)는 필름 역할을 하는 전자 센서(sensor)로 영상을 감지하여 필름을 사용하지 않고 디지털 이미지 파일 형식으로 저장하는 사진기를 말한다. 센서는 빛을 감지하여 전기 신호로 변환시키는데 빛의 세기와 위치에 따라 밝기, 색상, 좌표 등의 디지털 데이터로 만들어진다. 1975년 코닥사에서 만든 일렉트로닉 스틸 카메라가 세계 최초 발명된 이래로 지금은 대부분의 디지털 기기에 융합된 형태로 사용되기에 이르렀다.

디지털 카메라는 그 본래의 기능에서 발전하여 비디오를 촬영하는 디지털 캠코더의 역할도 수행하며, 무선망을 통해 찍은 사진이나 비디오를 송신할 수 있는 기능까지 수행할 수 있는 정도까지 진화하였다.

4) 스마트폰(smart phone)

휴대폰은 이동 통신 서비스를 위한 무선 전화기를 말하며 모바일폰(mobile phone), 셀룰러폰(cellular phone)이라 한다. 최근의 휴대폰은 문자 서비스, 인터넷, 게임, 사진 촬영, 전자사전, 영상 통화 등의 다양한 기능을 제공하고 있다. 오늘날과 유사한 휴대폰은 1983년 모토롤라사에서 개발한 다이나택8000x로서 휴대폰 발전의 출발점이 되었으며, 다른 디지털 기기와의 융합을 통해 더욱 진화하고 있으며, PDA에 폰 기능을 추가한 PDA폰, 휴대폰에 컴퓨터 기능을 추가한 스마트폰(smart phone) 등이 경쟁적으로 등장하기에 이르고 있다.

스마트폰은 한마디로 폰 기능에 팝탑 PC 기능을 추가한 것으로 종래의 MP3 플레이어, 전자사전, 휴대용라디오, DMB, PMP, PDA, 디지털카메라, 캠코더, GPS, 네비게이션(navigation), 게임기 등의 기능까지 포함하고 있는 디지털 융합기기라 할 수 있다. 애플사의 아이폰, 삼성전자의 갤럭시S, 구글의 넥서스S, LG전자의 옵티머스G, 팬택의 베가레이서 등이 있다.

PMP(Portable Multimedia Player)는 음악, 동영상 등이 담긴 디지털 매체를 재생하고 저장할 수 있는 휴대용 멀티미디어 재생기를 말한다. MP3를 지원하여 소리를 재생하고, 디지털 카메라 기능을 가지고 있어서 사진을 저장하고 볼 수 있으며, 동영상을 재생할 수 있다. 최근에는 내비게이션 기능, 무선 인터넷 기능, DMB(Digital Multimedia Broadcasting) 기능, 게임 기능, 전자 사전 기능, 전자책 기능 등을 추가하여 차세대 컨버전스(convergence) 기기로 발전하고 있다. 최초의 PMP는 2003년 프랑스의 Archos사의 AV3000시리즈이며, 음악과 동영상 재생 정도의 기능만을 가지고 있었지만 지속적으로 기능이 추가되고 하드디스크 용량이 늘어남에 따라 영화, 비디오를 담을 수 있게 되었고, MP3플레이어를 대체했었다.

5) 디지털 TV

디지털 TV는 디지털 신호로 표현된 비디오 및 오디오 데이터를 디지털 전송방식으로 전송하면 셋탑박스(set-top box)에 받아 두고, 이를 적절히 변환하여 TV 수상기 화면에 내용을 표시하는 디지털 기기이다. 일체형과 달리 분리형 디지털TV는 외장형 셋탑박스와 연결해야만 한다.

디지털 TV는 아날로그TV보다 더 선명한 화질을 제공하고 음질도 더 뛰어나다. 그리고 화면의 종횡비율도 4:3보다 더 인간이 시각적으로 현장감을 느낄 수 있는 16:9이며 멀티미디어 기능과 인터넷 기능이 결합되어 다양한 양방향 부가 서비스를 이용할 수 있는 것이 큰 특징이다.

디지털 TV는 해상도에 따라 HDTV(High Definition TV)와 SDTV(Standard TV)로 구분한다. 보통 HDTV는 종횡비율 16:9의 1280*720, 1920*1080의 해상도를 갖고, SDTV는 종횡비율 4:3의 640*480을 갖는다.

디지털 TV 수상기는 처음에는 CRT(Cathod Ray Tube) 방식의 평면TV와 CRT, LCD(Liquid Crystal Display), DLP(Digital Lighting Processing) 등의 프로젝션(Projection)TV가 사용되었으나 최근에는 PDP(Plasma Display Panel) TV와 LCD(Liquid Crystal Display) TV, 그리고 LED(Light Emitting Diode) TV가 주를 이루고 있으며, 각각의 3D TV가 소개되어 일반화될 전망이다.

PDP TV는 기체를 방전할 때 생기는 플라즈마에서 나오는 빛을 이용하여 문자나 그래픽을 표시하는 TV를 말하며, LCD TV는 2개의 얇은 유리판 사이에 액정을 주입하고 액정의 복굴절 현상을 이용하여 문자나 그래픽을 표시하는 TV를 말한다. LCD TV는 액정이 자체 발광하지 않으므로 위에서 빛을 보내주는 BLU(Back Light Unit)을 필요로 한다. 화질, 응답속도, 시야각, 가격 측면에서는 PDP TV가 유리하고, 밝기, 무게, 전력소모량, 화면반사율 측면에서는 LCD TV가 유리하다. 최근에 널리 알려진 LED TV는 LCD TV의 BLU를 LED를 사용한 TV를 말하며, OLED(Organic Light Emitting Diode) TV는 유기 발광 다이오드를 이용하여 빛을 내어 BLU를 사용하지 않는 자체 발광형 TV를 말한다.

스마트 TV(Smart TV)란 컴퓨터와 TV 및 셋톱박스(set-top boxes)가 기술적으로 융합되어 인터넷이나 웹2.0의 특징을 통합시키고 콘텐츠를 인터넷에서 실시간으로 다운받아 볼 수 있고, 이메일 등을 바로 확인 할 수 있는 TV를 말한다. 인터넷 TV 또는 커넥티드 TV 라고도 하며 기존에 보는 것만이 아닌 인터넷 접속 기능을 결합하여, 각종 앱을 설치해 웹 서핑 및 VOD시청, 소셜 네트워크 서비스, 게임 등의 여러 가지 부가적인 기능을 추가하여 다양한 일을 TV를 통해 할 수 있게 하는 다기능 TV이다. 기존의 LED TV나 OLED TV에 PC 기능 및 인터넷 기능을 덧붙여 출시한 최신의 TV라 할 수 있다. 스마트폰이 널리 유행하게 됨에 따라 이에 발맞춰 스마트 TV 명칭이 2010년부터 보편적으로 사용되기 시작했다.

6) 디지털 방송망

디지털 지상파TV는 지상파를 이용한 TV방송 시스템으로서 지금은 아날로그 방송이 사라지고 완전한 디지털 방송이 이루어지고 있다. 디지털 위성TV는 위성파를 이용한 TV방송 시스템으로서 2002년부터 스카이라이프에서 유료 방송을 시작하였다. 디지털 케이블TV는 종래의 아날로그 케이블TV 서비스에서 진화하여 2005년부터 서비스를 시작하였다. DMB(Digital Multimedia Broadcasting)는 디지털 멀티미디어 방송으로 2005년부터 지상파 DMB와 위성 DMB 서비스를 시작하였다. 지상파 DMB는 무료이며, 위성 DMB는 유료 서비스되고 있다.

IPTV(Internet Protocol TV)는 초고속 인터넷을 이용하는 TV방송 서비스로서 TV방송 이외에 VOD(Video on Demand) 서비스는 물론, 웹서비스, VoIP (Voice over Internet Protocol) 등의 인터넷서비스를 부가적으로 제공할 수 있어서 사용자와의 쌍방향 상호작용이 가능하고 원하는 방송을 원하는 시간에 시청할 수 있는 시스템이다. IPTV는 인터넷을 통해 실시간으로 방송 서비스를 쌍방향으로 해주므로 광대역 초고속 인터넷 서비스가 가능해야 한다.

연 / 습 / 문 / 제

1. 전달하고자 하는 내용이나 주제를 지닌 디지털 정보, 즉 디지털 메시지에 해당되는 것은?

① Data ② Information
③ Contents ④ Communication
⑤ Device

2. 텍스트(부호, 문자, 숫자), 소리(음성, 음향, 음악), 영상(정지영상, 동영상) 등의 매체가 두 가지 이상 결합한 것을 무엇이라고 하는가?

① Double media ② Dual media
③ Multi media ④ Hyper media
⑤ Digital media

3. 데이터들이 유용하게 조직되어 구문형태로 의미를 갖고 있는 것을 무엇이라고 하는가?

① Information ② Knowledge
③ Contents ④ Media
⑤ Message

4. 정보들이 유용하게 조직되어 특정 문제를 해결하는데 활용할 수 있는 것을 무엇이라고 하는가?

① Data ② Knowledge
③ Contents ④ Media
⑤ Message

5. 디지털 콘텐츠 생명주기는 (　　　　), (　　　　), (　　　　), (　　　　) 등으로 이루어진다.

① 기획-제작-관리-유통거래 ② 제작-관리-유통거래-기획
③ 관리-유통거래 -기획-제작 ④ 유통거래-기획-제작-관리
⑤ 기획-제작-유통거래

6. 디지털 정보를 표현하고 전달하는 장치를 무엇이라고 하는가?

① Digital contents ② Digital convergence
③ Digital device ④ Digital media
⑤ Digital society

연 / 습 / 문 / 제

7. Web, E-mail, Chatting 정도의 간단한 인터넷 서비스를 주목적으로 하는 비교적 값이 싼 미니 노트북을 무엇이라고 하는가?

① Ultra Mobile PC ② Netbook PC
③ PDA ④ PMP
⑤ Smart Phone

8. 터치스크린(touch screen)을 주입력 장치로 사용하는 팜탑(palmtop)에 해당되며 무선통신과 정보처리기능을 결합한 개인휴대 기기를 무엇이라고 하는가?

① Ultra Mobile PC ② Netbook PC
③ PDA ④ PMP
⑤ Smart Phone

9. 음악, 동영상 재생, 디지털카메라 기능을 가진 휴대용 멀티미디어 재생기를 무엇이라고 하는가?

① Ultra Mobile PC ② Netbook PC
③ PDA ④ PMP
⑤ Smart Phone

10. TV를 발전 순서대로 차례로 나열해보면 Projection TV, (　　　　) TV, (　　　　) TV, (　　　　) TV, OLED TV 순으로 볼 수 있다.

① PDP, LCD, LED ② LED, LCD, PDP
③ LCD, LED, PDP ④ PDP, LED, LCD
⑤ LCD, PDP, LED

11. 디지털 지상파 TV, 디지털 위성 TV, 디지털 케이블 TV, DMB , IP TV 등을 무엇이라 고하는가?

① Digital TV 수상기 ② Digital Broadcasting
③ Digital Convergence ④ Digital Contents
⑤ Digital Device

12. (　　　　　　)란 전달하고자 하는 내용이나 주제를 지닌 디지털 정보, 즉 디지털 메시지이며, 이들은 부호, 문자, 음성, 음향, 영상 등이 (　　　　) 기술과 결합하여 디지털 형태로 제작, 처리된 단일/다중 매체(멀티미디어) 정보로 구성된다.

연 / 습 / 문 / 제

13. "컴퓨터 사용 비용이 공짜나 다름없으면 어떤 일이 일어날까?"에 대한 답이 'PC OS'이라면 "컴퓨터 통신비용이 공짜나 다름 없으면 어떤 일이 일어날까?"에 대한 답은 (　　　　　　)로 볼 수 있다.

14. (　　　) 가지 이상의 매체가 결합하여 표현한 정보를 멀티미디어 정보라 하고, 전달하고자 하는 내용이나 주제를 멀티미디어 정보를 기반으로 표현한 것을 멀티미디어 콘텐츠라 하며, 멀티미디어 콘텐츠의 정보가 디지털 형태일 경우, 이를 (　　　　)라 한다.

15. 디지털 콘텐츠 사이클은 (　　　), 제작, 관리, 유통 및 거래 등으로 이루어진다.

16. (　　　　　)란 디지털 정보를 표현하고 전달하는 장치를 말한다. 대표적인 것으로 디지털컴퓨터, 휴대폰(Mobile Phone), PDA, 스마트폰, PDA폰, 디지털TV, MP3플레이어, PMP, UMPC, 디지털캠코더/디지털카메라 등이 있다.

17. (　　　　　　　)란 무선통신과 정보처리기능을 결합한 개인휴대 기기, 개인 휴대 정보 단말기를 말하며, PMP란 음악, 동영상 재생, 디지털카메라 기능을 가진 휴대용 (　　　　　　) 재생기를 말한다. 스마트폰은 폰에 (　　　　　) 기능을 추가한 것이고, PDA폰은 PDA에 (　　　　　) 기능을 추가한 것이다.

18. 디지털 TV는 OLED TV, (　　　) TV, (　　　) TV, PDP(Plasma Display Panel) TV, Projection TV 등으로 구분할 수 있다.

19. 디지털 (　　　　　)으로는 디지털 지상파 TV, 디지털 위성 V, 디지털 케이블 TV, DMB, (　　　　　) TV 등이 있다.

C.H.A.P.T.E.R 04

디지털 컴퓨터

4.1 디지털 컴퓨터의 정의

4.2 컴퓨터 시스템

4.1 디지털 컴퓨터의 정의

'컴퓨터란 무엇인가?'라는 물음을 단 한 마디로 대답하기란 결코 쉬운 일이 아니다. '컴퓨터 같은 사람', '컴퓨터 세탁기', '컴퓨터 시력 측정', '주판은 컴퓨터의 시조.', '슈퍼 컴퓨터', '마이크로 컴퓨터','개인용 컴퓨터(PC)', '우주선 연료분사 제어 컴퓨터', '아날로그 컴퓨터', '디지털 컴퓨터', '탁상용 전자계산기', '범용 전자계산기' 등과 같이 '컴퓨터' 라는 글자는 같지만 각기 다른 의미를 갖는 말들이 사용되어 혼란을 주고 있기 때문이다.

원래 컴퓨터는 compute(계산하다)와 er(명사형 접미사)의 합성어로 계산기(computer) 라는 뜻을 가지고 있다. 초기에는 단순한 사칙연산을 반복 수행하는 계산기 기능을 갖고 출발하였지만, 기계·전기·전자공업의 발전에 힘입어 폭발적인 발전을 거듭한 끝에, 이제는 문서 작성, 데이터 분석 관리, 고도의 계산처리, 그래픽 처리, 컴퓨터 게임(computer game)은 물론 인터넷(internet) 상에서 정보를 주고받는 중요한 일을 하는 정보처리기로 발전했다.

현대의 컴퓨터는 단순한 계산기의 기능을 탈피한 그 이상의 기능을 수행하는 그림 4-1과 같은 정보처리기를 말하며, 입력 자료를 프로그램에 의해 가공·처리한 다음 정보를 만들어서 출력해내는 전자식 자료처리 시스템(EDPS ; Electronic Data Processing System)이라고 할 수 있다. 실제로는 최종 결과물이 정보이므로 '자료처리 시스템'이라는 용어보다는 '정보처리 시스템'이라는 용어를 보다 널리 사용하고 있다. 그리고 최근에는 컴퓨터가 정보처리기로서 디지털 데이터와 디지털 정보를 취급할 뿐 아니라 정보통신기로서 단말 역할을 하므로 디지털 미디어의 하나로 보기도 한다.

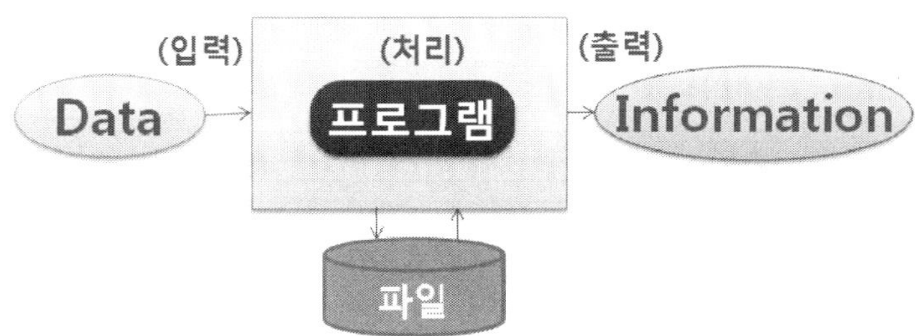

그림 4-1 정보처리 개념도

그림 4-1에서 입력 자료란 컴퓨터로 처리하고자 하는 업무와 관련된 것으

로서 아직 가공되지 않은 상태의 값, 사실 등을 말한다. 정보란 입력 자료를 프로그램에 의해 가공·처리한 결과를 말한다. 프로그램은 입력자료를 정보로 변환하는데 필요한 명령, 규칙, 방법 등을 처리순서에 맞게 계획적으로 모아둔 것을 말한다. 예를 들어, 학교 선생님들이 컴퓨터를 이용하여 성적 처리를 한다고 할 때, 컴퓨터에 입력되는 학생들의 이름, 학년, 반, 각 과목별 성적 등은 자료에 해당되고, 성적 처리 프로그램에 의해 처리된 결과로서 학생들의 평균 점수, 순위 등은 정보에 해당된다 할 수 있다. 성적 처리 프로그램은 각 학생들의 점수를 계산하여 평균점수를 구하고 순위를 비교하는 컴퓨터 명령들을 처리 순서에 맞추어 모아 둔 것이라 할 수 있다.

위에서 말한 컴퓨터의 정의는 1945년 존 폰 노이만(John von Neumann)이 주장한 프로그램내장방식이라는 아이디어를 기반으로 만들어진 모든 컴퓨터들에 해당되는 것이라 할 수 있다. 보통 세계 최초의 컴퓨터라고 하는 에니악은 외부프로그램방식을 기반으로 만들어진 것이므로 노이만방식의 컴퓨터라 할 수 없다. 에니악 이 후에 만들어진 컴퓨터들부터 최근에 만들어진 컴퓨터는 모두 프로그램내장방식의 컴퓨터이다. 최근에는 프로그램내장방식을 더욱 발전시킨 병렬처리 컴퓨터와 프로그램들이 고안되었는데, 이들은 병렬로 동시에 작동되기 때문에 같은 문제를 보다 신속히 처리할 수 있다.

위의 정의에 의하면 앞으로 사용할 컴퓨터라는 용어의 의미에는 '컴퓨터 같은 사람', '컴퓨터 세탁기', '컴퓨터 시력 측정', '미사일속의 컴퓨터', '우주선 연료분사 제어 컴퓨터', '아날로그 컴퓨터', '탁상용 전자계산기' 등에서 사용한 '컴퓨터'라는 용어의 의미는 제외한다는 것을 알 수 있다.

정보처리 시스템으로서의 컴퓨터는 사람의 정보처리 기능을 모방하여 만든 것이라는 것을 알 수 있다. 사실 사람이 처리할 수 없는 것을 창의적인 아이디어를 이용하여 처리할 수 있는 컴퓨터는 아직 존재하지 않는다. 단지, 사람이 처리하기에는 너무 위험한 일이나 데이터량이 너무 많아 시간이 오래 걸리는 단순·반복적인 일, 또는 데이터량은 적으나 미적분 방정식과 같은 복잡한 계산을 요하는 일 등에 컴퓨터를 사용한다. 즉, 컴퓨터는 사람의 정보처리 일을 대신하거나 보조하는 역할을 수행한다.

컴퓨터는 하드웨어(hardware)와 소프트웨어(software)의 집합체로 볼 수 있다. 컴퓨터를 사람에 비유할 때, 하드웨어는 육체에 해당되고 소프트웨어는 정신에 해당된다. 육체만 있고 정신이 없는 사람은 식물인간에 해당되고, 정신만 있고 육체가 없는 사람은 귀신에 해당되듯이 컴퓨터도 하드웨어나 소프트웨어 중 어느 하나가 없으면 제 구실을 할 수 없다. 즉, 사람은 건강한 육체에 건전한 정신을 가질 때 제대로 된 삶을 살 수 있듯이 컴퓨터도 하드웨어와 소프트웨어가 조화를 이룰 때 제대로 정보처리를 할 수 있다.

하드웨어는 사람의 5대 정보처리 기능인 입력, 출력, 연산, 제어, 기억 기능을 담당하는 장치들로 구성되어 있다. 즉, 사람의 눈, 귀와 같이 자료를 읽어들이는 입력기능을 갖고 있는 입력장치, 말하는 입, 행동을 유발하는 손, 발 등과 같이 정보를 내보내는 출력기능을 갖고 있는 출력장치, 그리고 계산, 제어, 기억 기능을 갖고 있는 연산장치, 제어장치, 기억장치 등으로 구성되어 있다. 기억기능은 두뇌의 기억중추 역할을 하는 주기억장치와 주기억장치의 적은 용량과 휘발성 특성을 보조해주는 보조기억장치에서 담당한다.

컴퓨터 하드웨어는 그림 4-2와 같이 크게 사람의 두뇌에 해당되는 기능을 담당하는 중앙처리장치와 그 이외의 주변장치로 구분하기도 한다. 중앙처리장치는 연산장치, 제어장치, 주기억장치를 말하며, 보조기억장치는 입력정치, 출력장치, 보조기억장치를 말한다. 그런데 PC를 비롯한 마이크로 컴퓨터는 연산장치와 제어장치 기능만을 가지고 있는 마이크로프로세서(microprocessor)를 CPU(Central Processing Unit)인 중앙처리장치로 취급한다.

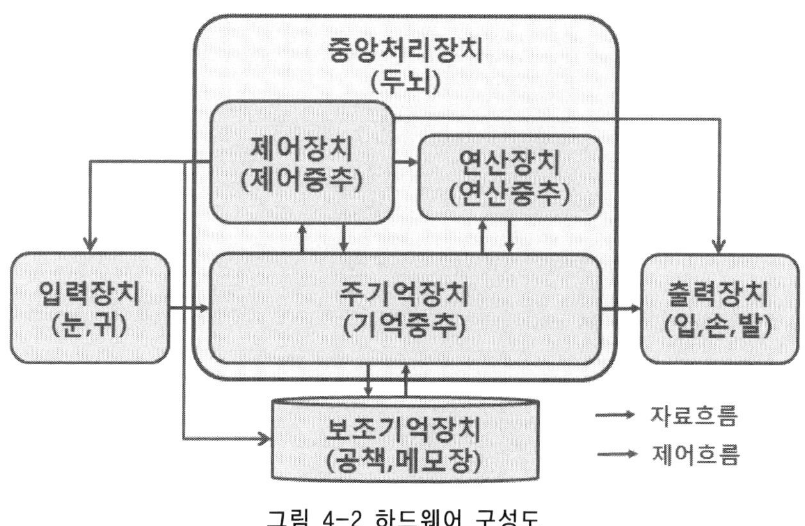

그림 4-2 하드웨어 구성도

컴퓨터는 입력장치를 통하여 업무와 관련된 아직 가공되지 않은 데이터와 데이터를 원하는 목적의 정보로 가공하기 위한 명령어들을 계획적으로 모아

둔 프로그램을 입력하여 주기억장치에 기억시킨다. 주기억장치의 용량을 초과하거나 나중에 사용할 데이터와 프로그램의 경우에 보조기억장치에 저장시켜 둔다.

보조기억장치에 저장되는 처리단위별 데이터나 프로그램 묶음을 파일이라 한다. 컴퓨터로 처리되는 업무와 관련된 데이터를 레코드 단위로 모아놓은 것을 데이터 파일이라 하고 실제 정보처리 업무를 수행하는 명령어들을 모아둔 것을 프로그램 파일이라고 한다. 보조기억장치에 보관된 프로그램파일은 주기억장치에 적재됨으로써 실행된다.

주기억장치에 기억되어있는 프로그램은 처음 명령어부터 하나씩 주어진 순서대로 제어장치에 의해 꺼내져 해독된다. 제어장치는 명령어 해독결과인 제어신호를 발생시켜 나머지 각 장치들을 통제 및 제어한다. 계산명령어의 경우 주기억장치의 피연산 데이터를 연산장치로 보내 계산하게 한 다음 그 결과를 다시 주기억장치에 저장되게 한다. 즉, 주기억장치에는 최초 입력데이터는 물론 중간가공결과와 최종가공결과까지도 기억하게 되며, 사용자의 요구에 맞는 정보인 경우, 출력장치를 통해 출력되고 이는 실제 업무에 필요한 지식으로 활용된다.

소프트웨어는 하드웨어를 다루는 모든 기술을 말하므로, 직접적으로 하드웨어를 동작시키는 명령어들의 집합이라 할 수 있는 프로그램들을 지칭한다. 소프트웨어는 크게 응용 업무를 실제로 처리하기 위한 프로그램인 응용 소프트웨어와 사람이나 응용소프트웨어가 컴퓨터하드웨어를 보다 쉽고 편리하게 사용할 수 있도록 도와주는 프로그램인 시스템 소프트웨어로 구분한다.

4.2 컴퓨터 시스템

컴퓨터를 이용하여 정보를 처리하는 과정을 자세히 살펴보면, 거기에는 하드웨어와 소프트웨어 이외의 요소들이 포함되어 있다는 것을 알 수 있다. 즉, 데이터를 준비하고, 검사하고, 입력하는 사람, 컴퓨터 하드웨어를 작동하는 사람, 프로그램을 작성하는 사람, 어떤 일이 컴퓨터에서 처리되도록 분석하고 설계하는 사람, 정보를 사용하는 사람 등이 정해진 절차에 따라 컴퓨터 하드웨

어 및 소프트웨어를 조작하여 데이터를 정보로 가공하는 것이다.

시스템 관점에서 보면, 컴퓨터 시스템은 하드웨어, 소프트웨어, 사람, 자료(정보), 절차 등이 정보처리라는 공동의 목적을 위해 유기적으로 상호작용하는 정보처리 시스템이라 할 수 있다. 따라서 이들 구성요소 중 어느 하나라도 미흡한 부분이 있다면 시스템으로서 역할을 제대로 할 수 없으므로 항상 각 구성요소들이 조화를 이룰 수 있도록 해야 한다.

1) 하드웨어

컴퓨터 하드웨어는 전자회로, 키보드, 모니터 등과 같은 눈에 보이는 컴퓨터 기계 그 자체를 말한다. 반드시 전기를 공급해야 동작시킬 수 있으며 소프트웨어의 도움을 받아야만 사용자가 하드웨어를 제대로 이용할 수 있다.

하드웨어는 자료를 읽어 들이는 기능을 갖고 있는 입력장치, 정보를 내보내는 기능을 갖고 있는 출력장치, 그리고 계산, 제어, 기억 기능을 갖고 있는 연산장치, 제어장치, 기억장치 등으로 구성되어 있다. 기억장치의 경우는 두뇌의 기억중추 역할을 하는 주기억장치와 주기억장치의 적은 용량과 휘발성 특성을 보조해주는 보조기억장치로 나눌 수 있다.

일반적으로 컴퓨터의 성능은 보통 하드웨어의 처리능력으로 나타내므로 MIPS(Million Instruction Per Second)로 나타내는 것이 보통이지만, 이는 여러 가지 복잡한 요소를 감안해야 정확성을 기할 수 있으므로 보통은 간단하게 'CPU의 속도'와 '기억장치의 용량'으로 나타내기도 한다.

2) 소프트웨어

소프트웨어는 하드웨어를 다루는 모든 기술들을 말한다. 컴퓨터 하드웨어를 동작시키는 명령어들의 집합이라 할 수 있는 프로그램들이 바로 대표적인 소프트웨어라 할 수 있다. 소프트웨어에는 워드프로세서(word processor), 스프레드시트(spread sheet), 데이터 관리 패키지(database management package), 컴퓨터그래픽스(computer graphics), 인터넷정보검색 및 홈페이지 작성, 게임(game) 등과 같이 응용 업무를 실제로 처리하기 위한 응용소프트웨어와 운영체제, 유틸리티와 같이 사람이나 응용소프트웨어가 컴퓨터하드웨어를 보다 쉽고 편리하게 사용할 수 있도록 도와주는 시스템소프트웨어로 나눌 수 있다. 그림 4-3은 응용 소프트웨어와 시스템 소프트웨어 중심으로 하드웨어와 사람

간의 관계를 나타낸 것이다.

시스템 소프트웨어 중 컴퓨터 하드웨어가 있는 곳에 반드시 있어야 하는 가장 기본이 되므로, 컴퓨터를 조작할 때, 맨 처음 접하게 되는 것이 바로 운영체제이다. 운영체제는 사용자나 응용소프트웨어들이 하드웨어 자원을 사용할 때 처리능력, 응답시간, 사용가능성, 신뢰성 등을 높여서 보다 편리하고 효율적인 처리가 이루어지도록 함으로써 정보처리 생산성 향상을 이루도록 하는 프로그램의 집합이다. 워크스테이션급 이상 컴퓨터에서 많이 사용하는 유닉스(Unix), 마이크로컴퓨터에서 서버급에 사용하는 윈도우즈 서버 2012, 클라이언트 PC용 운영체제로 널리 사용하고 있는 윈도우즈7(windows 7), 윈도우즈8(windows 8), 애플 PC용 XOS, 유닉스와 유사하지만 무료로 PC에서 사용할 수 있는 리눅스(Linux) 등이 있다.

유틸리티(utility)는 사용자가 운영체제보다 더 쉽고 편리하게 컴퓨터의 문제점을 해결하고, 컴퓨터를 사용할 수 있도록 도와주는 기능을 묶어 패키지화한 시스템 소프트웨어이다.

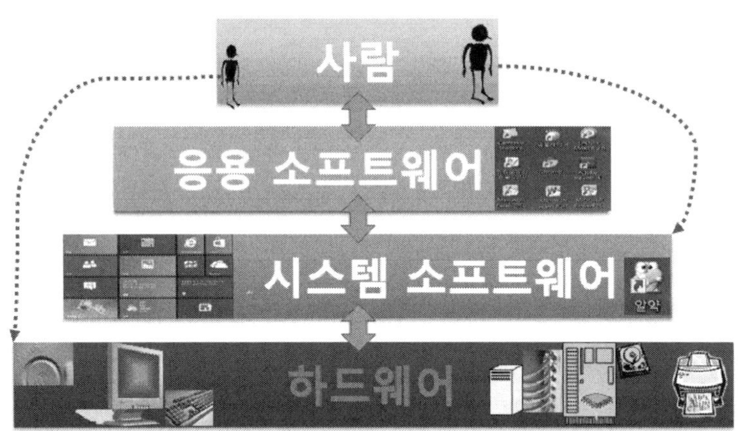

그림 4-3 응용 소프트웨어와 시스템 소프트웨어

소프트웨어를 획득하는 방법에 따라 정품 소프트웨어, 쉐어웨어(shareware), 라이트웨어(lightware), 프리웨어(freeware), 퍼블릭 도메인 소프트웨어(public domain software), 프리소프트웨어(free software) 등의 용어를 사용한다. 일반적으로 소프트웨어는 정식으로 구매한 것을 말하며, 쉐어웨어는 시험기간 후에는 구매할 소프트웨어, 라이트웨어는 어떤 기능을 뺀 쉐어웨어를 말합니다. 프리웨어는 복사권한만 제외하고 자유롭게 사용할 수 있는 소프트웨어를

말하고, 퍼블릭 도메인 소프트웨어는 저작권을 포기하거나 저작권 보호기간이 지나 복사권한까지도 포함하여 사용할 수 있는 소프트웨어를 말한다. 복사와 사용, 연구, 수정, 배포 등의 제한이 없는 소프트웨어를 프리소프트웨어라 한다.

소프트웨어는 보통 CD-ROM(Compact Disk-Read Only Memory)이나 DVD (Digital Video Disk)로 획득하거나, 인터넷을 통해 다운로드(download) 할 수도 있다.

3) 자료와 정보

자료를 좁은 의미로 보면 프로그램 수행에 필요한 데이터를 말한다. 즉, 어떤 업무에 관련된 것으로서 아직 가공되지 않은 미정의 수치, 값, 사실 등을 말한다. 자료를 넓은 의미로 보면 컴퓨터에서 취급되는 모든 정보를 말하는데, 프로그램에 필요한 데이터 뿐 아니라 컴퓨터를 제어하는 프로그램과 출력정보까지도 포함한다. 따라서 자료의 개념이 정보의 개념과 혼동될 수 있으나 어떤 목적의 결과에 해당되는 정보도 다른 목적의 관련된 사실로 역할이 바뀌면 다른 목적을 위한 자료가 되므로 넓은 의미로 보면 자료의 개념과 정보의 개념을 같이 볼 수 있다. 다만 좁은 의미로 자료(data)는 원시적인 것, 단순 관찰이나 측정을 통하여 얻은 것으로서, 의미가 있을 수도 있고 없을 수도 있는 것이며, 정보는 인위적인 것, 자료에 의미가 부여되어 가치가 생긴 것으로 볼 수 있다.

컴퓨터 시스템의 구성요소로서 자료(정보)는 컴퓨터를 통한 정보처리의 시작이며 끝이라 할 수 있다. 즉, 수집된 자료를 컴퓨터(하드웨어)에 입력하여 프로그램(소프트웨어)에 의해 가공한 다음 정보를 출력해내므로 최종적으로 남는 것이라 할 수 있다.

자료와 정보는 그 의미 속에 컴퓨터 측면과 네트워크 측면이 모두 포함되어 있기 때문에 어느 한 쪽 측면에서 바라보고 의미를 파악하는 것은 무리가 있으므로 양쪽을 다 고려해야 정확한 의미를 파악할 수 있다.

먼저 컴퓨터 측면에서는 정보처리 개념 속에서 자료와 정보의 의미를 파악하는 것이 정확하다. 컴퓨터에 있어서 정보란 데이터를 프로그램에 의해 가공하여 의미 있게 만든 것을 말한다. 여기서 데이터란 어떤 업무와 관련된 값이나 사실을 말하며, 컴퓨터에서 이동되고 처리되기 용이한 형태의 아직 가공되지 않은 상태에 있는 것이다. 그리고 프로그램(program)이란 데이터를 정보로 가공·처리하는 계획적인 명령어들의 집합이다.

그 다음으로 네트워크 측면에서는 정보통신 개념 속에서 정보의 의미를 파악하는 것이 좋다. 정보통신에 있어서 정보란 전달받는 자가 구문형태로 의미를 갖게 하는 일종의 자극에 해당되는 것이다. 일부 정보는 다른 형태로 변환되기도 하고 다른 수신자에게 전달되기도 한다. 그리고 이렇게 전달된 정보들은 전문가에 의한 정보활용 과정을 통해 지식으로 가공된다.

결국 앞의 컴퓨터 측면과 네트워크 측면의 두 가지를 종합한 컴퓨터 네트워크 측면에서는 정보의 의미를 데이터와 정보의 관계에서만 파악하는 것보다는 지식과의 관계를 추가하는 것이 바람직하다. 지식이란 정보들이 유용하게 조직되어 특정 문제를 해결하는데 활용할 수 있게 만든 것을 말한다. 즉 데이터는 컴퓨터를 통해 정보로 가공되고, 필요에 따라 파일(file) 형태로 저장된다. 컴퓨터에서 바로 가공된 정보이거나 파일(보조기억장치에 저장된 정보덩어리)로 저장된 정보는 컴퓨터망을 통해 수집되거나 전문가에 의해 활용됨으로써 지식으로 만들어진다. 그림 4-4는 이러한 과정 속에서 정보가 어떻게 변화하는지 그 의미를 잘 알 수 있도록 하기 위한 것이다.

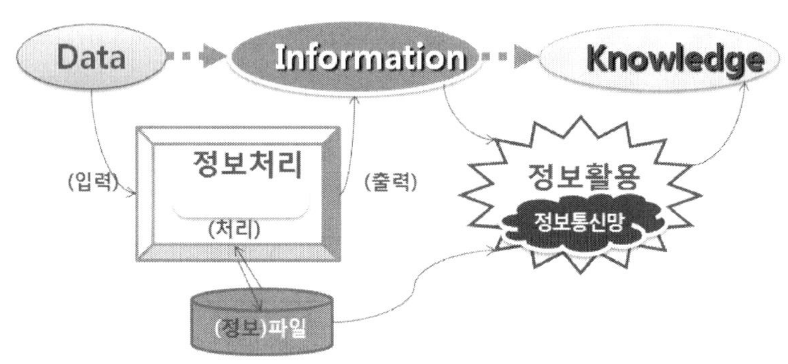

그림 4-4 정보의 변화과정

자료와 정보는 손으로 잡히는 물질과 달리 손으로 잡히지 않는 무형의 것이므로 한 기억장소에 기억된 것을 새로운 기억장소로 전달하여도 원래 자신의 것은 상실하지 않고 그대로 남아 있으며 전달할수록 그만큼 많은 곳에 전파되는 특성을 가지고 있다. 또한 자료와 정보는 새로운 것이 이미 다른 값을 가지고 있는 기억장소로 전달되면 먼저 기억되었던 값이 상실되는 특성을 가지고 있다. 따라서 기억장소에는 항상 최신의 정보가 남아 있으며 최신의 정보가

가치 있는 정보로 취급된다. 그리고 정보의 특성 중 가장 중요한 것은 신속·정확성이다. 모든 정보는 시효가 있으며, 시간이 지남에 따라 그 가치가 떨어진다. 그리고 정확하지 않은 정보는 쓰레기나 다름없다. GIGO(Garbage In, Garbage Out)라는 말처럼 쓰레기가 들어가면 쓰레기가 나오고, GIGO(Gold In, Gold Out)라는 말처럼 황금이 들어가면 황금이 나온다. 컴퓨터에 입력되는 데이터는 물론 이를 가공하는 명령어들의 집합인 프로그램도 정확해야 정확한 정보를 얻을 수 있다. 아무리 신속히 처리된 정보라도 정확하지 않으면 의미가 없으며, 아무리 정확히 처리된 정보라도 정해진 시간을 초과하면 의미가 없다. 이는 컴퓨터 시스템에서 자료와 정보의 정확성이 얼마나 중요한지를 잘 알려주는 말이다.

또한 정보는 정보를 필요로 하는 사람 누구에게나 그 가치를 부여하는 무한한 가치를 가지는 동시에 정보 사용자가 처한 환경에 따라 어떻게 사용하느냐에 따라 다른 결과를 가져올 수 있으므로 정보는 좋은 결과를 얻지 못하면 그 가치를 인정받을 수 없는 특성, 즉 사용자가 정보를 이용하는 정도에 따라 가치가 달라지는 변화성도 함께 가지고 있다.

4) 사람

컴퓨터 시스템의 여러 구성요소들은 결국 사람에 의해 사람을 위해 유기적으로 결합되어 있다. 사람이 사용하기 위한 정보를 추출하기 위해 사람이 수집한 자료를 정확하게 확인하여 컴퓨터 하드웨어에 입력하고 사람이 만든 정확한 프로그램에 의해 가공하는 것이다.

보다 구체적으로 살펴보면, 컴퓨터를 운영하는 사람인 오퍼레이터(operator), 자료를 입력하는 사람인 데이터 입력원, 프로그램을 작성하는 사람인 프로그래머, 정보시스템을 공학적 원리를 이용하게 구축하는 사람인 소프트웨어 공학자, 데이터베이스를 구축하고 관리하는 사람인 데이터베이스 전문가, 네트워크를 구축하고 관리하는 사람인 네트워크 전문가, 컴퓨터와 네트워크의 보안을 책임지는 사람인 컴퓨터 보안 전문가, 정보를 사용하는 사람인 정보 사용자 등이 있다.

5) 절차

하드웨어, 소프트웨어, 자료(정보), 사람 등의 컴퓨터 시스템 구성요소들은 어떤 업무를 제대로 처리하기 위한 기준에 해당되는 절차를 준수하여 수행되어야 한다. 아무리 컴퓨터를 통한 정보처리가 잘 이루어졌다 하여도 법과 규칙을 준수하지 않는다면 원하는 목적을 제대로 달성할 수 없다.

절차는 컴퓨터 시스템에 있어서 처리할 업무와 관련된 법, 규칙, 규정, 처리기준에 해당되는 중요한 구성요소에 해당된다.

연 / 습 / 문 / 제

1. 컴퓨터에서 전자회로, 키보드, 모니터 등과 같은 눈에 보이는 컴퓨터 기계 그 자체를 말하는 것은?

① Hardware ② Software
③ People ④ Data
⑤ Procedure

2. 하드웨어를 다루는 모든 기술들을 말하며, 컴퓨터 하드웨어를 동작시키는 명령어들의 집합이라 할 수 있는 프로그램들이 바로 대표적인 것을 무엇이라고 하는가?

① Hardware ② Software
③ People ④ Data
⑤ Procedure

3. 어떤 업무에 관련된 것으로서 아직 가공되지 않은 미정의 수치, 값, 사실 등을 말하는 것은?

① Hardware ② Software
③ People ④ Data
⑤ Procedure

4. 컴퓨터 시스템의 여러 구성요소들이 유기적으로 결합되어 있는 이유에 해당되는 것은?

① Hardware ② Software
③ People ④ Data
⑤ Procedure

5. 컴퓨터 시스템에 있어서 처리할 업무와 관련된 법, 규칙, 규정, 처리 기준에 해당되는 중요한 구성요소에 해당되는 것은?

① Hardware ② Software
③ People ④ Data
⑤ Procedure

6. 입력 자료를 프로그램에 의해 가공·처리한 결과에 해당되는 것으로 가장 적합한 것은?

① 지식 ② 정보
③ 출력물 ④ 파일
⑤ 데이터베이스

연 / 습 / 문 / 제

7. 입력자료를 정보로 변환하는데 필요한 명령, 규칙, 방법 등을 처리순서에 맞게 계획적으로 모아둔 것을 무엇이라고 하는가?

① 지식 ② 정보
③ 출력물 ④ 파일
⑤ 데이터베이스

8. 보조기억장치에 저장된 정보덩어리, 즉 데이터나 프로그램 묶음을 무엇이라고 하는가?

① 지식 ② 정보
③ 출력물 ④ 파일
⑤ 데이터베이스

9. 프로그램 내장방식(stored program)을 주장한 사람은?

① 앨빈 토플러 ② 마샬 맥루한
③ 폰 노이만 ④ 니콜라스 네그로폰테

10. 주기억장치에 기억되어있는 프로그램의 처음 명령어부터 하나씩 주어진 순서대로 꺼내 해독한 다음 그 결과에 따르는 신호를 각 장치에 보내는 장치는?

① 입력 장치 ② 주기억 장치
③ 제어 장치 ④ 연산 장치
⑤ 보조기억 장치

11. 다른 것 속에 내장되어 인간과 직접적인 대화를 지원하지는 않지만 다른 모든 마이크로컴퓨터의 기준을 만족하는 컴퓨터는?

① 내장컴퓨터 ② 마이크로컴퓨터
③ 미니컴퓨터 ④ 메인프레임
⑤ 슈퍼컴퓨터

12. 마이크로프로세서를 제어장치와 연산장치로 사용하는 컴퓨터 무엇이라고 하는가?

① 내장컴퓨터 ② 마이크로컴퓨터
③ 미니컴퓨터 ④ 메인프레임
⑤ 슈퍼컴퓨터

연 / 습 / 문 / 제

13. PC보다 더 빠르고, 더 큰 용량이 필요한 개인사용자, 조직, 부서 등을 위한 컴퓨터로서 특히 그래픽디자이너나 엔지니어링 회사 등에서 유닉스(Unix) 운영체제를 기반으로 널리 사용되고 컴퓨터는?

① 내장컴퓨터 ② 워크스테이션
③ 미니컴퓨터 ④ 메인프레임
⑤ 슈퍼컴퓨터

14. 마이크로컴퓨터와 메인프레임의 중간크기를 갖는 컴퓨터로서 중소기업체나 대기업 부서 규모의 업무처리용으로 많이 사용하는 컴퓨터는?

① 내장컴퓨터 ② 마이크로컴퓨터
③ 미니컴퓨터 ④ 메인프레임
⑤ 슈퍼컴퓨터

15. 사용자나 응용소프트웨어들이 하드웨어 자원을 사용할 때 처리능력, 응답시간, 사용가능성, 신뢰성 등을 높여서 보다 편리하고 효율적인 처리가 이루어지도록 함으로써 정보처리 생산성 향상을 이루도록 하는 프로그램의 집합은?

① DBMS ② OS
③ utility ④ spread sheet
⑤ word processor

16. 사용자가 운영체제보다 더 쉽고 편리하게 컴퓨터의 문제점을 해결하고, 컴퓨터를 사용할 수 있도록 도와주는 기능을 묶어 패키지화한 시스템소프트웨어는?

① DBMS ② OS
③ utility ④ spread sheet
⑤ word processor

17. 사람이 하드웨어를 보다 쉽고 편리하게 사용할 수 있도록 도와주고 실제 업무를 처리하는 소프트웨어가 잘 돌아가도록 해주는 소프트웨어는?

① application software ② embedded software
③ system software ④ DBMS

18. 소프트웨어를 획득하는 방법에 따라, 시험기간 후에는 구매할 소프트웨어인 (   ), 여기서 어떤 기능을 뺀 소프트웨어인 (   ), 복사권한만 제외하고 자유롭게 사용할 수 있는 소프트웨어인 (   ), 복사권한까지도 포함하여 사용할 수 있는 소프트웨어인 퍼블릭 도메인 소프트웨어 등으로 구분한다.

연 / 습 / 문 / 제

19. 보통 컴퓨터의 성능은 MIPS(Million Instruction Per Second)로 나타내는 것이 보통이지만, 이는 여러 가지 복잡한 요소를 감안해야 정확성을 기할 수 있으므로 보통은 간단하게 '( )의 속도'와 '( )의 용량'으로 나타내기도 한다.

20. PC는 엄청난 속도로 성능과 용량이 높아지고 있으면서도, 그 크기는 보다 작아지고 있으며 이른바, 데스크탑, 랩탑, ( ) 등의 형태로 PC가 소형화 및 ( )가 이루어지고 있다.

21. ( )는 보통 CD-ROM(Compact Disk - Read Only Memory)이나 DVD(Digital Video Disk)로 획득하거나, 인터넷을 통해 다운로드(download)할 수도 있다.

C.H.A.P.T.E.R

05

디지털 정보의 표현

5.1 숫자와 문자 표현

5.2 소리와 영상 표현

5.1 숫자와 문자 표현

사람들 사이의 원활한 의사소통을 위해서는 그들 사이에 교환되는 자료가 상호 인식할 수 있는 형태로 정확히 표현되도록 하는 약속이 필요하듯이, 통신망을 통해서 컴퓨터 사이의 원활한 데이터 통신이 이루어지게 하려면 상호 교환되는 자료가 공통적으로 명확히 표현될 수 있도록 하는 약속이 필요하다.

마찬가지로 사람과 컴퓨터 사이의 의사소통을 위해서도 사람이 사용하는 자료 표현 형태(문자, 도형, 그림, 음성)와 컴퓨터가 사용하는 자료 형태(전압의 고저, 펄스파의 고저, 전류의 유무, 자장의 방향)의 차이를 극복할 수 있는 사람과 컴퓨터 사이의 어떤 약속이 필요하다.

디지털 컴퓨터(digital computer)의 경우, 숫자(0~9), 문자 등과 같은 낱낱이 구별이 되는 디지털 데이터(digital data)를 취급하기 때문에 십진수의 경우 10가지 상태를 표현할 수 있는 방법과 연산 방법이 필요하다. 디지털 컴퓨터에서 10진 상태로 자료를 표현하게 되면 사람이 이해하기는 쉬우나, 10진 연산을 수행하기 위한 회로가 복잡하고 경제성이 떨어지기 때문에 이진연산을 할 수 있도록 이진 상태로 자료를 표현하는 것이 일반적이다. 이진연산의 경우 연산결과의 경우의 수가 다른 진법의 연산에 비해 가장 적고 연산회로의 경제성을 높일 수 있는 장점이 있다.

디지털 컴퓨터는 2진수 0과 1로 구성되는 2진법(binary number system)을 사용하여 모든 정보를 표현한다. 이진 숫자라는 뜻으로 이는 이진 상태, 즉 0 또는 1 둘 중의 하나를 컴퓨터 기억장소에 표현하는 정보의 최소단위를 비트라 하는데, 이러한 비트들을 다양한 코드화 기법(coding techniques)을 사용하여 조합함으로써 2진수는 물론, 십진수, 알파벳 문자(letters of alphabet), 특수한 기호(symbols) 등도 표현할 수 있다.

위와 같은 비트들의 조합으로 컴퓨터와 사람사이의 의사소통을 위한 자료와 정보의 표현 방법으로는 컴퓨터를 중심으로 볼 때, 외부적 표현과 내부적 표현이 있다. 그림 5-1은 컴퓨터에서 정보처리 과정인 입력, 처리, 출력 과정에서 컴퓨터와 사람과의 약속이 어떻게 이루어지는가를 컴퓨터 입장에서 외부적 표현과 내부적 표현으로 나타낸 것이다.

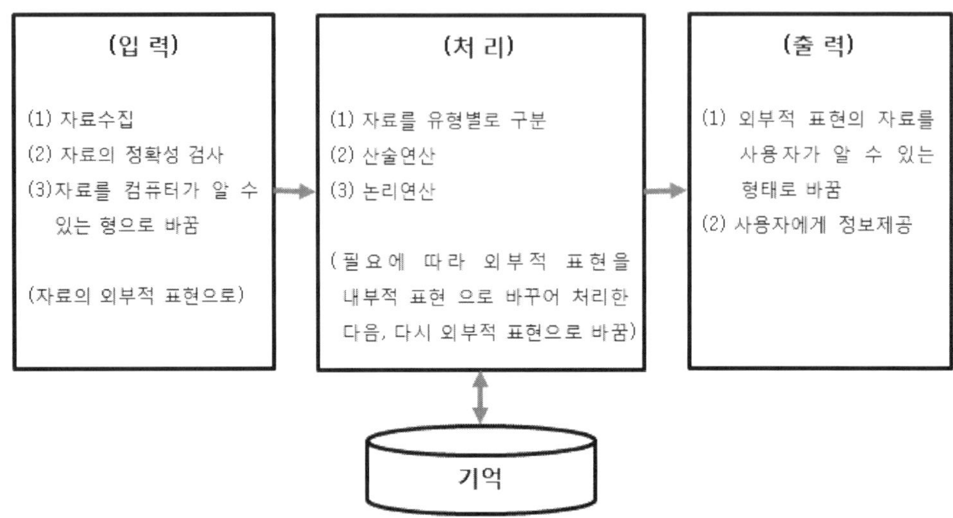

그림 5-1 정보처리 과정의 외부적 표현과 내부적 표현

자료가 컴퓨터에 입력될 때는 외부적 표현에 의한 약속(EBCDIC, 아스키 코드, 유니코드)에 의해 코드화되고 컴퓨터 메모리에서 숫자의 산술연산이 필요한 경우 내부적 표현(고정소수점방식, 유동소수점방식)에 의해 코드화되며, 연산 결과 중 출력을 해야 하는 것은 다시 외부적 표현으로 바꾼 다음, 이것이 출력장치를 통하면서 사용자가 알 수 있는 형태로 바뀌어 제공된다.

1) 외부적 표현

사람이 사용하고 있는 숫자나 문자를 컴퓨터에 표현하기 위해서는 이진상태만을 알 수 있는 컴퓨터와의 어떤 약속이 필요하다. 즉 사람이 사용하는 숫자나 문자를 2진수 형태의 코드로 표현함으로써 컴퓨터의 이진상태에 대응되도록 하는 것이다. 외부적 표현은 사람과 컴퓨터 사이의 약속으로 입출력 장치에서의 표현된다. 초창기에 사람이 사용하는 문자(영문자, 숫자, 특수문자)를 코드화하기 위해 영어권을 중심으로 6~8의 데이터 비트를 사용했으며, 데이터 비트는 크게 그룹을 나타내는 존 비트(zone bit)와 서열을 나타내는 디지트 비트(digit bit)로 구분하여 코드화했다. 그룹은 제1그룹(영문자 A~I), 제2그룹(영문자 J~R), 제3그룹(영문자 S~Z), 제4그룹(숫자 0~9)으로 구분했다. BCD(Binary Coded Decimal) 코드는 하나의 문자를 표현할 때 6개의 데이터 비트를 사용하는 데, 이 중 존 비트는 2비트, 디지트 비트는 4비트로 구성된다.

존 비트(3)

$b_7 b_6 b_5$ →					000	001	010	011	100	101	110	111
b_4	b_3	b_2	b_1	Column / Row	0	1	2	3	4	5	6	7
0	0	0	0	0	NUL	DLE	SP	0	@	P	`	p
0	0	0	1	1	SOH	DC1	!	1	A	Q	a	q
0	0	1	0	2	STX	DC2	"	2	B	R	b	r
0	0	1	1	3	ETX	DC3	#	3	C	S	c	s
0	1	0	0	4	EOT	DC4	$	4	D	T	d	t
0	1	0	1	5	ENQ	NAK	%	5	E	U	e	u
0	1	1	0	6	ACK	SYN	&	6	F	V	f	v
0	1	1	1	7	BEL	ETB	'	7	G	W	g	w
1	0	0	0	8	BS	CAN	(	8	H	X	h	x
1	0	0	1	9	HT	EM	)	9	I	Y	i	y
1	0	1	0	10	LF	SUB	*	:	J	Z	j	z
1	0	1	1	11	VT	ESC	+	;	K	[	k	{
1	1	0	0	12	FF	FS	,	<	L	\	l	|
1	1	0	1	13	CR	GS	-	=	M	]	m	}
1	1	1	0	14	SO	RS	.	>	N	^	n	~
1	1	1	1	15	SI	US	/	?	O	—	o	DEL

디지트 비트(4)

그림 5-2 ASCII 코드표

EBCDIC(Extended BCD Interchange Code)는 6비트 BCD 코드의 존 부분을 2비트 확장시켜 4비트의 존 비트와 4비트의 디지트 비트로 구성하여 총 8비트의 데이터 비트를 사용한다. 총 2^8(=256)가지의 문자를 코드화할 수 있다. ASCII(American Standard Code for Information Interchange)는 총 7비트의 데이터 비트를 사용하는데 그림 5-2와 같이 존 비트는 3비트 디지트 비트는 4비트로 구성된다. ASCII 코드는 미국표준협회에서 제정한 것으로 처음 32개는 인쇄와 제어용, 나머지는 96개는 특수문자, 숫자, 영대문자, 영소문자 등의 코드로 이루어져 있다.

그러나 지금까지 나온 코드로는 유럽권의 알파벳만으로 표현되지 않는 문자나 한국이나 중국 등의 동양권 문자를 표현할 수 없었기 때문에 전 세계적으로 통용되는 코드화 바람과 표준화하려는 움직임이 생겨나 결국 전 세계 문자를 통일할 수 있는 유니코드(Unicode)가 탄생하였다.

유니코드는 전 세계 대부분 국가에서 사용 글자를 일관되게 코드화하여 표현하고 다루는 컴퓨터 산업 표준 코드로서 역할을 수행하며, 현존하는 문자 코드 방법을 모두 유니코드로 통일하려는 목적을 가진 국제적인 문자 코드라 할 수 있다.

평면 0 기본 다국어 평면 BMP		평면 1 보조 다국어 평면 SMP		평면 2 보조 상형문자 평면 SIP		평면 3~13 3차 상형문자 평면 TIP	평면 14 보조 특수 목적 평면 SSP	평면 15~16 보조 민간 사용 영역 SPUA
0000~0FFF	8000~8FFF	10000~10FFF	18000~18FFF	20000~20FFF	28000~28FFF	문자없음	E0000~E0FFF	15 : PUA-A F0000~FFFFF 16 : PUA-B 100000~10FFFF
1000~1FFF	9000~9FFF	11000~11FFF	19000~19FFF	21000~21FFF	29000~29FFF			
2000~2FFF	A000~AFFF	12000~12FFF	1A000~1AFFF	22000~22FFF	2A000~2AFFF			
3000~3FFF	B000~BFFF	13000~13FFF	1B000~1BFFF	23000~23FFF	2B000~2BFFF			
4000~4FFF	C000~CFFF	14000~14FFF	1C000~1CFFF	24000~24FFF	2C000~2CFFF			
5000~5FFF	D000~DFFF	15000~15FFF	1D000~1DFFF	25000~25FFF	2D000~2DFFF			
6000~6FFF	E000~EFFF	16000~16FFF	1E000~1EFFF	26000~26FFF	2E000~2EFFF			
7000~7FFF	F000~FFFF	17000~17FFF	1F000~1FFFF	27000~27FFF	2F000~2FFFF			

그림 5-3 유니코드 평면

유니코드는 그림 5-3과 같이 0~16까지의 총 17개 평면과 각 평면 별로 16비트 코드공간으로 구성되어 21비트로 모든 문자의 표현이 가능하지만 공식적으로 31비트 문자집합이지만 실제로 메모리에 저장할 때는 인코딩하여 8비트, 16비트, 32비트 등으로 변환시킨다. 0번 평면을 기본 다국어 평면이라 하여 여기에 대부분의 문자가 속하게 했으며 코드 포인트(code point)는 보통 U+를 붙여 U+hhhh('B'의 유니코드 값은 U+0042)와 같이 표시한다. 16번 평면은 U+10hhhh와 같이 표시한다. 000000~10FFFF(hhhhhh)의 코드 공간을 가지므로 총 1,114,112개의 코드포인트를 가진다.

한글은 U+1100~U+11FF 사이에 한글 자모 영역, U+AC00~U+D7AF 사이의 한글 소리 마디 영역에 포함된다. 한글 소리 마디는 초성(19), 중성(21), 종성(28)으로 이루어진 현대 한글 11,172(=19*21*28)를 모두 포함하고 있다. 그림 5-4는 유니코드에서 한글 관련 범위를 나타낸 것으로 한글 소리 마디는 U+AC00~U+D7AF까지의 코드공간을 가지며, 따라서 모든 조합의 한글을 표현할 수 있고 이를 완성 글자 형태에 대해 조합순에 따라 차례로 코드를 부여했다. 예를 들면 '가'는 U+AC00, '핳'는 U+D7A3이 된다.

유니코드의 코드화 방식으로는 UCS(Universal Character Set)와 UTF (UCS Transformation Format)이 있는데, UCS는 코드 포인트를 코드화한 것으로 UCS-2와 UCS-4이 있고, UTF는 유니코드 변환 코드화 형식으로 UTF-7, UTF-8, UTF-16, UTF-32가 있으며 이 중 ASCII와 호환이 가능하면서 유니코드를 표현할 수 있는 UTF-8을 가장 많이 사용한다. UTF-8은 인터넷의 웹 서비스 이용시 주요 웹페이지 인코딩 방식으로 사용된다.

구분	시작	끝	개수
한글 자모	1100	11FF	256
호환용 한글 자모	3130	318F	96
한글 자모 확장 A	A960	A97F	32
한글 소리 마디	AC00	D7AF	11184
한글 자모 확장B	D7B0	D7FF	80

그림 5-4 유니코드에서 한글 관련 범위

코드 포인트 범위	비트수	인코딩(encoding)	변화 비트수
U+0000~U+007F	7	0xxxxxxx(그래도 인코딩)	8
U+0080~U+07FF	11	110xxxxx 10xxxxxx	16
U+0800~U+FFFF	16	1110xxxx 10xxxxxx 10xxxxxx	24
U+10000~U+1FFFFF	21	11110xxx 10xxxxxx 10xxxxxx 10xxxxxx	32

그림 5-5 유니코드에서 UTF-8의 인코딩 방식

그림 5-5는 유니코드에서 UTF-8의 인코딩 방식을 나타낸 것으로 기존의 ASCII와의 호환을 위해 필요에 따라 가변적으로 8비트, 16비트, 24비트, 32비트로 변환될 수 있도록 하기 위한 것이다. 'x'로 표시된 부분은 원래의 비트스트링(bit string) 순서 그대로 코드화하는 것을 의미한다.

예를 들어 'B'는 U+0042(0000000001000010)이므로 오른쪽 의미 있는 부분만 그대로 코드화한 01000010(16진수 42)이 되어 8비트 크기로 변환된다. '가'의 경우는 U+AC00(1010110000000000)이므로 111010101011000010000000(16진수 EAB80)이 되어 24비트 크기로 변환된다.

2) 내부적 표현

내부적 표현은 연산장치에서 표현되는 것으로 프로그램에 의해 산술연산, 논리연산을 수행하기 위해 필요하며 고정소수점방식(정수 표현)과 유동소수점 방식(실수 표현)이 있다.

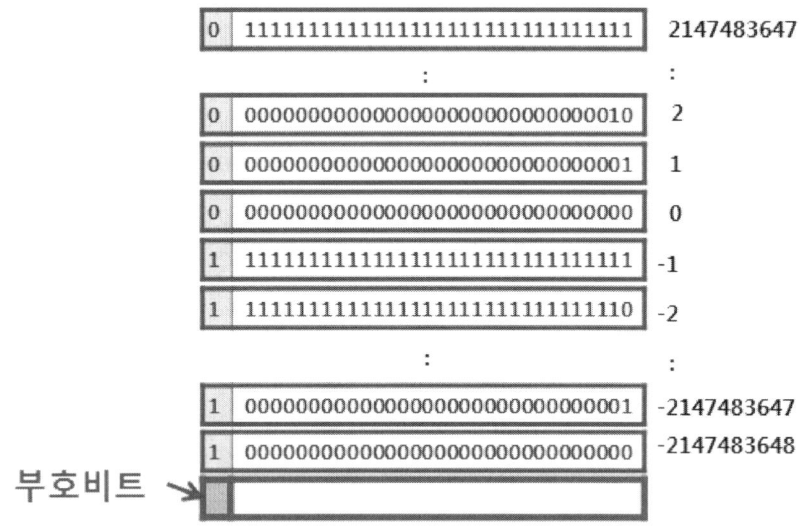

그림 5-6 2의 보수 방법에 의한 4바이트 정수 표현

고정소수점방식은 고정 위치에 소수점을 갖는 방식으로 주로 정수 표현에 사용하며, 비교적 속도가 빠른 연산을 할 수 있다. 음수표현 방식에 따라 절대값 표현 방식, 1의 보수 방식, 2의 보수 방식으로 구분한다. 절대값 표현 방식은 부호 비트가 0이면 양수, 1이면 음수가 되는 방식이고, 1의 보수 방식은 2진법의 1의 보수 방식에 의해 음수를 구해서 표현하는 방식이며, 2의 보수 방식은 2진법의 2의 보수 방식에 의해 음수를 구해서 표현하는 방식이다. 2의 보수 방식이 가장 널리 사용된다. 그림 5-6은 2의 보수 방법에 의한 4바이트 정수를 표현한 것을 나타낸 것이다.

유동 소수점 방식은 소수점이 떠서 움직인다 하여 부동(浮動) 소수점 방식이라고도 하며, 소수점 위치를 변하게 하여 일정 비트수로 나타낼 수 있는 수의 범위를 넓힌 방식으로 아주 크거나 아주 작은 실수를 표현하는데 사용한다. 실수를 지수형($M \times R^e$)으로 보았을 때, 가수(M)와 지수(e)만 표현하고 밑수(R)와 소수점 위치는 가정에 의해 정하는데 밑수는 2진수를 주로 사용하고 소수점 위치는 가수부의 맨 왼쪽에 있는 것으로 하여 정규화된 값으로 정한다. 그림 5-7은 부호비트 1비트, 지수부 8비트, 가수부 23비트, 밑수는 2로 4바이트 크기로 유동 소수점 방식에 의해 실수 0.375를 표현한 것을 나타낸 것이다.

11111111→ -128
:
10000001→ -2
10000000→ -1
01111111→ 0
01111110→ 1
:
00000001→ 125

1	8	23
S	지수부	가수부
s	eeeeeeee	xxxxxxxxxxxxxxxxxxxxxxx
0	01111101	10000000000000000000000

※ 0.375의 경우, $0.011_{(2)} = 1.1 * 2^{-2}$ 이므로 s는 양수로 0, 지수부는 -2로 10000001이며, 가수부는 100000... 임

그림 5-7 4바이트 크기로 유동소수점 방식 실수(0.375) 표현

부호(Sign)비트는 절대값 방식으로 정규화는 $1.xxxxxxx \cdots * 2^e$와 같이 한다. 그리고 지수부는 일반적인 값보다 편차가 나게 하는 표현으로 11111111을 -128로 하는 방법을 사용한다. 따라서 0.375는 2진수로 0.011이므로 정규화하면 $0.011 * 2^{-2}$이므로 부호는 양수로 0, 지수부는 -2로 10000001이며, 가수부는 10000000000000000000000이 된다.

5.2 소리와 영상 표현

1) 디지털화

디지털화란 소리나 영상을 디지털 컴퓨터에 입력하기 위해 디지털 데이터로 변환하는 것을 말한다. 아날로그 신호 형태의 데이터를 디지털 신호 형태의 데이터로 바꾸기 위해서는 표본화, 양자화, 부호화 과정을 차례로 거쳐야 한다. 표본화는 샘플링(sampling)이라 하며 그림 5-8과 같이 연속된 아날로그 데이터에서 일정하게 샘플을 추출하는 것을 말한다.

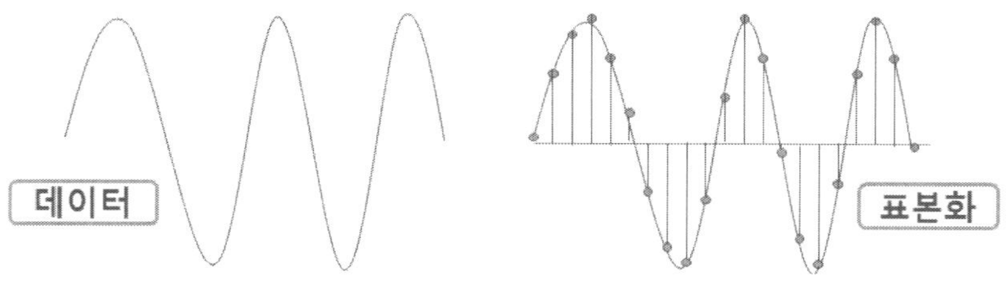

그림 5-8 표본화

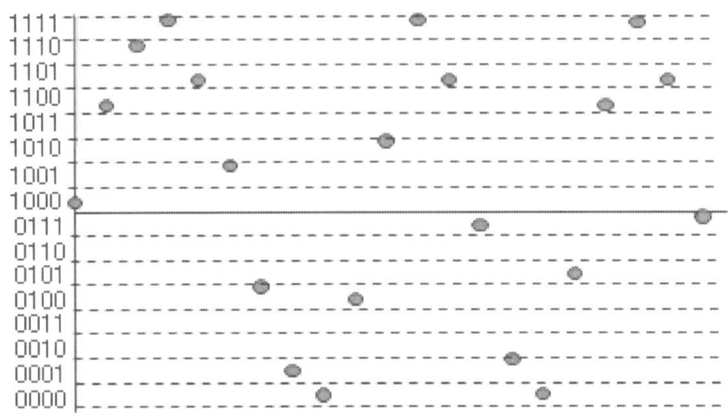

그림 5-9 양자화

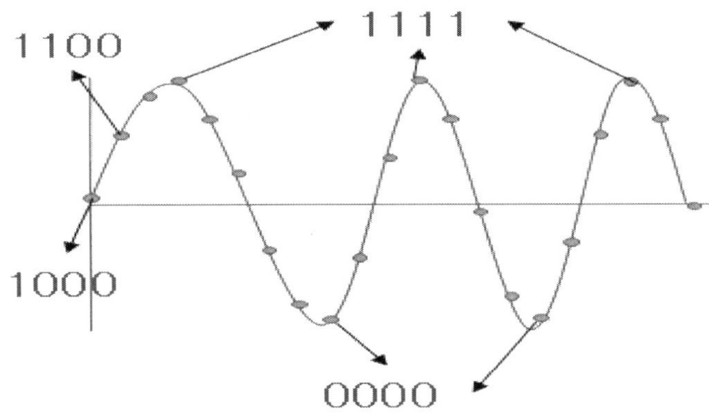

그림 5-10 부호화

양자화(quantization)는 추출된 샘플을 양자화 정도에 따라 근사값을 갖는 몇 단계로 구분하는 것을 말한다. 양자화 정도가 높으면 본래의 샘플 값에 가까워 오차가 작으며, 양자화 정도가 낮으면 오차가 커진다. 양자화 정도는 이산적인 이진 비트로 구분할 수 있다.

각 샘플은 양자화 정도에 따른 각 단계에 해당되는 2진 비트 값으로 부호화(encoding)되어 이진수 형태로 표현되어 디지털 데이터로 변환된다.

2) 소리의 표현

WAV(WAVeform audio form)는 대부분 윈도우즈 운영체제에서 널리 사용

하는 소리 파일 기본 형식이다. 보통 신호의 세기를 표본화(sampling)와 양자화(quantization)를 통해 디지털로 변조하는 PCM(Pulse Code Modulation) 방식에 의해 아날로그 신호가 디지털 신호로 변환되어 표현된다. 표본화는 최대 주파수의 2배 이상으로 하고, 양자화는 그 수준에 따라 8, 16, 32, 64, 128bit로 한다. 예를 들어 CD 오디오(Audio) 44.1kHz 샘플링, 16bit 소리 데이터의 경우 샘플링을 초당 44.1*1000번 하며, 양자화 수준은 16비트로 $2^{16}=65536$가지로 한다는 것이다. 비압축 소리 파일 형식으로 많이 사용되므로 비교적 파일 크기가 크다. 보통 파일 확장자 .wav 형태로 존재한다.

AIFF(Audio Interchange File Format)는 WAV과 유사하게 샘플링 된 오디오 파일로서 애플 매킨토시 컴퓨터에서 사용된 비압축 소리 파일 형식이다.

MIDI(Musical Instrument Digital Interface)는 전자 악기들의 디지털 신호를 송수신하기 위해 각 신호를 체계화한 규약을 말한다. MIDI 파일은 보통 .mid 또는 .midi 형태로 존재한다.

3) 영상의 표현

디지털 영상은 낱낱이 구별되는 2진상태의 전자 신호로 표현되는 그림이므로 실세계의 상을 디지털 카메라에 의해 획득하거나 필름 영상에 담겨진 실세계의 상을 스캐너와 같은 장치를 통해 디지털화하여 메모리로 읽을 수 있으며, 그래픽 프로그램에 의해 생성하거나 캡처(capture) 받아서 파일형태로 보조기억장치에 저장할 수 있다.

디지털 영상은 저장 방식에 따라 벡터 영상과 레스터 영상으로, 영상의 움직임 특성에 따라 정지영상과 동영상으로 구분한다. 벡터 영상은 드로잉되는 객체(선, 호, 원, 사각형 등)의 위치와 성질을 표현하는 함수 정보를 가진 영상이고, 레스터 영상은 페인팅되는 화면의 모든 픽셀 정보로 구성되는 영상으로 이들 영상이 비트맵 형태로 메모리에 저장되므로 비트맵 영상이라고도 한다. 동영상은 물체 또는 카메라의 이동에 의해 연속적으로 변화하는 영상 집합으로서 정지영상을 시간 제약 내에 연속적으로 나타내는 영상이라 할 수 있다. 여기서 동영상의 특정 시간의 정지영상을 프레임이라 한다.

BMP(Bit MaP) 형식의 이미지는 비트맵 이미지라고 하며 윈도우즈 운영체제의 기본 그림 파일 형식이다. 페인팅(painting) 방식의 정지 영상을 표현하는데 적합하며, 비압축 영상 파일 형식이므로 파일 크기가 크다. 픽셀(pixel ;

Picture Element)은 화면을 구성하는 기본 단위로서 비트맵(bitmap)이라고 하는 메모리(memory) 영역에 그 값이 저장되고 디지털 영상의 한 점(point)을 화면에 표시하며 디지털 영상의 기본 단위로 사용된다. 그림 5-11은 비트맵 이미지의 픽셀을 나타낸 것으로 한 픽셀에 Red, Green, Blue 정보가 각각 1바이트의 비트열로 이루어진 것을 보여준다.

WMF(Windows Meta File)는 윈도우즈 운영체제의 벡터(vector) 그래픽 이미지 파일 형식을 말한다. 드로잉(drawing) 방식의 정지영상을 표현하는 그래픽 함수들을 포함하고 있다. 따라서 파일 크기가 작다.

정지영상의 해상도에는 영상 해상도, 픽셀 해상도, 화면 해상도가 있다. 영상 해상도는 영상을 구성하는 픽셀의 수를 의미하고 보통 영상의 품질에 있어서 정밀도의 척도로 사용된다. 픽셀 해상도는 픽셀의 깊이로서 픽셀의 비트(bit)수를 의미하며 클수록 보다 많은 색깔을 표현한다. 회색 영상의 경우 8비트, 칼라 영상의 경우 24비트를 사용한다. 화면 해상도는 화면에 표시할 수 있는 최대 픽셀 수이며 그래픽 카드의 영향을 받는다. 그림 5-12는 영상해상도에 따른 영상의 예이며 그림 5-13은 픽셀 해상도에 따른 영상의 예를 나타낸 것이다. 영상 해상도보다 화면 해상도가 낮으면 그 영상은 화면에 제대로 표시되지 않는다.

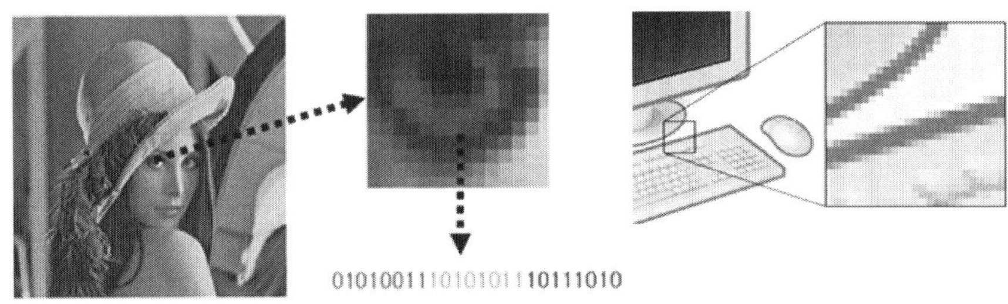

그림 5-11 비트맵 이미지의 픽셀

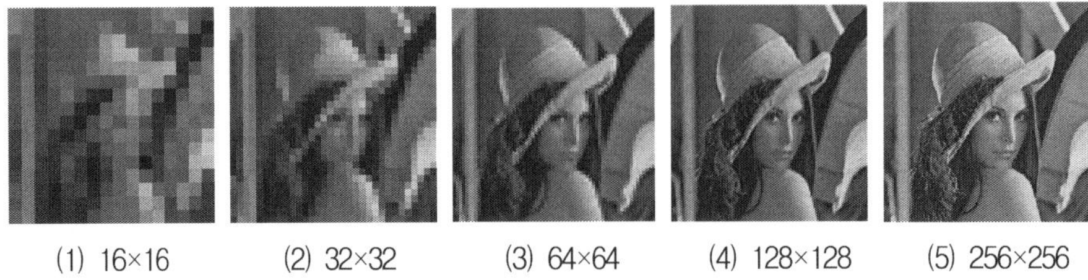

(1) 16×16 (2) 32×32 (3) 64×64 (4) 128×128 (5) 256×256

그림 5-12 영상 해상도에 따른 영상의 예

(1) 1 비트 (2) 2비트 (3) 3비트 (4) 4비트

그림 5-13 픽셀 해상도에 따른 영상의 예

4) 무비 영상의 표현

무비(Movie) 영상은 오디오(audio)와 비디오(video)가 결합된 형식을 말한다. AVI(Audio Video Interleave)는 초기 윈도우즈 운영체제에서 사용한 기본 무비 영상 파일 형식을 해당된다. 비교적 파일 크기가 크며 파일 확장자는 .avi이다. 동영상 부분은 초당 프레임(frame)수의 품질로 각 프레임의 정지 영상 반복으로 나타내며 여기에 오디오 부분을 추가하여 무비 영상으로 만든다. 이후에 윈도우 운영체제의 기본 무비 영상 파일형식은 WMV(Windows Media Video)로 발전했다. 애플사의 운영체제의 기본 무비 영상 파일 형식은 MOV(MOVie)이다.

MPEG(Moving Picture Experts Group)은 동영상 전문가 그룹에서 표준으로 제시한 동영상 파일 형식이며, MPEG1(CD), MPEG2(DVD), MPEG 3(고화질TV), MPEG4(멀티미디어 통신) 등으로 발전했다. SWF(ShockWave Flash)는 현재 아도비사의 무비 영상 파일로 웹애니메이션용(Web Animation)으로 홈페이지에 널리 사용되고 있다.

연 / 습 / 문 / 제

1. 아날로그 데이터를 디지털 데이터로 변환할 때 아날로그 데이터에서 일정한 주기로 표본을 추출하는 것을 무엇이라고 하는가?

① Sampling ② Quantization
③ Encoding ④ Decoding
⑤ Digitalizing

2. 아날로그 데이터를 디지털 데이터로 변환할 때 아날로그 데이터에서 추출된 샘플을 근사값을 갖는 몇 단계로 구분하는 것을 무엇이라고 하는가?

① Sampling ② Quantization
③ Encoding ④ Decoding
⑤ Digitalizing

3. 양자화 정도에 따른 각 단계에 해당되는 2진 비트 값으로 부호화하는 것은?

① Sampling ② Quantization
③ Encoding ④ Decoding
⑤ Digitalizing

4. 전 세계의 모든 문자를 컴퓨터에서 일관되게 표현하고 다룰 수 있도록 설계된 1~4바이트 크기의 국제 표준 문자 코드 체계를 무엇이라고 하는가?

① ASCII code ② BCD code
③ EBCDIC code ④ unicode
⑤ Gray code

5. 표본화와 양자화 정도에 따라 WAV 형식의 디지털 데이터로 변화시키는 방식은?

① PCM ② MIDI ③ MPEG ④ JPEG ⑤ BMP

6. 자료의 외부적 표현에 해당되지 않는 것은?

① ASCII ② EBCDIC ③ Unicode ④ Fixed-point

7. 미국표준협회에서 제정한 7비트 부호로 처음 32개는 인쇄와 제어용, 나머지는 96개는 특수문자, 숫자, 영대문자, 영소문자 등의 코드로 이루어진 코드는?

① ASCII ② EBCDIC ③ Unicode ④ BCD ⑤ Gray code

8. 세계 각국의 언어를 통일된 방법으로 표현할 수 있는 국제적인 문자코드로서 공식적으로 31비트 문자집합이지만 실제로는 21비트로 모든 문자의 표현이 가능한 코드는?

① ASCII ② EBCDIC ③ Unicode ④ BCD ⑤ Gray code

연 / 습 / 문 / 제

9. 영상을 구성하는 픽셀의 수를 의미하고 보통 영상의 품질에 있어서 정밀도의 척도로 사용되는 것을 무엇이라고 하는가?

① 화면 해상도　　② 영상 해상도
③ 픽셀의 깊이　　④ 픽셀 해상도
⑤ 픽셀 종횡비

10. 화면에 표시할 수 있는 최대 픽셀 수이며 그래픽 카드의 영향을 받는 것을 무엇이라고 하는가?

① 화면 해상도　　② 영상 해상도
③ 픽셀의 깊이　　④ 픽셀 해상도
⑤ 픽셀 종횡비

11. WAV과 유사하게 샘플링된 오디오 파일로서 애플 매킨토시 컴퓨터에서 사용된 비압축 소리 파일 형식은?

① WAV　　② AIFF
③ MIDI　　④ MP3
⑤ WMA

12. 전자 악기들의 디지털 신호를 송수신하기 위해 각 신호를 체계화한 규약은?

① WAV　② AIFF　③ MIDI　④ MP3　⑤ WMA

13. 비트맵 이미지라고 하며 윈도우즈 운영체제의 기본 그림 파일 형식이고, 페인팅(painting) 방식의 정지 영상을 표현하는데 적합하며, 비압축 영상 파일 형식이므로 파일 크기가 큰 영상 파일 형식은?

① GIF　② WMF　③ PNG　④ JPEG　⑤ BMP

14. 윈도우즈 운영체제의 벡터(vector) 그래픽 이미지 파일 형식을 말하며 드로잉(drawing) 방식의 정지영상을 표현하는 그래픽 함수들을 포함하고 있으므로 파일 크기가 작은 영상 파일 형식은?

① GIF　② WMF　③ PNG　④ JPEG　⑤ BMP

15. 동영상 전문가 그룹에서 표준으로 제시한 동영상 파일 형식은?

① SWF　② WMV　③ MOV　④ JPEG　⑤ MPEG

16. 윈도우 운영체제의 개선된 기본 무비 영상 파일형식은?

① SWF　② WMV　③ MOV　④ JPEG　⑤ MPEG

연 / 습 / 문 / 제

17. 현재 아도비사의 무비 영상 파일로 웹애니매이션용(Web Animation)으로 홈페이지에 널리 사용되고 있는 것은?

① SWF ② WMV ③ MOV ④ JPEG ⑤ MPEG

18. 컴퓨터 안에서는 모든 것이 0 또는 1 형태의 디지털 데이터와 정보이며 이들은 문자, (   ), (   ), 동영상 또는 그들이 혼합된 형태도 표현하는 것이 가능하다.

19. 아날로그 데이터를 디지털 데이터로 변환할 때 샘플링(sampling)이란 연속된 아날로그 데이터에서 일정 간격으로 (   )을 추출하는 것을 말하고, (   )란 이들을 2진값으로 변환하는 것을 말한다.

20. 사람들 사이의 원활한 의사소통을 위해서는 그들 사이에 교환되는 자료가 상호 인식할 수 있는 형태로 정확히 표현되도록 하는 약속이 필요하듯이, 통신망을 통해서 컴퓨터 사이의 원활한 데이터 통신이 이루어지도록 하기 위해서는 상호 교환되는 자료가 공통적으로 명확히 표현될 수 있도록 하는 (   )이 필요하다.

21. 자료가 컴퓨터에 입력될 때는 (   )에 의한 약속에 의해 코드화 되고 컴퓨터 메모리에서 숫자의 산술연산이 필요한 경우 (   )에 의해 코드화되며, 연산결과 중 출력을 해야 하는 것은 다시 외부적 표현으로 바꾼 다음, 이것이 (   )를 통하면서 사용자가 알 수 있는 형태로 바뀌어 제공된다.

22. 자료의 내부적 표현은 연산장치에서의 표현되는 것으로 프로그램에 의해 산술연산, 논리연산을 수행하기 위해 필요하며 (   ) 방식(정수 표현)과 유동소수점 방식(실수 표현)이 있다.

C.H.A.P.T.E.R

06

디지털 정보의 압축 및 저장

6.1 디지털 정보 압축

6.2 디지털 정보 저장 기술

6.1 디지털 정보 압축

1) 압축의 개요

소리 데이터와 영상 데이터는 그 용량이 매우 크다. 예를 들어, 3분짜리 CD 오디오(Audio) 44.1kHz 샘플링 16Bit 오디오 데이터의 경우, 3분*60초/분*44100회/초*2byte/회 = 15,875,000 bytes = 약 15 Mbytes 된다. 또한 3분짜리 800*600 화면해상도, 픽셀깊이 8bit(=1byte) 영상을 초당 30 프레임(frame) 전송하는 비디오 데이터의 경우, 3분*60sec/분*640*480*1byte/frame*30frame/sec = 2,592,000,000bytes/sec = 약 2.5Gbytes가 된다.

그러므로 소리 데이터나 영상 데이터를 컴퓨터에 저장하거나 네트워크를 통해 전송하려면 저장 장치가 많이 소모되고 전송 시간도 오래 걸리므로 많은 자원이 소모된다. 따라서 데이터 크기를 줄여 저장 공간과 전송 대역폭을 효율적으로 이용하기 위해 압축이 필요하다.

압축이란 데이터 크기를 줄여 보다 작은 저장 공간에 기록하기 위한 기술을 적용하는 것이다. 인코딩(encoding)은 데이터를 더 작은 크기로 변환시키는 것을 말하고, 디코딩(decoding)은 인코딩된 데이터를 원래 데이터 형태로 복원시키는 것을 말한다. 압축률은 인코딩 전의 데이터 크기를 기준으로 봤을 때 인코딩 후 데이터 크기가 얼마나 줄었는지를 나타내는 것이다.

압축의 종류에는 크게 무손실 압축과 손실 압축이 있다. 무손실 압축은 데이터의 내용을 바꾸지 않고 원래 내용 그대로 디코딩할 수 있는 것을 말하고, 손실 압축은 디코딩한 데이터의 세부적인 내용을 일부 희생시켜 더 높은 압축률을 얻을 수 있도록 코딩하는 것을 말한다. 무손실 압축 기술로는 반복길이 부호화(Run-Length) 기법, 호프만(Huffman) 기법, 그리고 렘펠과 지브, 웰치가 만든 LZW(Lempel-Ziv-Welch) 기법 등이 있다. 손실 압축 기술로는 변환 기법(FFT, DCT), 예측기법(ADPCM), JPEG, MPEG 등이 있다.

반복 길이 부호화는 같은 값이 계속 나오는 경우 그 개수와 반복되는 값으로만 코드를 표시하는 비손실 데이터 압축 알고리즘이고, 호프만 부호화는 데이터의 등장 빈도에 따라 다른 코드값을 부여하는 비손실 데이터 압축 알고리즘이다. LZW(Lempel-Ziv-Welch)는 아브라함 렘펠과 제콥 지브, 테리 웰치가 만든 공통 비손실 데이터 압축 알고리즘으로 호프만 부호화 아이디어를 응용한 것이다. ADPCM은 PCM에 의해 소리를 디지털화 할 때 첫 샘플만 제대로 변환하고 이 후에는 샘플들의 차이만 변환하는 DPCM 방식에서 샘플들의 인접한 차이가 크면 진폭을 나누는 단계를 크게 하고 차이가 작으면 진폭을 나누는 단계를 작게 하여 적응적으로 가변적인 차이를 변환하는 방식이다.

JPEG은 정지영상 전문가 그룹에서 표준으로 정의한 손실 데이터 압축 알고리즘으로 특히 압축률이 높다. MPEG(Moving Picture Experts Group)은 동영상 전문가 그룹을 뜻하며, MPEG-1, MPEG-2, MPEG-4 등을 정의했다.

VCEG(Video Coding Experts Group)은 국제통신연합(ITU ; International Telecommunication Union)산하 표준 기구 중 하나인 ITU-T(ITU Telecommunication Standardization Sector)의 비디오 코딩 전문 그룹을 뜻하며 비디오 코딩 표준인 H.261, H.262, H.263 등을 정의했다.

압축을 하거나 압축된 파일을 해독하려면 코덱이 있어야 한다. 코덱(CODEC ; COder-DECoder)은 디지털 데이터 스트림이나 신호를 인코딩하거나 디코딩 할 수 있는 장치나 프로그램을 말한다. 수많은 오디오/비디오 코덱이 존재하는데 그 중에 널리 사용되는 것은 MPEG-4 ASP(3ivx, DivX, FFmpeg MPEG-4, HDX4, Xvid), H.264/MPEG-4 AVC, WMV, WMA 등이 있다.

2) 소리의 압축

소리 데이터의 크기를 줄이기 위해서는 우선 인간의 가청주파수 20Hz~20kHz 범위 이외의 소리는 압축대상에서 제외시킨 다음 가능한 원래의 질을 떨어뜨리지 않는 다양한 압축방법에 따라 압축한다. 대표적인 소리 압축 방식으로는 ADPCM(Adaptive Differential PCM), MP3(MPEG1 Audio Layer 3) 등이 있다.

소리 압축파일 형식으로 대표적인 WAV는 주로 ADPCM 압축방식을 사용하며, 이전의 윈도우즈 운영체제부터 기본 소리 파일로 널리 사용했다.
Au는 비균등코딩 방식에 해당되는 μ-Law 압축방식을 사용하며, 유닉스 운영체제를 사용하는 선(Sun)사 소리 표준 형식으로 사용되고 있다. Aiff(Audio Interchange File Format)는 애플(Apple)사 표준 소리 파일 형식이다.

WMA(Window Media Audio)는 마이크로소프트사에서 개발한 윈도우즈 운영체제용 기본 소리 압축 파일 형식이며 Ra(Real Audio)는 리얼네트워크사

가 개발한 스트리밍(streaming)기술을 이용한 실시간 오디오 파일 형식이다. MP3(MPEG1 Audio Layer 3)는 MPEG-1의 오디오 손실 압축 파일 형식으로 음악 파일로 널리 사용되고 있다.

3) 정지 영상의 압축

정지 영상의 데이터를 줄이기 위한 방법으로 반복 길이(Run-Length) 부호화, 호프만(Huffman), LZW(Lempel-Ziv-Welch), JPEG(Joint Photographic Experts Group), 프랙탈(Fractal) 부호화 등이 있다.

대표적인 영상 압축 파일 형식으로 비트맵 영상 압축 파일로는 GIF(Graphics Interchage Format), GIF(Graphics Interchange Format), PNG(Potable Network Graphics) 등이 있고 벡터 영상 압축 파일로는 SVG(Scalable Vector Graphics), CGM(Computer Graphics Metafile) 등이 있다.

GIF는 LZW(Lempel-Ziv-Welch) 알고리즘을 이용한 비손실 압축 형식을 갖는 비트맵 그래픽 파일 형식이며 인공 영상의 압축에 유용하다. JPEG은 정지 영상 전문가 그룹에서 표준으로 정의한 손실 압축 이미지 파일 형식이며 자연 영상의 압축에 유용하다. PNG는 특허 문제가 얽힌 GIF 형식의 문제를 해결하기 위해 고안된 것으로 GIF와 JPEG의 장점을 따서 만든 파일 형식이다. 파일 크기가 크고 색깔이 다양하지 않을 때 유용하다. GIF, JPEG, PNG 파일 형식은 인터넷을 통해 게시되는 홈페이지의 영상 파일 형식으로 널리 사용되고 있다.

SVG는 XML 기반 2D 벡터 영상 형식으로 WWW 콘소시엄에서 개발했다. 텍스트 편집기에서 작성할 수 있으며 대부분의 웹 브라우저에서 읽을 수 있다.

4) 무비 영상의 압축

무비 영상 파일은 압축 정도는 다르지만 파일 크기를 줄이기 위해 기본적으로 압축 형식을 갖는다. 단일 기술에 의한 압축파일도 있지만 대부분 여러 가지 기술을 담고 있는 멀티미디어 컨테이너 양식을 사용한다. 멀티미디어 컨테이너 양식이란 디지털 오디오, 영상, 비디오의 저작권, 암호화방식, 코덱, 스트림 데이터 등을 포함하고 있는 메타(meta)파일 양식을 말하며, AVI(Audio Video Interleave)(.avi), ASF(Advanced Systems Format)(.asf), QuickTime(.mov), RealMedia(.rm), DivX(.divx), MP4(MPEG-4 Part 14)(.mp4) 등이 있다.

MPEG-1은 MPEG에서 최초로 정의한 비디오와 오디오, 비디오 CD의 표준이며, MPEG-2는 텔레비전 방송, 디지털 위성 방송, DVD 비디오의 표준이며, MPEG-3은 HDTV(고화질TV) 위한 표준이었으나 MPEG-2에 합쳐졌다. MPEG-4는 MPEG-2를 확장하여 멀티미디어 통신을 위한 표준을 뜻한다. WMV(Windows Media Video)는 마이크로소프트사에서 개발한 윈도우즈 운영체제용 비디오 압축 파일 형식을 말한다.

6.2 디지털 정보 저장 기술

1) 광디스크 드라이버

광 디스크 드라이버(ODD ; Optical Disk Driver)는 디지털 정보를 대량으로 수용할 수 있는 저장매체인 CD나 DVD를 읽거나 기록할 수 있는 장치를 말하며 CD 드라이버(Driver), DVD 드라이버(Driver), HD-DVD 드라이버, 블루레이(Blu-ray) 드라이버 등이 있다.

(1) CD(Compact Disk)

CD는 금속표면에 작은 구멍(pits)을 뚫어 정보를 기록하고 레이저(Laser) 광선의 반사 정도를 측정해 정보를 읽는 저장 매체를 말한다.

CD-ROM(Compact Disk Read Only Memory)은 CD를 대표하는 용어이며 단지 읽기만 할 수 있는 Audio CD, Video CD, CD-I(interactive) 등을 말한다. 저장 용량은 650MB~700MB(74분 음악 저장 가능)이며, 접근시간은 200ms로 플로피 디스크보다는 빠르고 하드 디스크보다는 느리며 전송률은 1배속 150KB/s을 기준으로 표현한다. CD-R(Compact Disk Recordable) 또는 CD-WO(Write Once)는 1번만 기록할 수 있는 CD로서 Backup용으로 사용되는 CD를 말한다. CD-RW(Compact Disk ReWritable)는 1000회 정도 나누어서 기록할 수 있는 CD를 말한다.

(2) DVD(Digital Video Disk)

약 135분 동안 실행 가능한 영상과 음성을 디지털화하여 저장하는 지름

12cm 크기의 광디스크로 TV수준화질의 영화 저장할 수 있는 저장 매체를 말한다. CD용의 적외선 반도체 레이저(파장 780mm 정도)보다도 파장이 짧은 적색 반도체 레이저(파장 635mm~650mm)를 사용하여 레이저를 집광(集光)하는 대물 렌즈의 개구수(開口數)를 높이는 등 기록 용량을 증가시킨다.

DVD-ROM(DVD Read Only Memory)은 DVD를 대표하는 용어이며 단지 읽기만 할 수 있는 DVD-Audio, DVD-Video(MPEG2) 등을 말한다. 저장 용량은 4.7GB, 8.5GB(DVD+R), 9.4GB(양면), 17GB(양면)이며, 접근시간은 100ms으로 플로피 디스크보다는 빠르고 하드 디스크보다는 느리며, 전송률은 1배속 1350KB/s을 기준으로 표현한다.

DVD-R(DVD Recordable), DVD+R, DVD-WO(Write Once)은 1번만 기록할 수 있는 DVD로서 Backup용으로 사용되는 DVD를 말한다. DVD-RW (DVD ReWritable), 또는 DVD+RW은 1000회 정도 나누어서 기록할 수 있는 DVD를 말한다. DVD-RAM(DVD-Random Access Memory)은 100,000회 이상 재기록/수정할 수 있어서 속도가 느리지만 마치 하드디스크처럼 사용할 수 있는 DVD를 말한다.

2) 플래시 메모리

플래시 메모리(Flash Memory)는 소비전력이 작고, 전원이 끊겨도 정보가 지워지지 않는 저장 장치로서 DRAM과 달리 비휘발성 메모리로 하드디스크와 같이 동작한다. 이동성이 뛰어나므로 디지털TV, 디지털 캠코더, 디지털카메라, PDA, MP3 플레이어 등에 널리 사용한다. 일반적인 데이터를 저장하고 PC 사이에서 파일을 옮기는 용도로 많이 사용하는 USB 드라이브에도 플래시 메모리가 쓰이므로 이를 USB 메모리라고도 한다. 4~64GB 저장 용량을 가지고 있다. 그림 6-1은 플래시 메모리를 나타낸 것이다.

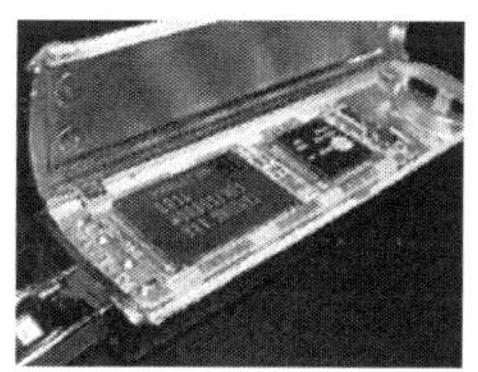

그림 6-1 USB메모리

3) 외장 하드 디스크

그림 6-2와 같은 외장 하드 디스크는 디지털 기기 외부에서 USB를 통해 연결하기만 하면 일반 하드디스크처럼 사용할 수 있는 저장 장치이다. 휴대가 가능하며, 큰 플래시 메모리처럼 사용하는 것이 가능하다. 60GB~2TB 저장 용량을 가지고 있다.

그림 6-2 외장 하드 디스크

4) NAS

그림 6-3과 같은 NAS(Network Attached Storage)는 네트워크에 독립적으로 연결되는 저장장치로 여러 컴퓨터에서 파일을 저장, 공유, 수정 가능하며, 파일서버 역할도 가능한 것으로 네트워크 하드라고도 하며 2TB~12TB 용량을 가지고 있다.

그림 6-3 네트워크 하드

5) SSD

그림 6-4와 같은 SSD(Slid Stat Drive)란 하드디스크의 느린 속도를 보완하기 위해 반도체 메모리를 이용하여 정보를 저장하는 보조기억장치를 말하며 일부 플래시 메모리를 부분적으로 사용하기도 한다. 빠른 속도로 컴퓨터를 부

팅시키기 위한 용도로 특히 노트북 등이 널리 사용되고 있다. 64GB~512GB 저장 용량을 가지고 있다.

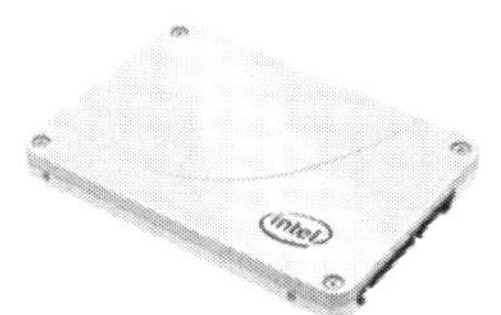

그림 6-4 솔리드 스테이드 드라이브(SSD)

5) 클라우드 스토리지

클라우드 스토리지(cloud storage)는 클라우드 컴퓨팅(cloud computing)을 위한 네트워크 상의 저장공간을 말한다. 클라우드 컴퓨팅은 각종 디지털 기기(PC, 스마트폰, 스마트 패드 등)에 저장해 둔 여러 자료와 프로그램들을 슈퍼컴퓨터 성능의 서버에 두고 필요에 따라 접근해서 공유할 수 있도록 한 것이다. 사용자 입장에서는 클라우드 컴퓨팅을 모두 구름 위에 떠 있는 것으로 보고 디지털 기기를 통해 서비스를 이용하는데 집중하면 된다.

사용자 입장에서 클라우드 서비스는 클라우드 컴퓨팅 환경의 데이터 서버(Server)에 정보를 저장해두고 필요에 따라 불러와서 사용하는 웹 기반의 소프트웨어 서비스로 볼 수 있다. 실제로 클라우드 서비스는 이동 상황에서 모바일 기기를 통해 무선으로 언제든지 쉽고 간편하게 이용할 수 있다. 세계적으로 유명한 클라우드 서비스로는 드랍박스(dropbox)가 있으며, 애플의 아이클라우드(iCloud), 구글 드라이브(Google Drive), 윈도우8의 스카이드라이브(SkyDrive) 등이 있다.

우리나라에는 유명 포털 사이트 네이버와 다음에서 제공하는 클라우드 서비스를 비롯하여, KT의 유클라우드(uCloud), SK의 티클라우드(Tcloud), LG Cloud 등 각 통신사의 클라우드 서비스가 있다.

연 / 습 / 문 / 제

1. 소리나 영상 데이터를 컴퓨터에 저장하거나 네트워크를 통해 전송하려면 저장공간과 전송시간이 많이 소모되므로 이를 줄이기 위해 필요한 것은?

① 전송대역폭　② 변조
③ 코덱(CODEC)　④ 압축
⑤ 모뎀(MODEM)

2. MPEG-1의 오디오 손실 압축 파일 형식으로 음악 파일로 널리 사용되는 것은?

① WAV　② AIFF　③ MIDI　④ MP3　⑤ WMA

3. LZW(Lempel-Ziv-Welch) 알고리즘을 이용한 비손실 압축 형식을 갖는 비트맵 그래픽 파일 형식으로. 인공 영상의 압축에 유용한 것은?

① GIF　② WMF　③ PNG　④ JPEG　⑤ BMP

4. 정지 영상 전문가 그룹에서 표준으로 정의한 손실 압축 이미지 파일 형식은?

① GIF　② WMF　③ PNG　④ JPEG　⑤ BMP

5. 135분 동안 실행 가능한 영상과 음성을 디지털화하여 저장하는 지름 12cm 크기의 광디스크로 TV수준화질의 영화를 저장할 수 있는 크기의 저장매체는?

① CD　② DVD　③ ODD　④ USB　⑤ NAS

6. 디지털 기기(컴퓨터) USB를 통해 연결하기만 하면 일반 하드디스크처럼 사용할 수 있는 저장장치를 무엇이라고 하는가?

① CD　② DVD
③ 외장 하드디스크　④ USB
⑤ NAS

7. 네트워크에 독립적으로 연결되는 저장장치로 여러 컴퓨터에서 파일을 저장, 공유, 수정이 가능하고 파일서버 역할도 가능한 저장장치를 무엇이라고 하는가?

① CD　② DVD
③ 외장 하드디스크　④ USB
⑤ NAS

연 / 습 / 문 / 제

8. 디지털 정보를 구성하는 문자나 숫자는 ASCII 코드나 (　　　　　)코드로 표현되고, 음향, 음성, 음악 등의 소리는 (　　　　), MIDI, MP3 등으로 표현되며, 정지영상은 BMP, (　　　　), GIF, PNG 등으로 표현되고, (　　　　)은 AVI, ASF, MOV, MPEG, WMV 등으로 표현된다.

9. (　　　　　)는 디지털 정보를 대량으로 수용할 수 있는 저장매체인 CD나 DVD를 읽거나 기록할 수 있는 장치이다. 이 중 CD는 금속표면에 작은 구멍(pits)을 뚫어 정보를 기록하고 (　　　)광선의 반사 정도를 측정해 정보를 읽는 650MB~700MB(74분 음악 저장 가능)의 용량을 갖는 저장매체이다. DVD는 약 135분 동안 실행 가능한 영상과 음성을 디지털화하여 저장하는 지름 12cm 크기의 광디스크로 (　　　　)수준화질의 영화를 저장할 수 있다.

10. (　　　　　　)란 디지털 기기(컴퓨터) 외부에서 USB를 통해 연결하기만 하면 일반 하드디스크처럼 사용할 수 있는 60GB~2TB 정도의 용량을 갖는 것으로서 휴대 가능하다.

11. (　　　　　)는 특허 문제가 얽힌 GIF 형식의 문제를 해결하기 위해 고안된 것으로 GIF와 JPEG의 장점을 따서 만든 파일 형식이다.

12. (　　　　　　)는 소비전력 작고, 전원이 끊겨도 정보가 지워지지 않는 저장 장치로서 DRAM과 달리 비휴발성 메모리로 하드디스크와 같이 동작한다. 이동성이 뛰어나므로 디지털TV, 디지털 캠코더, 디지털카메라, PDA, MP3플레이어 등에 널리 사용한다. 일반적인 데이터를 저장하고 PC 사이에서 파일을 옮기는 용도로 많이 사용하는 USB 드라이브에도 플래시 메모리가 쓰이므로 이를 (　　　　)라고도 한다. 4~64GB 저장 용량을 가지고 있다.

13. (　　　　　)란 네트워크에 독립적으로 연결되는 저장장치로 여러 컴퓨터에서 파일을 저장, 공유, 수정 가능하며, 파일서버 역할도 가능한 것으로 2TB~12TB 용량을 가지고 있다.

14. (　　　　　　　　)란 하드디스크의 느린 속도를 보완하기 위해 반도체 메모리를 이용하여 정보를 저장하는 보조기억장치를 말하며 일부 플래시 메모리를 부분적으로 사용하기도 한다. 빠른 속도로 컴퓨터를 부팅시키기 위한 용도로 특히 노트북 등이 널리 사용되고 있다. 64GB~512GB 저장 용량을 가지고 있다.

C.H.A.P.T.E.R

07

컴퓨터 네트워크

7.1 정보통신과 컴퓨터망

7.2 근거리망과 컴퓨터 통신구조

7.1 정보통신과 컴퓨터망

1) 정보통신

정보통신이란 정보와 통신의 합성어로서 정보를 통신매체를 통해 원격지로 전달하는 것을 말한다. 정보는 그 의미에서도 알 수 있듯이 항상 송신자와 수신자가 존재한다. 따라서 송신자와 수신자 사이의 통신이 필요하다는 것이 그 뜻 속에 내재되어 있다. 또한 통신매체를 통해 통신되는 것도 정보이므로 이미 통신의 개념 속에 정보라는 말이 들어있다. 따라서 정보라는 말과 통신이라는 말이 서로 결합하는 것은 자연스러운 일이다.

그림 7-1은 정보를 가지고 있는 송신자가 통신 매체를 통해 수신자에게 전달하는 과정을 나타낸 것이다. 단말에 해당되는 송신자와 수신자로는 사람이 제어하는 정보통신 기기인 컴퓨터가 될 수도 있고, 전화나 휴대폰이 될 수도 있다는 것을 보여주고 있다.

2) 통신 구성요소

통신이 이루어지기 위해서는 통신을 하는데 꼭 필요한 구성요소들이 있다. 정보를 전달하려면 생성된 정보를 보내는 곳인 송신자와 정보를 전달받는 수신자 사이에 통로가 있어야 하고, 기호화 하거나 암호화 한 정보를 받을 때 이를 해석할 수 있는 어떤 약속이 있어야 한다.

그림 7-1 정보통신

그림 7-2 통신 구성요소

그림 7-2는 이러한 통신 구성요소를 나타낸 것이다. 정보원은 정보가 발생하는 곳, 또는 정보가 생성되는 곳, 즉 송신자를 말하며, 정보수신자는 정보를 전달받는 곳, 또는 정보가 가라앉는 곳을 말한다. 매체는 정보를 전달하기 위한 수단을 말하며, 프로토콜(protocol)은 통신을 하는데 필요한 규칙이나 약속을 뜻하고 간단히 통신규약이라고도 한다.

3) 통신매체

통신매체란 송신자에서 수신자로 정보를 전송하는데 필요한 통신장비, 통신회선(전송매체), 통신망 등을 의미하며 통신의 중간 역할을 하는 것이다. 그림 7-3은 정보통신 과정에서 정보를 매개하는 통신매체를 좀 더 자세히 나타낸 것이다. 즉, 정보통신이 잘 이루어지기 위해서는 안정된 통신매체의 구축이 중요하다. 송신자가 어떻게 정보를 획득하는지 수신자가 정보를 어떻게 이용하는지도 중요하지만 정보가 어떤 통신매체를 통해 전달되는지는 정보통신 분야에서 더 중요한 문제이다.

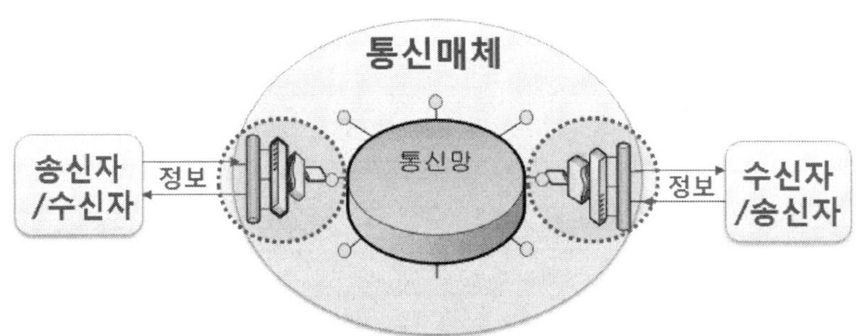

그림 7-3 통신매체

인류 역사가 시작된 이래로 사람들은 먼 곳에 있는 상대방에게 정보를 전달하기 위하여 여러 가지 통신수단을 이용해 왔다. 그리고 그 통신수단들은 나름대로의 통신매체를 가지고 있었으며 이것들은 꾸준히 발달해 왔다. 전쟁의 승보를 전달하기 위해 직접 사람이 마라톤 평야를 뛰었던 이야기에서 알 수 있듯이, 적군의 침입이나 긴급 상황을 전달했던 파발은 전기통신 이전 시대의 통신 수단들이었다. 그 후 전기신호를 이용하여 부호를 사용하는 전신기를 발명하면서 유선에 의한 전기통신이 시작되었고 정보의 전달 속도는 빨라지기 시작하였다. 음성을 전기 신호로 변환하여 전달하는 전화, 컴퓨터망을 이용하여 다양한 정보를 신속 정확하게 전송하는 데이터통신 시스템, 각 개별 망을 발전된 인터네트워킹(internetworking) 기술에 의해 상호 연결한 인터넷 등이 등장하기에 이르렀다.

4) 통신장비

통신장비란 목적지까지 잘 전송되도록 통신신호를 변환, 증폭, 경로 배정, 제어하는 장치를 말한다. 신호변환 장치로는 모뎀, DSU 등이 있으며, 신호증폭/망연결 장치로는 리피터, 허브, 브리지, 라우터 등이 있다. 모뎀은 아날로그 신호를 디지털 신호로 변조하거나 디지털 신호를 아날로그 신호로 복조하는 변복조기이다. DSU는 CSU나 디지털 회로에서 들어오는 디지털 신호를 라우터 같은 데이터 단말장비와 호환되는 데이터로 변환시키는 장비이다. CSU는 디지털전용회선의 물리적 특성을 관리하는 장치이다. 리피터(repeater)는 단순히 신호를 증폭시켜주는 통신장비이다. 허브는 하나의 통신선로를 여러 선로로 내보내기 위한 통신장비이며, 이것은 하나의 LAN의 범위를 확장시키는 역할을 한다. 브리지는 동일한 프로토콜을 사용하는 네트워크를 연결하는 통신장비이며, 이것은 두 개 이상의 LAN(Local Area Network)을 서로 연결하는 역할을 한다. 라우터는 브리지 기능에 경로배정까지 해주는 통신장비이며, LAN과 WAN(Wide Area Network)들을 연결하는 역할을 한다.

허브, 브리지, 라우터 같은 장비들은 인터네트워크(internetwork)를 형성하는데 사용되며 따라서 인터네트워킹 장비라고도 한다. 인터네트워크란 연동망이라는 의미로서 통신 프로토콜이 같거나 다른 여러 개의 통신망을 상호 접속하여 형성한 거대한 광역 통신망을 말하며 이를 간단히 인터넷이라고도 한다.

5) 통신망

통신망, 즉 네트워크(network)란 통신을 위해 두 개 이상의 지점을 연결한 것을 말한다. 그리고 정보통신을 위해 두 개 이상의 정보통신기기를 연결한 것을 정보통신망이라 하고, 정보통신을 위해 두 개 이상의 컴퓨터를 연결한 것을 컴퓨터망, 컴퓨터통신망, 또는 데이터통신망이라고 한다.

1960년대에는 시분할시스템, 1970년대에는 인터넷의 전신이며 패킷교환망인 ARPANET, 1980년대에는 각 기관별로 독자적인 LAN을 구성하여 자원의 공유 및 분산처리 등을 이용하면서 이들 망을 발전된 인터네트워킹 기술에 의해 상호 연결하여 인터넷을 형성시켰으며 또 한편으로는 디지털 기술에 의한 문자, 소리, 영상 등의 정보를 종합적으로 제공하는 ISDN(Integrated Service Digital Network) 등을 등장시켰다. 1990년대에는 1.5Mbps에서 45Mbps의 전송서비스를 할 수 있는 SMDS(Switched Multi-megabit Data Service)가 개발되어 공중망 사업자가 고속데이터서비스를 지원하는 공중 데이터 교환망을 제공할 수 있게 되어 인터넷 활용을 더욱더 가속화 시켰으며, 광섬유와 ATM 기술을 기반으로 155Mbps 고속 광대역 통신 서비스를 제공할 수 있는 B-ISDN이 등장하였다.

2000년도에 들어서는 통신, 방송, 인터넷이 융합된 멀티미디어 서비스를 언제, 어디서나 광대역으로 이용할 수 있는 차세대 네트워크인 BcN(Broadcast Convergence Network), 100km이상 고속으로 이동하는 가운데도 무선으로 초고속 인터넷에 접근할 수 있는 와이브로가 개발되어 서비스되고 있으며, 일종의 전자태그인 RFID(Radio Frequency IDentifier)와 BcN과 연계하여 사물의 정보를 인식하고 관리하는 네트워크인 USN(Ubiquitous Sensor Network) 등이 추진되고 있다.

6) 프로토콜(protocol)

프로토콜이란 통신을 하는데 필요한 규칙, 약속, 통신규약을 말한다. 컴퓨터망을 통해 컴퓨터들이 물리적으로 연결되어 있어도 통신하는데 필요한 규칙이 맞지 않으면 제대로 통신할 수 없다. 사람들 사이에도 사용하는 언어가 같아야 제대로 의사소통할 수 있듯이 컴퓨터망에서 프로토콜이 같아야 제대로 통신할 수 있다. 대표적인 프로토콜로는 국제 표준 프로토콜에 해당되는 OSI (Open Systems Interconnection), 인터넷 프로토콜에 해당되는 TCP/IP, IBM사의 SNA, Novel사의 IPX/SPX, Microsoft사의 NetBEUI 등이 있다.

7) 정보통신망

정보 통신을 위해 두 개 이상의 정보통신기기를 연결한 원격통신망을 말한다. 정보통신망 구성요소를 살펴보면 터미널, 링크, 노드 등이 있다

터미널(terminals)은 단말기를 말하며 원격지의 입출력 장치 역할을 하는 정보통신 기기로서 전화, 팩스, 프린터, 컴퓨터 등이 있다.

링크(Links)는 연결하는 것을 말하며 논리적, 물리(유선, 무선)적 전송매체로서 직접 선을 연결하는 트위스티드 페어, 동축케이블, 광케이블 등의 유선

전송매체, 전파를 이용하여 노드들 사이에 정보를 전달하는 길을 만드는 것이다.

노드(Nodes)는 연결점을 말하며 분배점, 단말점이라고도 하며 맨 끝에 달린 것이 터미널이다. 분배점으로서 연결 장치는 모뎀, 허브, 브리지, 스위치 등이 있으며 단말점으로서의 터미널은 전화, 프린터, 호스트컴퓨터(라우터, 워크스테이션, 서버) 등이 있다.

정보통신망의 예로는 터미널이 전화(팩스)인 전화망(telephone network), 터미널이 텔렉스인 텔렉스망(telex network), 터미널이 모바일폰인 모바일망(mobile network), 터미널이 컴퓨터인 컴퓨터망(computer network) 등이 있다. 인터넷은 TCP/IP 기반의 전 세계적인 컴퓨터망을 말한다.

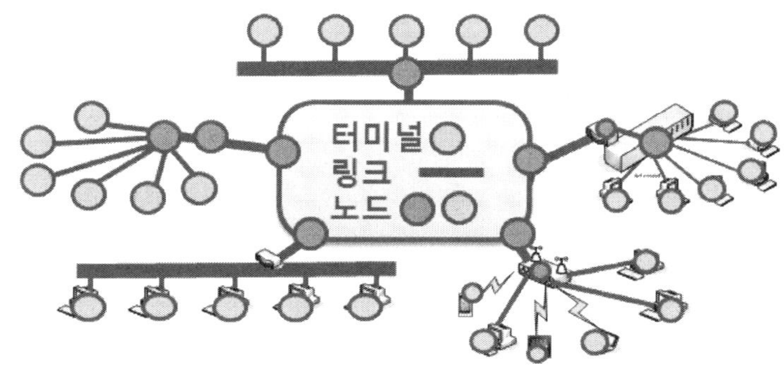

그림 7-4 정보통신망의 구성요소

9) 정보통신망의 종류

정보통신망은 크게 전송방식, 관리주체, 전송범위 및 거리에 따라 분류한다. 전송방식에 따라 점대점 방식, 교환망과 방송망으로 구분하고, 관리주체에 따라 사설망과 공중망으로 구분한다. 그리고 전송범위 및 거리에 따라 근거리망과 원거리망 등으로 구분한다.

점대점 방식은 통신하고자 하는 두 장치를 전송매체로 직접 연결한 것을 말한다.

교환망은 하나의 송수신 측에서 보낸 데이터가 교환기에서 지정해 준 수신 측으로 전송되는 형식으로 회선교환망과 패킷교환망이 있다. 회선교환망은 아날로그 전화망처럼 교환기에서 송신자와 수신자의 회선을 연결해주는 방식을 말하고, 패킷교환망은 일정한 크기의 정보의 덩어리라 할 수 있는 패킷을 전달하는 방식을 말한다. 패킷교환망에는 패킷을 전달하는 방식에 따라 가상 회로 방식과 데이터그램(datagram) 방식이 있는데, 이 중 가상회로 방식은 미리 송신자와 수신자에 대한 가상회로를 만들어 놓고 패킷을 전달하는 방식이고 데이터그램 방식은 패킷에 전달정보에 주소정보를 포함시켜 그 주소에 이르는 경로를 밟아 목적지에 전달하는 방식이다. 인터넷에서는 패킷을 교환할 때 우편 시스템과 유사한 데이터그램 방식을 사용한다.

방송망은 한 곳의 송신측이 다수의 수신측에게 데이터를 전송하는데 적합한 구조로서 라디오나 TV 방송은 이러한 방송망의 일종이다.

사설망은 특정 기업이나 기관에 의해 운영되는 통신망으로 주로 학교, 은행, 기업체, 공공기관 같은 많은 양의 정보를 취급하는 곳에서 흔히 사용되며 자체적으로 하나의 통신망을 구성하여 분산되어 있는 여러 사용자들이 사용할 수 있게 한다. 공중망은 국가가 관장하여 설치하고 운영하는 것이 일반적이다. 제조 회사가 다른 여러 종류의 컴퓨터들이 접속되어야 하므로 상호간에 일정한 데이터 통신 규칙을 따라야 하고, 국제적 접속도 가능해야 하므로 국제적 차원에서 협정된 통신 표준에 맞아야 한다.

근거리망은 수 킬로 이상 떨어지지 않거나 한 빌딩 내의 가까운 거리 내에 있는 정보통신기기 간의 네트워크이며, 원거리망은 다른 도시나 국가 간의 비교적 먼 거리에 있는 정보통신기기 간의 네트워크이다.

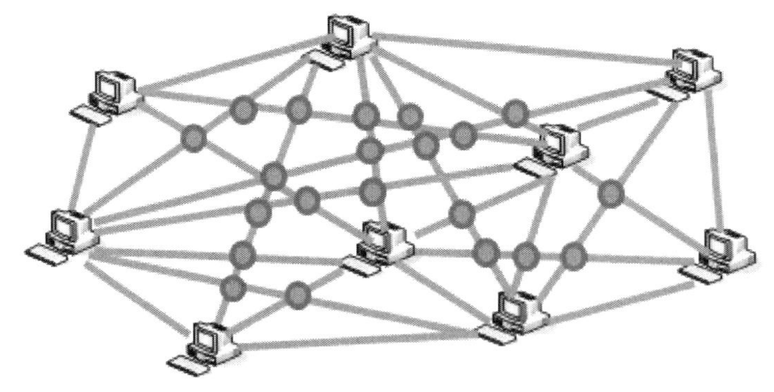

그림 7-5 컴퓨터망

10) 컴퓨터망(Computer Network)

정보화 시대를 앞당긴 정보통신 기술은 기본적으로 컴퓨터 네트워크를 기

반으로 발전했다고 해도 과언이 아니다. 이러한 컴퓨터 네트워크, 즉 컴퓨터망은 여러 컴퓨터간의 정보 송수신을 기반으로 한, 정보공유의 필요에 의해 탄생되었다. 컴퓨터망도 일종의 정보통신망에 해당되며 다만 단말의 정보통신기기가 컴퓨터일 뿐이다. 컴퓨터망에서는 각 단말의 컴퓨터끼리 같은 프로토콜을 사용하여야만 컴퓨터 사이의 정보통신이 가능하다. 따라서 만약 서로 다른 프로토콜을 사용하는 두 개 이상의 컴퓨터망을 연결시켜 정보통신이 가능하게 하려면 프로토콜 변환을 통해 같은 프로토콜을 쓰도록 해야 한다.

컴퓨터망의 각 단말에 연결된 컴퓨터들을 호스트(host)라 하는데 호스트는 작게는 마이크로컴퓨터에서 크게는 슈퍼컴퓨터에 이르기까지 다양하다. 그림 7-5는 컴퓨터망을 상징적으로 표현한 것을 나타낸 것이다.

11) 컴퓨터망의 종류

컴퓨터망을 그 규모에 따라 구분하면 랜(LAN), 맨(MAN), 웬(WAN)으로 나눌 수 있다. LAN(Local Area Network)은 수 킬로를 떨어지지 않거나 한 빌딩, 캠퍼스 내의 가까운 거리 내에 있는 컴퓨터들을 연결한 망을 말하며, MAN(Metropolitan Area Network)은 도시 정도 크기 범위의 컴퓨터끼리 연결되어 형성된 망을 말한다. 그리고 WAN(Wide Area Network)은 다른 도시나 국가 간의 비교적 먼 거리에 있는 컴퓨터들을 연결한 망을 말한다.

근거리망(LAN)은 공유하고 있는 전송매체를 통해 방송형태로 정보를 전달하며, 고속이더넷(fast ethernet), FDDI(Fiber Distributed Data Interface) 등이 널리 사용되고 있다. 원거리망(WAN)은 기존의 전화 회선 등과 같이 비교적 저속의 통신 매체를 이용하여 다수의 사용자들이 공동으로 이용한다. 공중전화망(PSTN ; Public Switched Telephone Network), 공중데이터망(PSDN ; Public Switched Data Network), 종합정보통신망(ISDN ; Integrated Services Digital Network) 등이 널리 사용된다. MAN(Metropolitan Area Network)은 LAN과 WAN의 중간 규모의 네트워크라 할 수 있다.

7.2 근거리망과 컴퓨터 통신구조

1) 근거리망 구조와 전송방식

근거리망의 토폴로지(topology)는 컴퓨터들의 물리적 연결 구조, 즉 위상을 말한다. 위상의 종류로는 버스(bus)형, 트리(tree)형, 스타(star)형, 링(ring)형 등이 있다. 버스형은 선형으로 가장 간단한 구조를 갖고 있으며, 트리형은 나뭇가지 형태로 분기되는 구조를 갖고 있다. 스타형은 중앙의 허브를 통해 별 형태로 연결된 구조를 말하며, 링형은 토큰(token)이 순환하는 반지 구조를 갖고 있다.

근거리망에서 데이터를 전송하는 방식은 크게 이더넷(ethernet) 방식과 토큰링(token ring) 방식으로 구분할 수 있다. 먼저, 이더넷 방식은 패킷 교환망의 전송방식이며, 근거리망 전송방식의 표준으로 CSMA/CD(Carrier Sense Multiple Access with Collision Detection) 방식을 사용한다. CSMA/CD은 전화통화 방식과 유사하며, 전송이 없는 것이 감지되면 패킷을 보내고 전송지연 때문에 발생할 수 있는 충돌이 생기면, 기다렸다가 비어있을 때 전송한다. 즉, 전화가 통화중이면 통화가 끝나기를 기다렸다가 다시 전화 연결을 하는 것과 비슷하다. 버스, 트리, 스타 형은 물리적 구조는 다르나 논리적으로 모두 이더넷 전송방식을 사용한다. 이더넷 방식은 고속이더넷, 기가비트 이더넷으로 발전했다. 토큰링 방식은 IBM 토큰링에 기초한 것으로 링(ring) 구조에서 토큰(token)을 가진 기기만이 전송할 수 있도록 한 것이다. 이 방식은 구현에 어려움은 있지만 성능이 우수하며, FDDI로 발전했다.

2) 랜(LAN) 구성방식

LAN은 어떤 장비를 사용하여 어떤 방식으로 연결했느냐에 따라 유선 랜과 무선 랜, 그리고 유무선 랜으로 구분할 수 있다.

(1) 유선 랜

유선 랜은 직접 선을 컴퓨터에 연결한 랜을 말하며, 어떤 허브를 중계장치로 사용했느냐에 따라 공유 LAN(shared LAN)과 전용 LAN(dedicated LAN)으로 나눌 수 있다. 공유 랜은 더미허브(dummy hub)를 중계 장치로 사용하므

로 이더넷 전송방식의 특징대로 연결 PC가 많아질수록 동시 전송이 많아지므로 그만큼 속도는 저하될 수밖에 없다.

그래서 개선된 형태의 전용 랜은 스위칭 허브(switching hub)를 중계 장치로 사용하여 각 연결노드마다 가상경로를 설정하여 전용로를 제공하므로 공유 랜(LAN) 방식보다 전송효율이 좋다.

(2) 무선 랜(LAN)

무선 랜은 전파를 이용하여 케이블 연결 없이 송수신이 가능하게 한 랜(LAN)을 말한다. AP(Access Point)장비가 기지국 역할을 하는데, AP의 전파 도달 범위에 속하는 지역을 와이파이존이라 한다. 와이파이존(Wi-Fi Zone)은 와이파이 기술에 의해 무선랜에 접속할 수 있는 지역을 말한다. AP는 무선공유기를 통해 만들 수 있으며 전파를 이용하므로 선은 필요 없지만 이용자의 디지털 기기에는 무선카드나 무선카드 역할을 하는 장치가 있어야 한다.

최근 이동통신이 발달함에 따라 이동통신망을 이용한 인터넷 접속방법을 많이 활용하고 있다. 이동통신망은 최근 들어 3G 이동통신망에서 3G를 진화시킨 4G 이동통신망이라 할 수 있는 LTE(Long Term Evolution) 망으로 발전하여 널리 사용하고 있다. 또한 한편으로는 시속 100km 이상의 고속으로 이동하는 상태에서도 무선 인터넷을 사용할 수 있는 기술인 와이브로(Wibro) 기술도 부분적으로 사용되고 있다. 그림 7-6은 무선 랜을 나타낸 것이며 상하좌우의 표시는 와이파이존임을 알리는 표시이다.

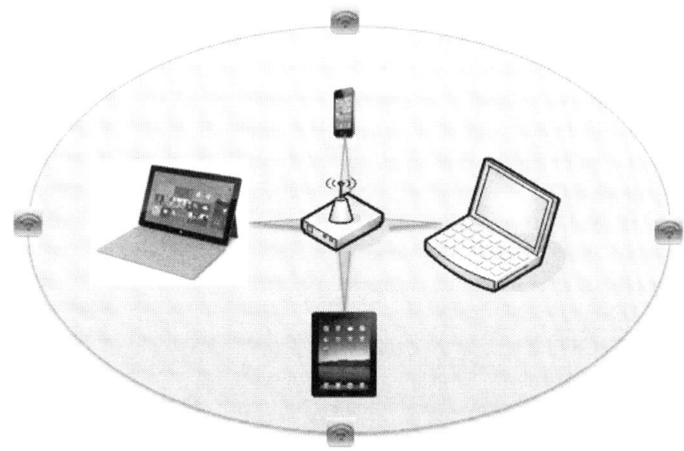

그림 7-6 무선 랜

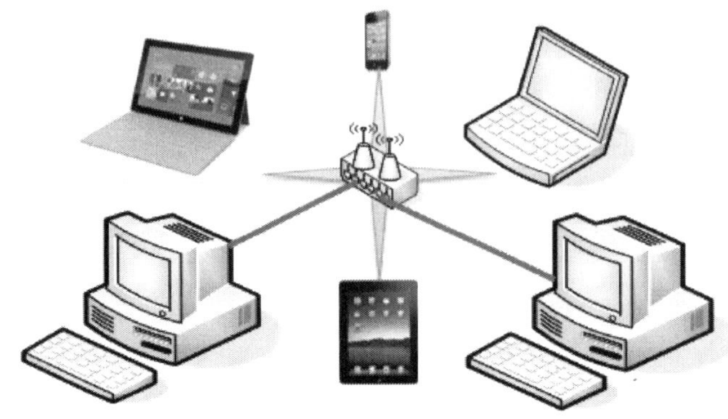

그림 7-7 유무선 랜

(3) 유무선 랜(LAN)

유무선공유기란 케이블(cable)을 유선랜카드에 연결하여 인터넷이 가능하게 하거나, 케이블 연결 없이 무선랜카드를 이용해서 인터넷을 사용할 수 있도록 해 주는 공유기란 뜻이다. 유선 랜카드나 무선랜카드가 부착된 데스크탑(desktop)), 노트북(notebook) 등을 유무선공유기와 연결하면 동시에 모두 인터넷을 사용할 수 있다. 그림 7-7은 유무선 랜의 예를 나타낸 것이다.

(4) 랜 카드(LAN card)

랜 카드란 컴퓨터망에서 컴퓨터와 전송매체를 물리적으로 연결하는 장치를 말한다. 컴퓨터와 네트워크 사이의 정보흐름을 제어하고 네트워크를 통해 컴퓨터끼리 정보를 송수신할 때 통로 역할을 하므로 MAC(Media Access Controller) 주소라는 고유의 하드웨어 주소를 필요로 한다.

근거리망을 뜻하는 랜(LAN)과 PC의 확장슬롯(extension slot))에 꽂혀 사용되는 장치를 의미하는 카드(card)를 합친 용어이다. 콘트롤칩(control chip)과 통신전용칩, 버퍼(buffer) 등으로 이루어져 있다. 네트워크 카드, 이더넷카드, 이더넷 어댑터, NIC(Network Interface Card)라고도 한다.

(5) 허브(hub)

허브는 포트(port)라고 하는 여러 개의 구멍을 가지고 컴퓨터와 컴퓨터를 트리(tree) 구조로 연결해주는 장비로서 한 포트로 들어온 데이터를 다른 포트로 분배해주는 기능을 가진다. 허브는 신호를 증폭시켜주는 리피터(repeater)의 기능을 함께 가지고 있다. 허브는 하나의 랜(LAN)의 범위를 확장시키는

역할을 한다. 허브는 공유 랜을 구성하는 더미 허브와 전용 랜을 구성하는 스위칭 허브로 구분한다.

(6) 스위칭 허브(switching hub)

스위칭 허브는 패킷데이터(packet data)를 적절한 포트로 전달하는 특수한 형태의 허브이다. 스위치라고도 하며 전용 LAN을 구성한다. 컴퓨터들을 트리 구조로 연결하고 각 연결노드들의 가상경로를 만들어 전용로를 설정한다. 더미 허브는 단지 모든 패킷데이터를 모든 포트로 중계하는데 반해 스위칭 허브는 각 패킷 테이터를 필요한 포트에만 전용로를 통해 전달하기 때문에 더 좋은 전송효과를 제공한다.

(7) 라우터(router)와 게이트웨이(gateway)

브리지(bridge)는 동일한 전송 프로토콜을 사용하는 분리된 네트워크를 연결하는 장치로 네트워크 계층 사이를 서로 연결함으로써 두 개 이상의 LAN을 서로 연결하는 역할을 한다. 라우터는 브리지가 가지는 기능에 추가하여 경로 배정표에 따라 다른 네트워크 또는 자신의 네트워크 내의 노드를 경로로 결정한다. 그리고 여러 경로 중 가장 효율적인 경로를 선택하여 패킷을 보낸다. 라우터는 흐름제어를 하며, 인터네트워크(internetwork) 내부에서 여러 서브네트워크(sub network)를 구성하고, 다양한 네트워크 관리 기능을 수행한다. 한마디로 라우터는 전달될 패킷의 주소를 읽어서 가장 적절한 경로를 지정하여 보내주는 역할을 한다.

따라서 라우터는 LAN과 WAN들을 연결하는 역할을 한다. 게이트웨이는 프로토콜이 다른 두 개의 네트워크를 연결해주는 장치이다. 프로토콜 변환, 전송속도 차이의 변환, 주소 변환 기능을 수행하며 다른 네트워크와 호환성 있는 정보 송수신이 가능하게 한다. 따라서 게이트웨이는 다른 네트워크로 나아가는 출구 역할을 하거나 다른 네트워크로부터 들어오는 입구 역할을 하는 네트워크 포인트이며 관문에 해당된다. 다른 네트워크의 통신규약(프로토콜)이 다른 경우 프로토콜을 변환하여 통일시켜 주는 것이 필요하다.

3) 클라이언트/서버(Client/Server)

컴퓨터망에서 정보나 서비스를 요청하는 쪽의 컴퓨터를 클라이언트라 하고, 제공하는 쪽의 컴퓨터를 서버라 한다. 클라이언트가 정보나 서비스를 요청하면 서버가 이를 제공한다. 그림 7-8은 클라이언트/서버를 상징적으로 나타낸 것이다.

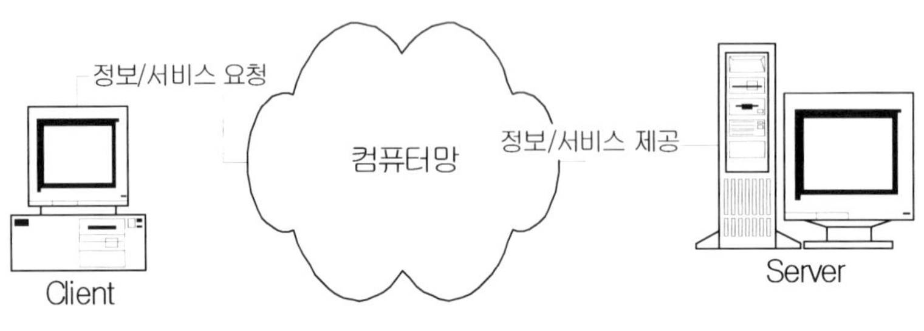

그림 7-8 클라이언트/서버

4) 피어투피어(peer to peer)

피어투피어는 컴퓨터망에서 정보나 서비스를 서로 대등한 관계 속에서 서로 주고받을 수 있는 통신 구조를 말한다. 대등한 관계로 직접 연결되어 자원을 다운로드 및 업로드할 수 있다. 초기에 음악파일 공유 서비스로 유명해진 소리바다, 냅스터(napster)를 비롯해서 프루나 등이 있다.

연 / 습 / 문 / 제

1. (   ), 즉 컴퓨터망은 여러 컴퓨터간의 정보 송수신을 기반으로 한, 정보공유의 필요에 의해 탄생되었다. 컴퓨터망도 일종의 (   )에 해당되며 다만 단말의 정보통신기기가 컴퓨터일 뿐이다.

2. 컴퓨터망의 각 단말에 연결된 컴퓨터들을 (   )라 하는데 이것은 작게는 마이크로컴퓨터에서 크게는 슈퍼컴퓨터에 이르기까지 다양하다.

3. 수 킬로를 떨어지지 않거나 한 빌딩 내의 가까운 거리 내에 있는 컴퓨터끼리 연결되어 형성된 망을 (   )이라 한다.

4. MAN(Metropolitan Area Network)은 도시 정도 크기 범위의 컴퓨터끼리 연결되어 형성된 망을 말하고 (   )은 다른 도시나 국가 간의 비교적 먼 거리에 있는 컴퓨터들을 연결한 망을 말한다.

5. LAN의 물리적 연결구조로는 (   ), (   )형, 스타형, 링형 등이 있다.

6. 버스, 트리, 스타형 구조는 서로 물리적 구조는 다르나 논리적으로는 모두 (   ) 전송 방식을 사용한다.

7. 이더넷 방식은 (   )의 전송방식이며, 근거리망 전송방식의 표준으로 CSMA/CD 방식을 사용한다.

8. 무선 랜은 (   )를 이용하여 케이블 연결 없이 송수신이 가능하게 한 랜(LAN)을 말한다.

9. (   )은 와이파이 기술에 의해 AP를 통해 무선랜에 접속할 수 있는 지역을 말한다.

10. 이동통신망은 최근 들어 3G 이동통신망에서 3G를 진화시킨 4G 이동통신망이라 할 수 있는 (   ) 망으로 발전하여 널리 사용하고 있다. 또한 한편으로는 시속 100km 이상의 고속으로 이동하는 상태에서도 무선 인터넷을 사용할 수 있는 기술인 (   ) 기술도 부분적으로 사용되고 있다.

11. (   )는 여러 대의 컴퓨터를 연결할 수 있는 네트워크 장비로, 네트워크 케이블을 분배하는 역할을 한다. (   )는 전달 될 패킷의 주소를 읽어서 가장 적절한 경로를 지정하여 보내주는 역할을 한다. (   )는 컴퓨터망에서 컴퓨터와 전송매체를 물리적으로 연결하는 장치를 말하며 Network Interface Card라고도 한다.

연 / 습 / 문 / 제

12. 더미허브를 중계장치로 사용하는 (   )은 이더넷 전송방식의 특징대로 연결 PC가 많아질수록 동시 전송이 많아지므로 그만큼 속도가 저하되지만, 전용랜은 스위칭허브를 중계장치로 사용하여 각 연결노드마다 (   ) 경로를 설정하여 전용로를 제공하므로 효율이 좋다.

13. 컴퓨터망에서 정보나 서비스를 요청하는 쪽의 컴퓨터를 (   )라 하고, 제공하는 쪽을 (   )라 한다.

14. (   )는 컴퓨터망에서 정보나 서비스를 서로 대등한 관계 속에서 서로 주고받을 수 있는 통신 구조를 말한다. 대등한 관계로 직접 연결되어 자원을 다운로드 및 업로드할 수 있다

15. 프로토콜이란 정보통신기기 간에 정확하고 효율적인 정보 전달을 위해 미리 정해둔 절차나 규칙, 즉 (   )에 해당된다. OSI는 국제 (   ) 프로토콜이다.

16. OSI는 ISO가 제정한 표준 프로토콜 참조모델로서 총 (   ) 레이어(layer)로 구성되어 있다.

C.H.A.P.T.E.R

08

인터넷

8.1 인터넷의 개요

8.2 인터넷 서비스 개요

8.1 인터넷(Internet)의 개요

1) 인터넷

인터넷이란 한마디로 정보를 주고받기 위해 세계적으로 컴퓨터를 연결한 네트워크라고 할 수 있다. 다시 말하면 그림 8-1과 같이 정보통신을 위한 전 세계적인 컴퓨터 네트워크, 즉 컴퓨터망이라고 할 수 있다. 여기서 정보통신이란 '사람들 사이에서 정보를 전달하는 것'이라는 일반적인 뜻에서 나아가 컴퓨터와 통신 기술의 발달로 인해 '컴퓨터망을 통해 정보를 전달하는 것'이라는 뜻으로 널리 사용되고 있다. 이는 인터넷이 대중화됨에 따라 컴퓨터망이 정보통신망의 대표로 인식되고 있는 까닭이기도 하다.

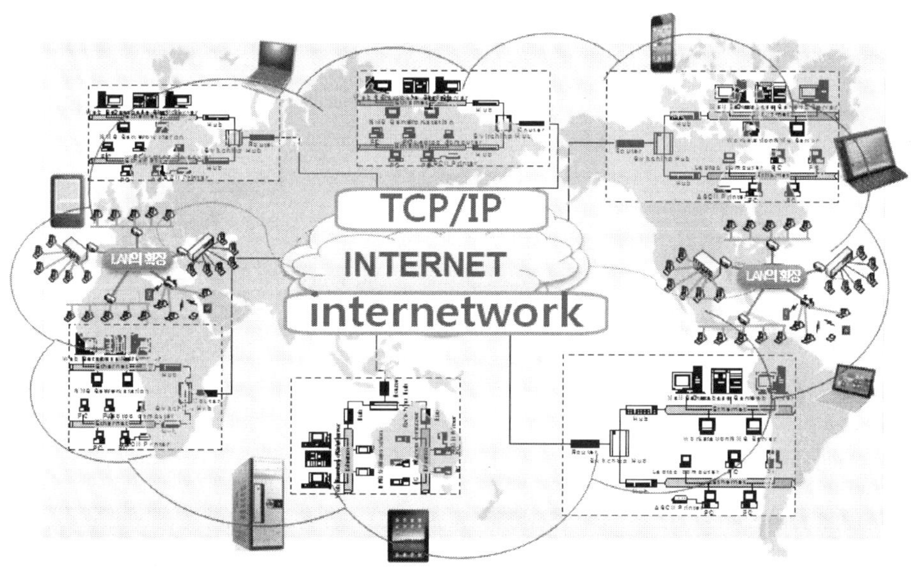

그림 8-1 인터넷

인터넷을 통한 정보 전달, 정보검색, 정보 활용은 다양한 인터넷 서비스를 통해 활발하게 이루어지고 있으며 계속해서 발전하고 있다. 또한 기존의 통신 매체인 전화, 라디오, 신문, 영화, TV 등이 인터넷과 결합되면서 새로운 모습으로 다시 태어나고 있으며, 사람들 사이의 상호작용도 인터넷을 활용한 서비스를 통해 새로운 형태로 활발하게 이루어지고 있다. 특히 하이퍼텍스트를 기반으로 하는 웹 서비스는 이전의 여러 가지 다른 인터넷 서비스들을 흡수 통합하며 대표적인 인터넷 서비스로 자리매김하기에 이르렀다.

최근 들어 스마트폰의 보급과 확산이 사회 전반에 걸친 영향을 미쳐 스마트 열풍이 일어나게 하면서 스마트 시대를 여는 계기를 만들면서 책상 위에 앉아서 인터넷을 활용하던 것에서 손바닥 위에서 이동 상황에서도 실시간으로 인터넷을 활용할 수 있게 되었다. 따라서 인터넷 서비스도 기존의 웹과, 메일 서비스를 기반으로 모바일 웹과 모바일 메일을 사용할 수 있게 되었고, 트위터(twitter)와 같은 마이크로블로그(microblog) 서비스, 페이스북(facebook)과 같은 소셜 네트워크 서비스(SNS)를 통해서 언제, 어디서든 정보를 주고받고 사회적 인맥을 형성하고 관리할 수 있게 되었다.

지금까지 인터넷은 정치, 경제, 문화, 사회 등 인간 삶의 전반적인 분야에 영향을 미치면서 인터넷을 모르면 문맹이나 다름없을 정도로 널리 확산되어 왔다. 이제는 인터넷이 우리 생활 깊숙한 곳까지 파고들어 우리 삶의 근본적인 변화를 유도하고 새로운 인터넷 문화를 창조하고 있다. 앞으로도 인터넷은 생물처럼 살아 움직이며 계속해서 진화할 것이다.

2) TCP/IP

TCP/IP는 원래 유닉스 운영체제의 통신 프로토콜이었는데 국제 표준 프로토콜인 OSI(open systems interconnection) 표준화에 영향을 주었고, 인터넷의 표준 프로토콜로 사용된다. TCP/IP는 전송매체, 링크계층, IP 계층, TCP 계층, 응용 계층 등으로 구성된다.

TCP는 네트워크(Network)에서 신뢰성 있는 데이터 전송이 목적인 OSI의 전송계층(transport layer)에 해당되는 프로토콜이다. TCP는 먼저 발신지에서 하나의 자료를 여러 개의 패킷으로 나누어 각 패킷(packet)에 발신지와 목적지주소를 붙여 OSI의 네트워크계층에 해당되는 IP에 전달한다(IP는 목적지까지 패킷을 전달한다.). 그리고 목적지에서 수신된 여러 패킷들을 다시 하나의 자료로 결합하고, 안전하게 수신되었는지 확인하여 제대로 오지 않았으면 다시 보내도록 한다.

IP는 TCP로부터 전달받은 패킷 단위의 자료를 인접한 게이트웨이를 통해 전달하여 실제로 목적지까지 도달하는 경로를 관리해주는 프로토콜이다. IP는 비연결성을 가지므로 동일한 목적지를 갖는다 해도 다른 경로로 패킷을 전달하는 것이 가능하다. 또한 필요에 따라 더 작은 패킷으로 쪼갤 수도 있고, 패킷이 무질서하게 도달될 수도 있고, 다른 패킷과 독립적일 수 있기 때문에 각 IP 패킷에는 송신지 주소와 목적지 주소가 반드시 포함되어야 한다. 이러한 특징 때문에 만약 핵전쟁으로 인해 네트워크의 한 부분이 파손되어도 다른 경로로 패킷을 전달할 수 있다.

3) 인터네트워크

인터네트워크(internetwork)란 연동망이라는 의미로서 통신 프로토콜이 같거나 다른 여러 개의 통신망을 상호 접속하여 형성한 거대한 광역 통신망을 말한다. 허브, 브리지, 라우터 같은 장비들은 인터네트워크를 형성하는데 사용되므로 인터네트워킹 장비라고도 한다.

두 개의 컴퓨터를 연결하여 정보를 주고받는 것에서 시작한 컴퓨터 네트워크는 가까운 거리의 여러 대의 컴퓨터를 연결하여 정보를 주고받는 근거리망으로 발전하다가 그 범위를 넓혀서 원거리망을 형성하게 되었으며, 이들 근거리망, 원거리망들은 인터네트워크 장비를 통해 서로 연결하여 확장시키고 보다 더 큰 네트워크를 형성하여 확장을 거듭하다가 전 세계적인 규모의 인터넷으로 발전하였다.

4) 인터넷 사용자별 접속 환경

사용자가 인터넷에 접속하려면 인터넷 서비스 사업자(ISP)를 통해 가입자망의 사용자로 가입해야 한다. 가입자망은 기간통신망에 연결되어 각종 인터넷서비스에 접근하고 정보통신할 수 있도록 구축되어 있으며 크게 유선 가입자망과 무선 가입자망으로 구분할 수 있다. 유선 가입자망에는 광가입자망, 광동축혼합망(HFC), 디지털 가입자 회선(xDSL ; ADSL/VDSL) 등이 있으며, 무선 가입자망에는 3세대 이동통신망(WCDMA), 와이브로(고속 이동 무선 인터넷), 와이파이(근거리 무선망), 위성통신망 등이 있다.

개인 사용자의 경우 아파트 지역에서는 주로 광가입자망이나 디지털 가입자 회선(ADSL/VDSL)을 사용하고 단독 주택에서는 주로 광동축혼합망(HFC)을 사용하며, 산간벽지에서는 주로 위성통신망을 사용하고 이동상황에서는 3세대 이동통신망, 와이브로 등을 사용하여 인터넷에 접속할 수 있다. 기업체에서는 안정성이 중요하므로 주로 전용선을 이용하여 인터넷에 접속한다. 그렇지만 회선의 크기에 따라 비용이 달라지므로 기업 규모(대기업, 중소기업)를 고려하여 적절히 선택해야 한다. 공공기관에서는 주로 초고속 국가망 인터넷 서비스를 이용한다.

5) PC 접속 환경

개인용 컴퓨터(PC ; Personal Computer)를 통해 인터넷이 연결되도록 하기 위해서는 먼저 인터넷 서비스 사업자(ISP)의 인터넷망과 PC, 그리고 LAN 카드와 비차폐연선(UTP) 케이블이 준비되어야 한다. ISP의 인터넷망은 인터넷 중추에 해당되는 기간통신망(backbone)을 기반으로 사용자가 접속할 수 있는 가입자망으로 구성되어 있다. 그림 8-2와 같이 먼저 PC에 LAN 카드를 부착시키고 LAN 카드 포트(port)와 ISP의 가입자망의 특성에 따른 망장비(스위칭 허브, 모뎀 등)를 UTP 케이블로 연결해야 한다. 최근 PC는 마더보드(mother board)에 LAN 카드 기능이 포함되어 내장되어 있으므로 연결 포트만 찾아 UTP 케이블을 연결하면 된다.

무선 인터넷에 접속하려면, 무선 가입자망이거나 유선 가입자망이더라도 무선 공유기를 사용하면 된다. 무선 인터넷 접속이 가능하고 만약 무선 랜카드가 설치된 PC(대부분의 랩탑 PC 또는 태블릿 PC, 넷북)를 사용하는 경우에는 직접 선으로 연결하지 않아도 된다.

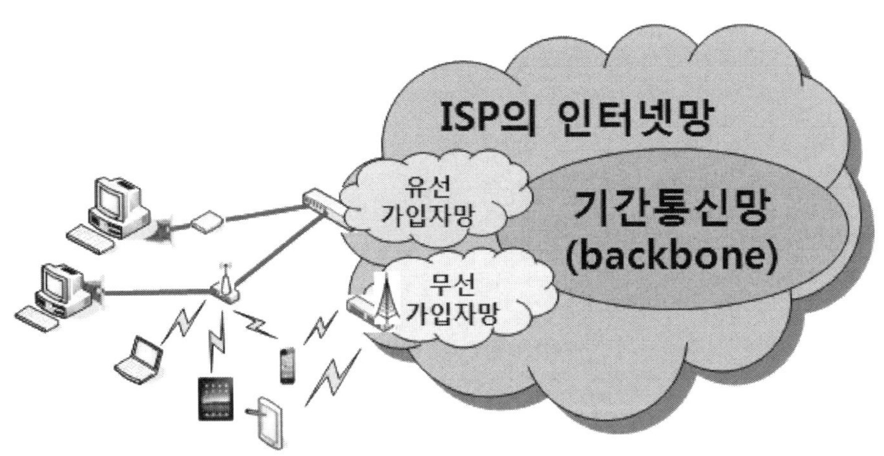

그림 8-2 인터넷을 위한 하드웨어 접속 환경

인터넷 서비스를 이용하기 위해 필요한 소프트웨어 준비사항으로는 먼저 인터넷 서비스를 제공하는 ISP에 일정한 비용을 지불하고 서비스 신청을 해 두어야 한다. 그리고 LAN 카드를 제어하는 프로그램(네트워크 어댑터)과 인

터넷의 프로토콜인 TCP/IP를 설치해야 한다. 또한 인터넷 서비스 요청 프로그램인 웹 브라우저(Web browser), FTP 클라이언트 프로그램 등 여러 인터넷 서비스를 요청하는 각각의 프로그램이 필요하다.

6) 스마트폰 접속 환경

스마트폰은 일종의 무선단말기이자 팜탑(palm-top) PC이므로, 기존 인터넷망을 기반으로 가입자망 단말에 무선공유기나 핫스팟에 해당되는 AP(Access Point)를 통해 무선랜 또는 와이파이존을 형성해서 전파를 이용해서 인터넷에 접속할 수 있다.

아이폰을 통해 와이파이존에서 인터넷에 접속하려면 그림 8-3과 같이 [설정][Wi-Fi] 선택한 다음 [Wi-Fi]를 켜고, [네트워크 연결 요청]을 켜고 신호강도가 높은 네트워크를 선택하면 된다. 보안을 위해 암호를 설정해둔 경우가 대부분이므로 해당 네트워크의 암호를 알고 연결해야 한다.

그림 8-3 아이폰 인터넷 접속 환경 설정(와이파이)

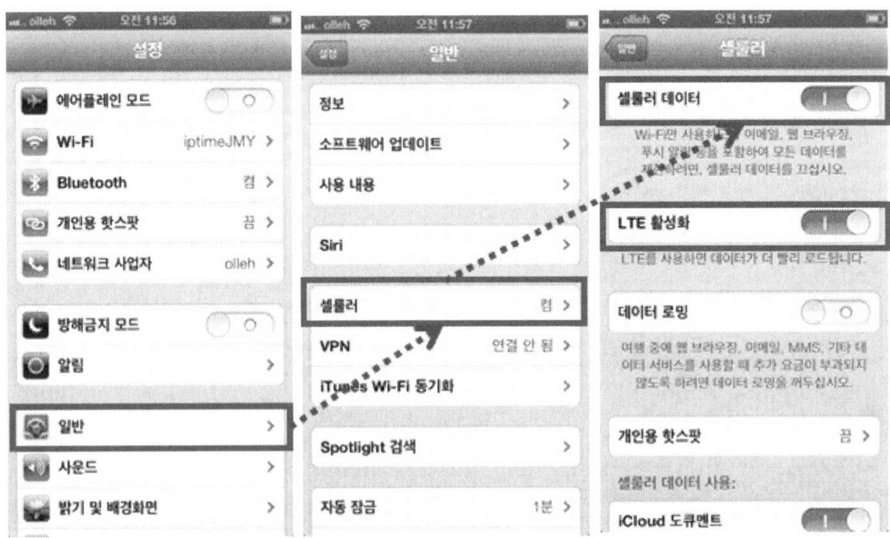

그림 8-4 아이폰 인터넷 접속 환경 설정(LTE)

아이폰을 통해 이동통신(LTE)을 이용해서 인터넷에 접속하려면 그림 8-4와 같이 [설정][일반][셀룰러]를 선택한 다음 [셀룰러 데이터]와 [LTE 활성화]를 켜면 된다.

안드로이드폰을 통해 와이파이존에서 인터넷에 접속하려면 그림 8-5와 같이 [앱스][설정][시스템][Wi-Fi]를 선택한 다음 [Wi-Fi]를 켜고, 신호 강도가 높은 네트워크를 선택하면 된다.

그림 8-5 안드로이드폰 인터넷 접속 환경 설정(와이파이)

그림 8-6 안드로이드폰 인터넷 접속 환경 설정(LTE)

안드로이드폰을 통해 이동통신(LTE)을 이용해서 인터넷에 접속하려면 그림 8-6과 같이 [앱스][설정][시스템][모바일 네트워크]를 선택한 다음 [데이터 네트워크 사용]을 켜면 된다.

8.2 인터넷 서비스 개요

초기의 인터넷 서비스로는 텔넷(Telnet)을 기본으로 이메일(E-mail), FTP, 유즈넷(Usenet) 등이 개발되어 학자나 컴퓨터 전문가들이 소규모로 이용하였으나, 유럽입자연구소(CERN)에 근무하던 팀버너스리(Tim Berners Lee)가 제안한 월드와이드웹(World Wide Web ; WWW) 서비스가 1991년에 개발되면서 일반인들도 쉽게 멀티미디어 정보를 제공할 수 있고 사용할 수 있게 되자 인터넷은 폭발적인 성장을 이루게 되었다. 인터넷은 중앙 통제 방식이 아닌 사용자들의 규약으로 모든 네트워크가 연결되어 있기 때문에 개방적이고 민주적이며, 정보의 흐름에 있어서도 양방향성을 가지고 있기 때문에 아직도 그 성장 잠재력은 엄청나다 할 것이다.

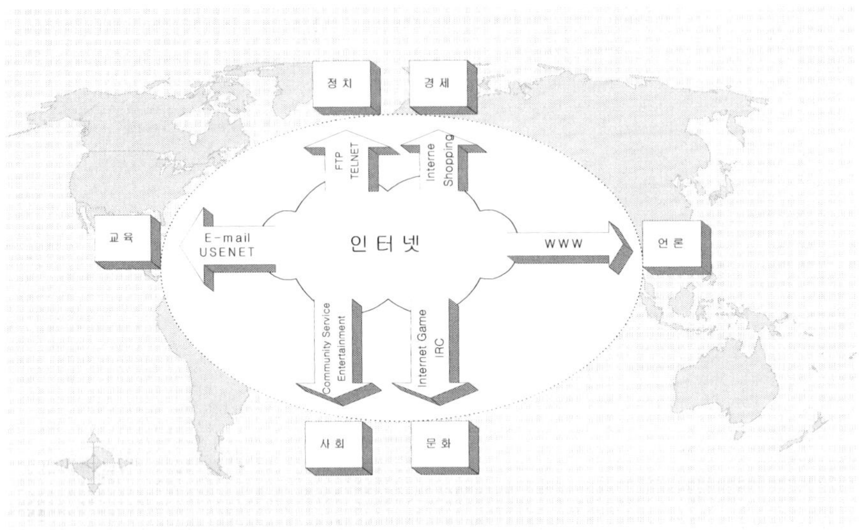

그림 8-7 인터넷 서비스

현재의 인터넷 서비스는 그림 8-7처럼 텔넷(Telnet), 이메일(E-mail), FTP (File Transfer Protocol), 유즈넷(Usenet), 고퍼(gopher), 월드와이드웹 등을 기반으로 IRC(Internet Relay Chatting), 인터넷게임(internet games), 엔터테인먼트(entertainment), 인터넷쇼핑(internet shopping), 커뮤니티서비스(community services) 등 정보와 관련해서 거의 못하는 것이 없을 정도의 다양한 서비스를 제공하면서 정치, 경제, 문화, 사회, 교육, 언론 등의 인간 생활 전반에 걸쳐 엄청난 변화와 정보화 파급효과를 가져오고 있다.

1) 인터넷 서비스 종류

인터넷 서비스는 초기에 텔넷, 이메일, FTP, 유즈넷 등이 있었다. 하이퍼텍스트(HyperText) 기반 정보 검색 서비스인 월드와이드 웹의 등장을 계기로 거의 모든 초기 인터넷 서비스들이 WWW에 통합되어 활성화 되다가 급기야 WWW를 기반으로 하는 새로운 응용서비스로 발전하게 되었다.

초기의 메일(mail) 서비스는 웹 메일(Web-Mail)로, 초기의 FTP 서비스는 웹 FTP(Web-FTP)로 초기의 유즈넷 서비스는 웹 유즈넷(Web-Usenet)으로 진화하였다. 그 밖에 웹을 기반으로 하는 IRC, 게임, 방송, 음악, 포털(portal)의 커뮤니티(Community), 인터넷전화(VoIP) 등의 서비스가 추가되었다.

그림 8-8 인터넷 서비스의 발전

그리고 이들은 사회적 관계를 형성하고 인맥관리를 할 수 있는 소셜미디어로 진화하여 마이크로블로그, 소셜네트워크 서비스, 위키, 유튜브 등의 형태로 활성화되고 있다. 그림 8-8은 인터넷 서비스의 발전을 나타낸 것이다.

(1) Telnet

텔넷은 원격지의 서버에 온라인으로 접속하여 사용하는 서비스로서 원격지의 서버에 로그인하여 서버를 사용하며 클라이언트 쪽은 단순한 터미널 역할만 한다. 서버에 사용자계정이 개설되어 있어야 하며, 로그인(login)할 때 사용자 계정명(사용자 ID)과 비밀번호가 필요하다.

(2) FTP(File Transfer Protocol)

FTP는 원격지 서버에 접속하여 컴퓨터 상호간의 파일 송수신할 수 있도록 하는 서비스를 말한다. FTP 클라이언트 프로그램에서 접속할 때는 'ftp ftp.microsoft.com'와 같이 입력하고 웹 브라우저를 통해 접속할 때는 ftp://ftp.microsoft.com와 같이 입력한다.

FTP 서버에 사용자계정이 있는 경우에는 로그인할 때 사용자계정명과 비밀번호를 입력해서 들어가고, 사용자계정이 없는 경우에는 익명으로 들어간다. 익명으로 들어갈 때는 사용자계정명으로 'anonymous'를 비밀번호로는 자신의 이메일주소를 입력하면 된다.

(3) 전자우편(Electronic Mail ; 이메일)

전자우편은 편지 형식으로 정보를 주고받는 서비스이다. 원래 전자우편은 유닉스(Unix) 운영체제의 통신 프로토콜인 TCP/IP 상에서 메일 명령으로 사용되다가 인터넷 서비스로도 널리 이용되고 있다.

윈도우 전자우편 클라이언트 프로그램으로는 마이크로소프트사의 아웃룩익스프레스(Outlook express), 모질라(Mozilla)의 썬더버드(ThunderBird) 등이 있다. 이를 이용하여 메일 서버의 메일 송수신 서비스를 이용할 수 있다.

WWW 서비스가 일반화 되면서 웹 브라우저를 통해 메일 서비스를 이용할 수 있게 되었는데 이것이 바로 웹 메일이다. 웹 메일은 대부분 포털에서 무료로 서비스를 제공하고 있다.

전자우편주소는 '사용자계정명@도메인주소'로 이루어진다. 예를 들면 'giljahong@mail.collegeName.ac.kr', 'giljahong@gmail.com'과 같이 만들 수 있다.

(4) 유즈넷(usenet)

유즈넷은 한마디로 지구촌 전자게시판이라 할 수 있는 서비스이다. 이메일 서비스와 유사하지만 메일과 달리 게시만 할 수 있는 특징을 갖는다. 계층적으로 연결된 게시판에 일방적으로 게시하는 것을 통해 정보를 공유할 수 있도록 한 것이므로 뉴스를 게시하는데 널리 이용된다.

유즈넷은 뉴스 서버가 존재하며 각 분야별 다양한 뉴스 그룹이 존재하고 뉴스 그룹별 관리자 책임 하에 운영되고 있다. 유즈넷 서비스를 위한 클라이언트의 환경 설정을 하려면 뉴스서버 도메인주소를 등록하고 관심분야의 뉴스 그룹을 선택해야 한다. 뉴스 서버에 기사를 게시하려면 메일과 유사하게 기사 제목, 송신자주소 등의 헤더 부분과, 본문, 서명 등을 작성하면 된다.

(5) WWW(World Wide Web)

WWW 서비스는 인터넷상의 모든 정보를 하이퍼텍스트를 이용하여 거미집처럼 연결하고, 연결된 정보를 검색할 수 있도록 한 서비스를 말한다. 간단히 웹 서비스라고도 하며, 1989년에 개발하여 1992년부터 본격적으로 서비스를 시작했다. 웹 서비스는 이전의 인터넷 서비스를 모두 통합시키고 나아가 웹 서비스를 기반으로 하는 새로운 응용 서비스를 출현하게 할 만큼 인터넷의 핵심서비스로 성장하였고, 인터넷 서비스라 하면 웹 서비스를 이야기 할 정도로

발전하여 우리 생활 깊숙한 곳까지 영향을 미치고 있다.

웹 서비스는 처음에 정보 제공자가 홈페이지(homepage)를 통해 텍스트 중심의 정보를 거미집 구조에 연결해두면 사용자가 정보검색을 통해 정보를 제공받아 활용하는 정적인 구조의 정보검색 서비스로 시작했다. 그러다가 단순한 텍스트 중심의 정적인 구조의 정보에서 소리, 정지영상, 동영상 등이 어울려진 멀티미디어 중심의 연결 구조를 가진 하이퍼미디어(hypermedia) 형태의 동적인 구조로 발전하였다.

그리고 마침내 개방적인 웹 환경을 추구하고 사용자와 쌍방향으로 정보를 주고받을 수 있는 구조로 웹 서비스를 발전시키면서 사용자가 정보를 생산하고 가공하고 공유할 수 있는 기반을 만들고, 이를 근간으로 사용자가 질문하고 사용자가 대답할 수 있게 만들었다.

이러한 웹 서비스의 변화는 네티즌(netizen)을 중심으로 전 세계적으로, 여러 분야에 걸쳐 확산되었고, 여러 계층으로 파고들어 이제는 인터넷을 기반으로 한 웹 서비스 활용은 거의 상식 수준이라 할 수 있다.

WWW는 웹 서비스를 제공하는 웹 서버에 HTML 형식의 홈페이지를 작성하고 관련된 파일들을 URL로 연결해두고, 클라이언트에서 웹 브라우저(browser)를 통해 URL을 입력하여 웹 서비스를 요청할 때 이를 제공해주는 방식으로 운영된다. 여기서 HTML은 연결정보를 포함하고 있는 텍스트인 하이퍼텍스트를 구현할 수 있는 언어이며, URL은 웹상에서 유일하게 자원의 위치를 표시하는 방법으로 웹 주소에 해당된다.

2) 포털 사이트(portal sites)

포털은 관문이라 뜻을 가지고 있는데 이는 인터넷 서비스를 대표하는 웹 서비스를 통해 정보 서비스를 제공받는 세계로 들어가는 문이라는 것을 상징한다. 웹 서비스가 일반화 되면서 정보검색, 커뮤니티 서비스 등과 같이 사용자들이 정기적으로 이용할 수 있는 서비스를 제공함으로써 고정 방문객을 확보하여 인터넷 비즈니스로 연결한 사이트를 포털 사이트라 한다.

그림 8-9 포털 사이트 네이버

대표적인 포털로는 네이버(지식검색, 블로그), 다음(메일, 카페), 야후코리아(메뉴 정보검색 원조), 네이트(미니홈피, 클럽) 등이 있다. 그림 8-9는 우리나라 대표적인 포털인 네이버를 나타낸 것이다.

(1) 블로그(blog)

블로그는 웹(web) 로그(log)의 줄임말이며 자신의 관심사에 따라 일기, 칼럼, 기사 등을 웹상에 자유롭게 기술하는 서비스를 말한다.

웹 게시판, 개인 홈페이지 기능이 혼합된 것으로 개인 출판, 개인 방송, 커뮤니티 형성 등에 유용하다. 블로그는 시간순서로 배열되며 최근 것이 가장 앞에 나오며 제목과 본문으로 구성되는 특징을 갖고 있다.

(2) 카페(café)

카페는 회원제로 운영되는 인터넷 게시판의 한 종류로서 1999년 다음(www.daum.net)에서 처음으로 개설되었다. 누구나 쉽게 만들 수 있고 회원 관리를 할 수 있어서 가상 공동체를 형성하는데 용이하다.

(3) 정보 검색 서비스

포털의 가장 중요한 기능은 보다 향상된 정보 검색 서비스를 제공하는 것이다. 각 포털은 보다 효과적이고 효율적인 정보 검색이 이루어지도록 끊임없이 노력하고 있다. 포털에서는 기본적으로 웹 문서 검색을 키워드(keyword) 또는 메뉴(menu) 검색할 수 있도록 검색 기능을 제공하고 있으며, 뉴스, 게시판, 책, 지식, 전문자료 등의 검색을 특색 있게 제공하기도 한다.

특히 네이버에서 제공하는 지식iN 서비스의 경우 사용자가 올린 질문에 대해 여러 전문가들이 집단 지성으로 대답을 하고 다시 질문자가 채택하는 구조를 가지고 있어서 쌍방향 상호작용이 가능하게 한다.

3) 소셜미디어

소셜미디어란 사람과 정보를 연결하고 상호작용할 수 있는 기능을 제공하는 웹기반 서비스를 말하며, 블로그에서 진화된 형태인 트위터와 같은 마이크로 블로그, 페이스북과 같은 SNS(Social Networking Services), 위키(Wiki), UCC(User Created Contents) 등을 말한다. 마이크로블로그는 기존 블로그에서 새로운 콘텐츠를 작성하고 업로드하는데 시간과 노력이 많이 소요되는 번거로움을 해소하고자 간소화된 단문 형태로 진화된 것으로 트위터사의 트위터, 네이버의 미투데이(me2day), SK커뮤니케이션즈의 커넥팅, 다음(Daum)의 요즘(yoZm) 등이 있다. 개인 특성에 맞는 인맥관리를 위해 사람을 일방적으로 팔로잉(following)할 수 있으며, 모바일기기를 통해 언제 어디서든 수시로 메시지를 불특정 다수에게 일괄적으로 보낼 수 있고 답글을 확인할 수 있다.

SNS는 개인의 생각이나 의견, 비전이나 가치 등을 디지털콘텐츠 형태로 공유하거나 교환할 수 있도록 사회적 관계를 맺는 커뮤니티 서비스를 말하며, 페이스북, Google+, 카카오스토리(KakaoStory) 등이 있다. 최근에는 기존의 카페나 클럽, 그리고 블로그나 마이크로블로그 등을 포괄하는 개념으로 사용되고 있다. 그리고 스마트폰의 보급을 계기로 소셜미디어 서비스가 일반 웹 환경에서 발전하여 모바일 웹 환경에서도 활성화됨에 따라, 실시간으로 모바일 웹을 통해 새로운 정보를 획득하거나 자신의 정보를 업로드할 수 있게 되었다. 이에 발맞추어서 마이크로블로그나 SNS 서비스를 통한 인맥 관리와 네트워크를 통한 현장 맞춤형 정보 활용 문화가 널리 확산되고 있다.

(1) 트위터(twitter)

트위터는 블로그가 진화하여 140자 짜리 단문 블로그에 해당되는 마이크로 블로그 서비스로서, 스마트폰과 연결되면서 사회적 네트워크를 형성하는데 널리 활용되고 있다. 140자 한도 문자에 해당되는 트윗(twit)을 단문 메시지 서비스, 전자우편 등을 통해 트위터 웹사이트로 보낼 수 있다. 트윗은 사용자 프로파일 페이지에 표시되고, 그 사용자의 메시지를 보고자 팔로잉(following)를 한 다른 사용자에게 즉시 전달된다. 트위터의 중요한 특징은 자신이 관심 있는 사람을 무조건 팔로잉 할 수 있다는 것과 그 사람의 트윗을 항상 볼 수 있다는 것이다. 팔로우어(follower)가 많은 사람일수록 인기 있고 영향력 있는 사람이라 할 수 있다.

(2) 페이스북(Face Book)

페이스북은 친구와 대화하고 정보를 교환할 수 있도록 도와주는 소셜 네트워크 서비스를 제공해주는 웹사이트이다. 전 세계를 대상으로 친구, 가족, 지인들과 연락을 주고받고 디지털 콘텐츠 형태의 정보를 공유할 수 있다. 이메일 주소만 있으면 누구나 가입할 수 있고 누구든지 일방적으로 뒤쫓을 수 있는 트위터와 달리 친구로 허가한 경우만 연결될 수 있는 특징을 가지고 있다.

(3) 위키(wiki)

위키는 여러 사용자들이 협력하여 웹 콘텐츠를 만들 수 있도록 해주는 서버 프로그램 또는 그런 목적의 하이퍼텍스트 문서를 뜻하며, “빨리빨리”를 뜻하는 하와이어 위키위키(wiki wiki)에서 따왔다. 가장 큰 위키는 위키피디어(wikipedia)이며 한국어로 지원되는 것은 위키백과이다. 위키백과는 누구나 공동으로 작업할 수 있는 백과사전이다.

(4) 유튜브(You Tube)

유튜브는 사용자가 자신이 만든 동영상 콘텐츠를 업로드(upload)하거나 다른 사용자가 만든 동영상 콘텐츠를 무료로 볼 수 있도록 하여 전 세계의 사람들이 동영상을 자유롭게 만들어 올리고 공유할 수 있게 하는 웹 사이트이다.

연 / 습 / 문 / 제

1. 인터넷이란 (   )에 기반을 둔 전 세계적인 망 중의 망으로, 전 세계의 Computer Network을 하나의 거대한 Network으로 묶고 다양한 (   ) 서비스를 제공하는 환경이라 할 수 있다.

2. TCP는 먼저 발신지에서 하나의 자료를 여러 개의 패킷으로 나누어 각 패킷 (packet)에 발신지와 목적지주소를 붙여 OSI의 네트워크계층에 해당되는 (   )에 전달한다. 그리고 목적지에서 수신된 여러 패킷들을 다시 하나의 자료로 결합하고, 안전하게 수신되었는지 확인하여 제대로 오지 않았으면 다시 보내도록 한다.

3. (   )는 비연결성을 가지므로 동일한 목적지를 갖는다 해도 다른 경로로 패킷이 전달될 수 있다.

4. 패킷에 포함되는 IP 주소는 (   )비트 크기를 갖는 IPv4의 주소체계를 사용했으나 앞으로는 128 비트의 크기를 갖는 IPv6 주소체계를 주로 사용하게 될 것이다.

5. 인터넷은 1969년 핵전쟁 상황에서도 통신을 확실하게 보장하고자 하는 미국방성의 프로젝트에 의해 만들어진 (   )에서 비롯되었다.

6. 인터넷을 태동시킨 ARPANET은 (   ) 용도로 탄생되었다.

7. 인터넷의 특징으로 멀티미디어 정보의 (   ) 교환, (   ) 환경의 네트워크, (   )적인 세계 규모의 네트워크 등을 들 수 있다.

8. 인터넷상의 모든 정보를 하이퍼텍스트를 이용하여 (   )처럼 연결하고, 정보를 (   )할 수 있도록 한 최신의 서비스를 WWW라 한다.

9. 미니홈피는 미니홈페이지의 준말이며 (   )는 web(웹) log(일지)의 준말이다. 카페는 (   )로 운영되는 인터넷 게시판의 한 종류를 말한다.

10. FTP, E-mail, usenet 등과 같은 초기의 인터넷서비스들은 핵심 인터넷서비스라 할 수 있는 WWW 서비스가 등장함에 따라 진화하여 (   ), (   ), (   ) 서비스로 발전하였다.

연 / 습 / 문 / 제

11. 포털의 가장 중요한 기능은 보다 향상된 (   ) 서비스를 제공하는 것이므로 보다 효과적이고 효율적인 정보 검색이 이루어지도록 끊임없이 노력하고 있다.

12. WWW 서비스를 기반으로 새로운 인터넷 응용서비스가 등장하게 되는데, WWW 서비스의 엔터테인먼트 부분은 IRC, Game, 방송, 음악 등으로 진화하고, 커뮤니티 분야는 블로그, 카페, 미니홈피 등으로 진화한다. 또한 (   ) 분야는 뉴스, 사전, 책, 지식, 전문자료 등으로 진화하고, (   ) 분야는 인터넷 뱅킹(banking), shopping 등으로 진화한다.

13. 사람과 정보를 연결하고 상호작용할 수 있는 기능을 제공하는 웹기반 서비스를 의미하며 다른 용어의 개념을 포함하고 있는 것은?

① 소셜미디어　　② 마이크로블로그
③ SNS　　④ 위키

14. 기존 블로그에서 새로운 콘텐츠를 작성하고 업로드하는데 시간과 노력이 많이 소요되는 번거로움을 해소하고자 간소화된 단문 형태로 진화된 것을 무엇이라고 하는가?

① UCC　　② 마이크로블로그
③ SNS　　④ 위키

15. 개인의 생각이나 의견, 비전이나 가치 등을 디지털콘텐츠 형태로 정보 공유나 정보교환을 상호 맺은 친구 관계 속에서 이루어지게 하는 커뮤니티 서비스인 SNS에 속하는 것은?

① 싸이월드, 페이스북　　② 카페, 클럽
③ 블로그, 마이크로블로그　　④ UCC, 위키백과

16. 사용자가 자신이 만든 동영상 콘텐츠를 업로드하거나 다른 사용자가 만든 동영상 콘텐츠를 무료로 볼 수 있도록 하여 전 세계 사람들이 동영상을 자유롭게 만들어 올리고 공유할 수 있게 하는 웹사이트는?

① 트위터(twitter)　　② 페이스북(facebook)
③ 유튜브(youtube)　　④ 위키(wiki)

17. 여러 사용자들이 협력하여 웹 콘텐츠를 만들 수 있도록 해주는 서버프로그램 또는 그런 목적의 하이퍼텍스트 문서를 뜻하며, “빨리빨리”를 뜻하는 하와이어에 그 이름이 유래된 것은?

① 트위터(twitter)　　② 페이스북(facebook)
③ 유튜브(youtube)　　④ 위키(wiki)

C.H.A.P.T.E.R 09

웹 서비스

9.1 웹 서비스 개요
9.2 웹 서비스 운영

9.1 웹 서비스 개요

1) WWW 서비스

WWW 서비스는 1989년 유럽입자연구소에 근무하던 팀버너스리(Tim Berners Lee)가 제안하면서 1991년 태동하게 되었다. 간단히 W3 또는 웹 서비스라고도 하며, 그림 9-1과 같이 하이퍼텍스트(Hypertext)를 이용하여 형성한 거미집(Web)에서 정보를 검색할 수 있도록 한 것이다.

웹 서비스에서 정보를 표현하고 연결하는 핵심 구조에 해당되는 하이퍼텍스트는 HTML(HyperText Markup Language)에 의해 구현되고, 이를 송신하는 프로토콜은 HTTP(HyperText Transfer Protocol)를 사용하며, 이를 전 세계적으로 유일하게 식별할 수 있는 방법으로 URL(Uniform Resource Locator)을 사용한다. HTML의 명령 태그(tag)들로 만드는 HTML 문서로 웹페이지(web page)를 구현하며 이들을 URL로 연결해둔다. HTML 문서는 웹 서버에 파일형태로 저장해두고 클라이언트에서 웹 브라우저(browser)를 통해 URL을 입력하여 웹 서비스를 요청할 때 이 파일을 읽어서 제공해준다. 웹 브라우저는 웹 서비스를 요청하는 클라이언트 쪽의 프로그램이다.

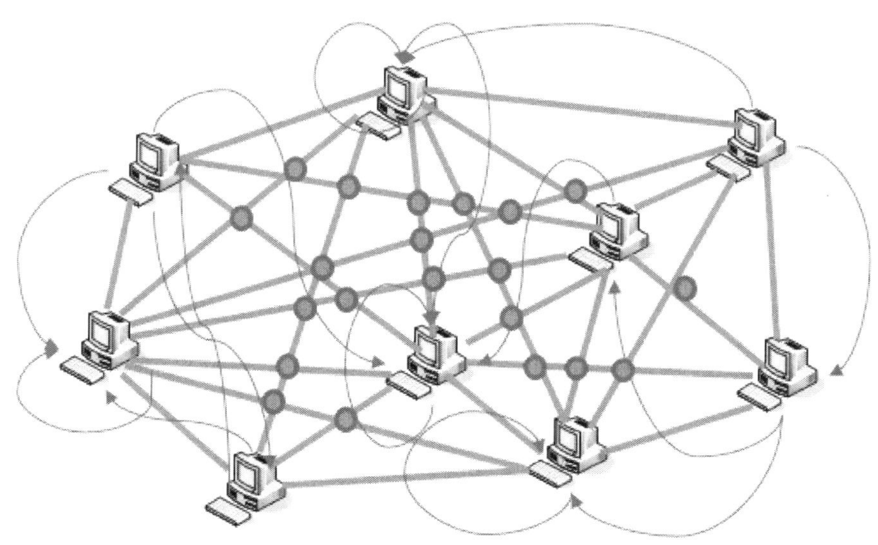

그림 9-1 웹(Web)의 개념

웹 서비스는 1992년 미국의 슈퍼컴퓨팅센터(NCSA)에서 마크 앤드리슨(Marc Andreessen)이 웹 브라우저 모자익(Mosaic)을 개발하여 무료 배포하면서 폭발적으로 성장하였다. 웹 서비스는 텔넷, 이메일, FTP, 유즈넷 등의 초기 인터넷 서비스를 모두 통합시키고 나아가 웹 서비스를 기반으로 하는 새로운 응용 서비스가 출현되게 하였다. 이제는 인터넷 서비스라 하면 웹 서비스를 이야기 할 정도로 발전하여 우리 생활 깊숙한 곳까지 영향을 미치고 있다. 지금 이 시간에도 많은 사람들이 끊임없이 웹 서비스를 이용하고 있다.

초기의 인터넷 서비스는 원격지의 컴퓨터를 전 세계적으로 유선으로 연결하고 파일이나 메일, 또는 게시판 형식으로 정보를 안정적으로 전달할 수 있게 하는 단순한 형태의 서비스였다. 이것은 이른바 하이퍼텍스트를 기반으로 정보를 연결하는 전 세계적인 거미망을 형성하고, 이를 통해 정보검색을 할 수 있도록 함으로써 결국 정보를 공유할 수 있게 한 웹 서비스로 발전하였다. 웹 서비스는 인터넷을 기반으로 파일은 물론 파일 속의 특정 단어까지도 연결시키는 강력한 구조를 바탕으로 이전의 서비스를 하나로 통합시키기에 이르렀다. 그러나 초기의 웹 서비스는 클라이언트에서 요청한 정보를 웹 서버를 통해 일방적으로 제공하는 한계를 벗어나지 못하였다. 웹 2.0은 이러한 한계를 개선하여 개방적인 웹 환경을 제공하면서 서버와 클라이언트가 쌍방향으로 상호작용할 수 있는 구조를 갖도록 하여 사용자가 자유롭게 참여할 수 있도록 유도하여 특정 문제에 대한 해결 방안이나 지식을 집단 지성 형태나 사용자가 제작한 콘텐츠, 블로그 형태로 제공하는 환경을 구축하였다.

웹 서비스는 Telnet, E-mail, FTP, USENET 등의 초기 인터넷 서비스를 모두 통합시키고 나아가 웹 서비스를 기반으로 하는 새로운 응용 서비스가 출현되게 하였다. 이제는 인터넷 서비스라 하면 웹 서비스를 이야기 할 정도로 발전하여 우리 생활 깊숙한 곳까지 영향을 미치고 있다. 지금 이 시간에도 많은 사람들이 끊임없이 웹 서비스를 이용하고 있다.

2) 하이퍼텍스트와 하이퍼미디어

하이퍼텍스트는 연결정보를 포함하고 있는 텍스트로서 그림 9-2와 같은 구조를 가지고 있다. HTML을 비롯한 웹 프로그래밍 언어에 의해 구현되며 웹 페이지를 구성하는 중요한 요소에 해당된다.

그림 9-2 하이퍼텍스트와 하이퍼미디어의 구조

초기의 웹페이지는 텍스트 중심으로 정보를 제공해주는 것이 대부분이었지만, 멀티미디어 정보가 일반화 되면서 텍스트 이외에도 영상, 소리 등이 혼합되어 표현됨에 따라 하이퍼텍스트의 변화가 불가피하게 되었다. 이른바 하이퍼미디어는 연결정보를 포함하고 있는 멀티미디어 데이터를 뜻한다. 즉, 하이퍼텍스트의 텍스트에 멀티미디어 데이터를 추가시킨 것으로 보면 된다.

하이퍼텍스트와 하이퍼미디어는 그림 9-2와 같이 연결 정보를 포함하고 있는데 이 연결 정보에 해당되는 것을 하이퍼링크(Hyperlink)라 한다. 따라서 HyperText = HyperLink + Text, HyperMedia = HyperLink + Media로 볼 수 있다. 하이퍼링크는 일반적으로 URL을 필요로 한다.

3) HTML

HTML은 하이퍼텍스트를 구현하는데 사용하는 언어이다. 명령어를 '<>' 속에 표현하므로 이를 태그(tag)라 한다. 웹페이지를 만들기 위해 HTML의 명령태그를 이용하여 작성한 것을 HTML 문서, 웹 문서 또는 하이퍼텍스트 문서(Hypertext Documents)라고 한다. HTML 문서가 보조기억장치에 저장된 것을 HTML 문서 파일이라 하며, 이것의 파일 확장자는 .html 또는 .htm이다. 파일(File)이란 이름을 갖고 보조기억장치에 저장된 정보들의 집합을 의미한다. HTML 문서 파일은 그림 9-3과 같이 웹 브라우저에 의해 읽혀서 해석되고 표현된다. HTML 문서, 즉 하이퍼텍스트 문서를 웹에서 제공하려면 웹 서버의 보조기억장치에 저장해야 한다.

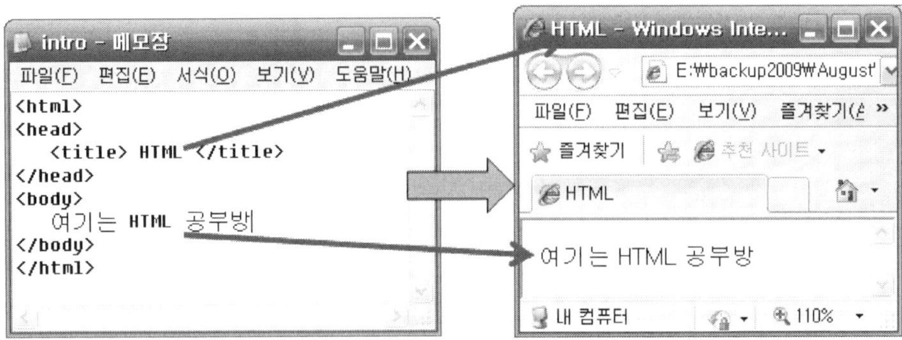

그림 9-3 HTML 문서 파일

웹 서버에 저장된 서로 관련된 HTML 문서 전체 또는 시작 웹페이지에 해당되는 HTML 문서를 홈페이지(homepage)라 한다. 즉 홈페이지(Homepage)는 개인이나 단체, 기관에서 제공하는 첫 페이지의 하이퍼텍스트 문서 또는 문서 통칭을 말한다. 웹 서버에 등록되고 웹 브라우저(Web browser)를 통해 검색되어 읽혀진다. 홈페이지들이 바로 웹의 자원(resource)이 된다.

4) 웹 브라우저

웹 브라우저는 HTML 문서를 서버에 요청하여 그것을 나타내주는 클라이언트 쪽의 프로그램이다. 웹 서비스 프로그콜인 http 이외에도 telnet, ftp, mailto 등을 지원한다. 인터넷에서 원하는 정보검색을 쉽고 편리하게 할 수 있도록 하는 다양한 기능을 포함하고 있다.

웹 브라우저에는 다양한 종류가 있다. 대표적인 웹 브라우저로는 마이크로소프트(Microsoft)의 인터넷 익스플로러(Internet Explorer), 모질라(Mozilla)의 파이어폭스(Firefox), 구글(Google)의 크롬(crome), 오페라(Opera) 등이 있다.

5) 웹페이지와 홈페이지

웹페이지는 웹 브라우저에 의해 요청되어 클라이언트 화면에 표시되는 HTML 문서로서 사용자가 화면 위에서 볼 수 있는 한 페이지 정보를 말한다. 웹페이지는 로컬의 클라이언트 컴퓨터나 원격지의 서버에서 검색하며, 서버에 저장되는 웹페이지들은 체계적으로 연결되어 웹사이트를 형성한다. 그리고, 웹사이트의 웹페이지는 웹 브라우저에 의해 HTTP와 URL를 사용하여 접근되고 전달된다.

홈페이지는 웹 서버에 저장된 서로 관련된 HTML 문서 전체 또는 시작 웹페이지에 해당되는 HTML 문서를 말하며, 개인이나 단체 그리고 기관에서 제공하는 첫 웹페이지에 해당되는 하이퍼텍스트 문서 또는 HTML 문서 통칭을 말하기도 한다. 웹 서버에 등록되고 웹 브라우저를 통해 검색되어 읽혀지고 웹의 자원을 형성하기도 한다.

6) HTTP

HTTP(HyperText Transfer Protocol)는 웹 서비스를 제공하는 프로토콜로서, WWW 상의 하이퍼미디어(Hypermedia)들을 통해 연결된 파일들을 전달하는 규칙들의 집합이다.

웹 서비스를 요청하기 위해 사용자는 웹 브라우저의 주소입력줄에 URL을 입력하게 되는데 이때 웹 프로토콜로 HTTP를 사용하므로 'http'부터 입력한다(실제 웹 브라우저는 사용자가 http를 입력하지 않아도 자신이 알아서 http를 넣는다). HTTP는 그림 9-4처럼 TCP/IP 위의 응용 계층에서 동작한다.

OSI	TCP/IP	TCP/IP 응용
응용 계층	응용 계층 (Application Layer)	Telnet, FTP, HTTP, SMTP, NNTP
표현 계층		
세션 계층		
전송 계층	TCP 계층	TCP, UDP
네트워크 계층	IP 계층	IP
데이터링크 계층	링크 계층	이더넷, 토큰링
물리 계층	전송 매체	UTP, 동축, 광케이블

그림 9-4 OSI와 TCP/IP

7) URI

URI(Uniform Resource Identifier)는 이름이나 자원을 구별하는데 사용하는 문자열로서 자원 위치(URL)이나 자원 이름(URN), 또는 둘다에 의해 구분 가능하다. URN은 책을 유일하게 식별하는 ISBN처럼 이름에 의해 자원을 식별하는 것이고 URL은 위치에 의해 자원을 식별하며, 자원의 위치와 입수방법까지 지정하는 것이다.

URL는 웹의 유일한 자원의 위치를 나타내는 것이다. 즉, 웹 자원(web resource)의 주소에 해당되며 웹 자원의 위치와 입수방법을 함께 포함하고 있다. 웹이 다른 인터넷서비스들을 통합시킴에 따라 인터넷상의 정보의 위치와 그 입수방법을 지정하는 표준 방법 역할을 한다. 인터넷 주소가 인터넷에 연결된 각 컴퓨터를 유일하게 식별하기 위해 부여한 것이라면, URL은 그 컴퓨터 내에 저장된 정보파일과 그 안의 글자까지 유일하게 식별하고 그 입수방법도 지정한다. URL 표현 형식은 '프로토콜://인터넷주소[/폴더명][/파일명]'이다. 다음은 URL의 예를 나타낸 것이다.

- protocol://host.domain[/folder][/file] : URL 일반 형식
- http://www.nia.or.kr/ : 한국정보사회원 웹 서버의 시작 홈페이지
- ftp://ftp.microsoft.com : 마이크로소프트사 FTP 서버에 로그인
- mailto:giljahong@gmail.com : 구글 메일로 로그인
- http://yisunsinkr.prkorea.com/ :이순신 홈페이지
- file:///C:|/home/start.htm : 현재 PC C:의 home 폴더 start.htm 파일

9.2 웹 서비스 운영

1) 웹의 동작

웹 서비스를 요청하기 위해서 사용자가 웹 브라우저 주소입력줄에서 URL을 입력하거나 하이퍼텍스트를 클릭하면 HTTP 요청(Request)이 발생하여 서버(Server)로 보내진다.

이 요청은 URL상의 웹 서버에서 동작하고 있는 HTTP 데몬(Daemon)에 의해 감지되어 처리되고 이에 따른 응답(Response)이 발생되어 요청한 것을 보내준다. 이것은 HTML 문서와 관련 그림 파일에 해당되며, 이들을 웹 브라우저가 해석하여 표시한다. 이 과정에 웹 브라우저는 요청 파일들을 일단 임시저장소에 저장한 다음, 임시 저장소의 파일을 읽어 해석하고, 웹 브라우저 화면에 표시하는 과정이 포함된다. 그림 9-5는 웹 클라이언트와 웹 서버와의

관계 속에서 웹 동작과정을 나타낸 것이다.

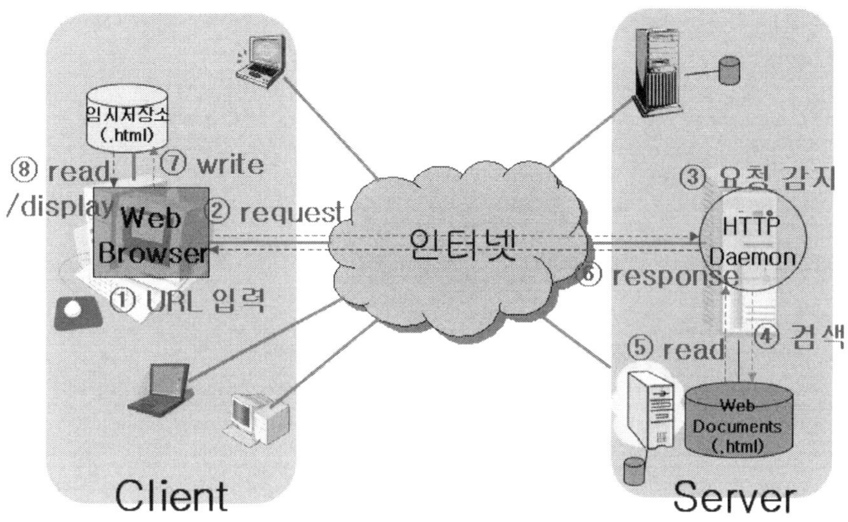

그림 9-5 웹의 동작

2) 웹 프로그래밍 언어

웹 프로그래밍이란 웹 프로그램을 작성하는 것을 말한다. 웹 프로그래밍을 하기 위해서는 프로그래밍 언어가 있어야 한다. 웹 프로그래밍 언어는 웹 프로그래밍을 하는데 사용되는 언어이다. 웹 프로그램(web program)은 사용자가 웹 클라이언트를 통해 웹 서버와 상호작용할 수 있도록 하는 계획적인 명령어의 집합이다.

(1) 웹 프로그래밍 언어

웹 프로그래밍 언어는 크게 클라이언트 중심 언어와 서버 중심 언어로 구분할 수 있다. 클라이언트 중심 언어는 클라이언트에서 해석되고 출력되는 언어로서 대표적으로 HTML, JavaScript, Vbscript, Jscript 등이 있다. 서버 중심 언어는 서버에서 처리되고 클라이언트 중심 언어로 출력되는 언어이다.

서버 중심 언어로는 CGI(Common Grateway Interface)로 Perl(Practical Extraction and Reporting Language), C, C++ 등이 있고, 윈도우즈의 IIS에 사용되는 Script 언어로서 HTML에 JavaScript나 VBScript를 내포시키는 ASP(Active Server Page), 서블릿(Servlet)이라는 작은 Java 프로그램 사용하는

기술인 JSP(Java Server Page)가 있다. 그리고 주로 Linux상의 웹 서버에 사용되는 Script언어인 PHP(Professional HTML Preprocessor)도 있다.

(2) 자바(Java)와 ASP.Net

클라이언트와 서버에서 실행할 수 있는 언어로 C#과 더불어 최근에 가장 각광을 받고 있는 언어 중의 하나인 Java가 있다. 클라이언트에서는 Applet, 서버에서는 어플리케이션 모듈(application module)로 실행된다.

ASP.Net는 콘텐츠(Contents)와 실행코드를 분리시켜 서버 중심으로 실행하는 언어이다. 콘텐트 표현은 HTML, Web control로, 실행코드는 C#, VB 등으로 작성하며, IIS위에서 실행되는 ASP+에 해당된다.

(3) 스크립트(Script)와 프로그램(program)

스크립트는 다른 프로그램에 의해 해석되거나 실행되는 계획적인 명령의 집합이다. 스크립트의 종류에는 PERL, JavaScript, Vbscript, Jscript, ASP, PHP 등이 있다.

프로그램은 컴파일러(compiler)에 의해 기계어로 번역되어 컴퓨터 프로세서에 의해 실행되는 계획적인 명령어의 집합으로 C/C++/C#, Java 등이 있다.

3) 웹 2.0

웹 2.0은 단순히 정보를 거미집처럼 연결하여 정보검색을 통해 일방적으로 정보를 제공했던 구조에서 개방적인 웹 환경을 제공하면서 서버와 클라이언트가 쌍방향으로 상호작용할 수 있는 구조를 가지고 있다.

그러므로 웹 2.0은 사용자가 자유롭게 참여할 수 있도록 유도하고 특정 문제에 대한 해결 방안이나 지식을 집단 지성 형태나 사용자가 제작한 콘텐츠, 블로그 형태로 제공할 수 있다. 즉, 웹 2.0은 개방을 통한 참여를 유도하기 위해 쌍방향 정보 공유, 사용자 중심 설계, 상호작용을 하는 웹 어플리케이션을 제공하는 플랫폼(platform)이라 할 수 있다. 웹 2.0 사이트에서는 가상 커뮤니티(community)에서 사용자가 만든 콘텐츠의 프로슈머(prosumer)로서 소셜미디어를 통해 다른 사람들과 자신의 자유로운 선택으로 협업할 수 있게 해준다. 웹 2.0의 대표적 사례로는 트위터와 같은 마이크로블로그, 페이스북과 같은 SNS, 유튜브와 같은 비디오 공유 사이트, 협업으로 웹 콘텐츠를 만들 수 있는 위키 등과 같은 소셜미디어를 들 수 있다. 또 다른 사례로는 웹으로 제공

하는 정보와 서비스의 장점을 융합하여 새로운 서비스나 소프트웨어를 만드는 매시업(mashup), 자발적 협업을 통해 정보를 분류하는 대중분류법에 해당되는 포크소노미(folksonomy) 등을 들 수 있다. 그림 9-6은 웹의 진화 과정을 나타낸 것이다.

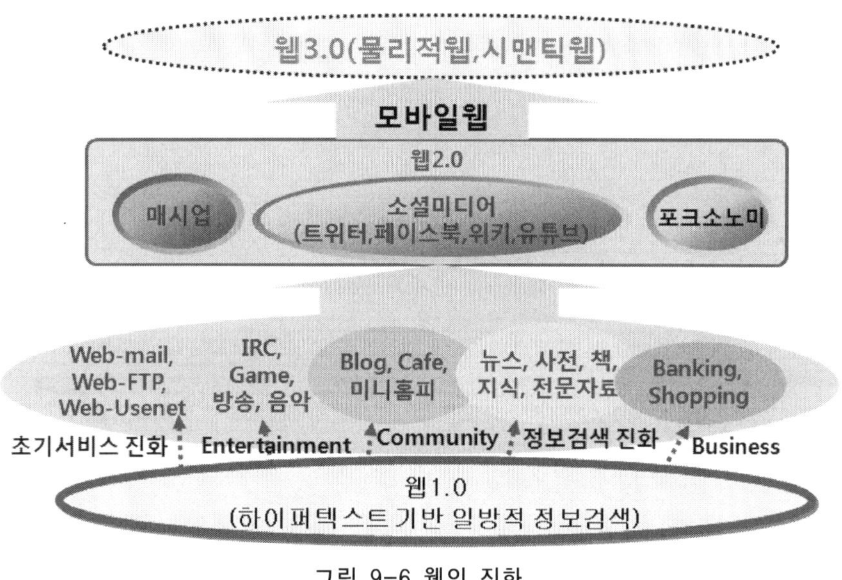

그림 9-6 웹의 진화

4) 모바일 웹(Mobile Web)

모바일 웹은 스마트폰이나 태블릿(tablet) PC 같은 모바일 기기에서 인터넷에 접속하고 브라우저나 어플리케이션을 통해 웹 서비스를 사용할 수 있도록 한 것을 말한다. 모바일 기기의 화면 크기와 모바일 브라우저 기능의 제약사항 때문에 모바일 최적화 웹을 지향하는 모바일 웹 페이지가 운영되고 있으나 점차 데스크탑 환경과 동일한 방향으로 발전하고 있으며 그림 9-6과 같이 새로운 웹 환경으로 발전하는 가교 역할을 할 것으로 기대하고 있다.

현재 차세대 개방형 웹 표준으로 주목받고 있는 HTML5는 모바일 환경에서 오프라인 기능과 로컬 데이터베이스 지원 기능으로 기존의 웹 서버와 독립할 수 있는 환경을 제공하고 오디오(audio)와 비디오(video)를 쉽게 연결할 수 있어서 모바일 환경에 맞는 최적의 웹 어플리케이션을 개발할 수 있게 한다. 특히 모바일 웹 사용량이 많은 아이폰과 안드로이드 모바일 운영체제 하의 모바일 웹 브라우저들이 HTML5를 이미 지원하고 있기 때문에 모바일 웹은

HTML5 중심으로 변화하고 있다.

웹 2.0은 쌍방향으로 상호작용하는 구조를 가지고 있으므로 웹 2.0을 통해서 획득되는 정보가 너무 많아서 오히려 현재의 내 상황과 처지와 위치에 맞는 지식으로 걸러내는 방법이 필요하게 되었다. 무선 인터넷 서비스를 동반한 스마트폰의 등장은 이러한 방법을 제공하고 새로운 모바일 웹 환경을 형성하고 이를 실감나게 사용자가 이용할 수 있도록 한 획기적인 변화를 야기하고 있다. 또한 전자태그와 GPS, 그리고 증강현실 기술을 바탕으로 현실세계와 인터넷세계를 연결하여 일을 할 수 있게 해주는 실감형 웹 서비스라 할 수 있는 물리적 웹(physical web) 환경, 어의 중심으로 지능화되고 개인화된 정보검색이 가능한 구조의 시맨틱 웹(semantic web) 환경으로 진화되고 있다.

그림 9-7은 모바일 홈페이지 예를 나타낸 것이다. 그림 9-7의 위쪽은 아이폰의 [메모]에 작성한 모바일 홈페이지에서 다음 모바일 홈페이지(m.daum.net]을 선택하면 애플의 웹 브라우저인 사파리가 실행되면서 [다음 모바일 홈페이지]로 이동하고, 여기서 [전체]를 선택하면 다음 모바일 홈페이지의 전체 메뉴가 펼쳐진다.

또한 그림 9-7의 아래쪽은 안드로이드폰의 [노트패드]에 작성한 모바일 홈페이지에서 다음 모바일 홈페이지(m.daum.net)를 선택한 것을 나타낸 것이다. 안드로이드 브라우저가 실행되면서 [다음 모바일 홈페이지]로 이동하고 여기서 [전체]를 선택하면 [다음 모바일 홈페이지]의 전체메뉴가 펼쳐진다.

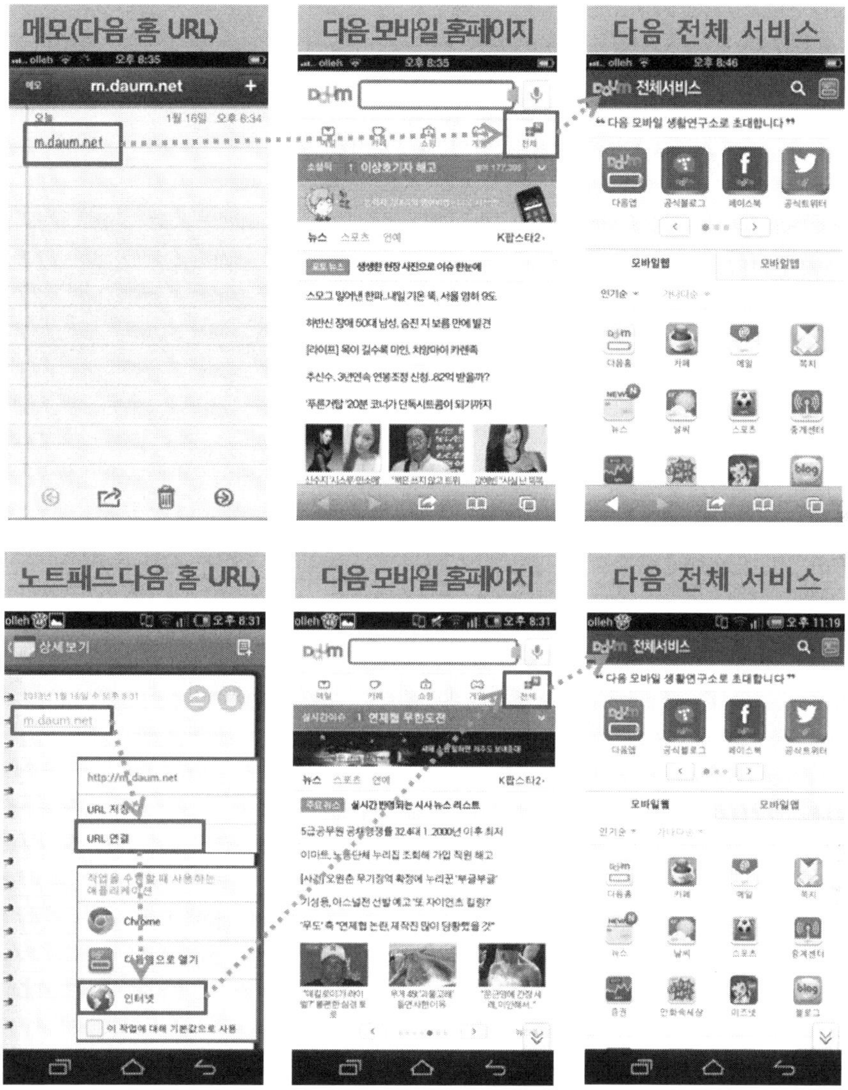

그림 9-7 모바일 홈페이지 예

연 / 습 / 문 / 제

1. 연결정보를 포함하고 있는 텍스트를 (　　　　)이라 하고, 연결정보를 포함하고 있는 Multimedia Data를 (　　　　)이라 한다. (　　　　　)는 하이퍼텍스트의 연결 부분을 뜻한다.

2. HTML이란 Hypertext 형식의 문서파일을 작성하는 언어를 말한다. (　　　　)란 개인이나 단체, 기관에서 제공하는 첫 페이지의 HTML 문서 또는 문서들의 통칭이다. HTML 문서파일은 (　　　　)에 등록되고 클라이언트 쪽의 프로그램인 웹 브라우저에 의해 요청되어 읽혀진다.

3. HTML 문서파일은 Web (　　　)에 등록되고 클라이언트 쪽의 프로그램인 (　　　　)에 의해 요청되어 읽혀진다.

4. 웹의 동작과정을 살펴보면 다음과 같다. 먼저 사용자가 웹Browser에서 (　　　　)을 입력하거나 HyperText를 클릭하면 HTTP (　　　) 가 발생하여 Server로 보내진다. Server에 떠있는 HTTP Daemon에 의해 이것이 감지되어 처리되고 이에 따른 HTTP (　　　　)가 발생되어 유효한 요청에 해당되는 정보나 서비스를 요청한 곳으로 보내준다. 이를 (　　　　)가 해석하여 사용자에게 보여준다.

5. (　　　　), JavaScript, Vbscript, Jscript 등과 같이 Client에서 해석되고 출력되는 언어를 클라이언트 중심 언어라 하고, Server에서 처리되고 (　　　　) 중심언어로 출력되는 언어를 서버 중심 언어라고 한다.

6. ASP.Net는 Content와 실행코드를 분리시켜 (　　　　) 중심으로 실행하는 언어이다.

7. (　　　　)을 전 세계적인 컴퓨터망 중의 망이라 한다면 (　　　　)은 하이퍼텍스트 기반의 거미집이라 할 수 있다.

8. WWW 서비스의 프로토콜은 HTTP, 구현언어는 HTML, 자원위치는 (　　　　)으로 지정한다.

9. 1992년 미국의 슈퍼컴퓨팅센터(NCSA)에서 Marc Andresson이 웹 브라우저 (　　　)을 개발하여 무료 배포하는 것을 계기로 WWW 서비스는 폭발적으로 성장한다.

10. 인터넷 (　　　　)가 인터넷에 연결된 각 컴퓨터를 유일하게 식별하기 위해 부여한 것이라면, (　　　　)은 그 컴퓨터 내에 저장된 정보파일과 그 안의 글자까지 유일하게 식별하고 그 입수방법도 지정한다.

연 / 습 / 문 / 제

11. 웹 브라우저에서 URL을 입력하여 웹서버에 요청한 HTML 문서와 관련 그림파일들은 웹서버에서 보내는 즉시 웹브라우저가 해석하여 표시하는 것이 아니고 일단 (　　) 저장소에 모두 전송받아 보관하고 전송이 완료된 후, 이들을 읽어서 해석한 다음 표시하게 된다.

12. 클라이언트에서 해석되고 출력되는 클라이언트 중심 언어의 대표적인 것이 (　　)이며 그 밖에 JavaScript, Vbscript, Jscript 등이 있다.

13. (　　　)는 다른 프로그램에 의해 해석되거나 실행되는 계획적인 명령어의 집합이고, (　　　)은 컴파일러(compiler)에 의해 기계어로 번역되어 컴퓨터 프로세서에 의해 실행되는 계획적인 명령어의 집합이다.

14. 인터넷의 경우 망(net)에 해당되는데 비해 WWW는 (　　　)에 해당된다. 인터넷 프로토콜은 TCP/IP인 반면 WWW의 프로토콜은 (　　　)이다. 인터넷주소는 IP 주소를 사용하는 반면 WWW는 (　　　)을 사용한다.

15. 다음은 인터넷과 WWW를 비교한 것이다. 빈 칸에 가장 알맞은 말로 채워라.

	인터넷	WWW
정의	전 세계적인 컴퓨터망	HyperText기반의 거미망
서비스	WWW, E-mail, FTP	검색엔진, 웹메일, 웹하드
프로토콜	TCP/IP	(　　　)
(　　)	IP ADDRESS	(　　　)

16. (　　　)은 개방을 통한 참여를 유도하기 위해 쌍방향 정보 공유, 사용자 중심 설계, 상호작용을 하는 웹 어플리케이션을 제공하는 플랫폼(platform)이라 할 수 있다.

17. (　　　)은 스마트폰이나 태블릿(tablet) PC 같은 모바일 기기에서 인터넷에 접속하고 브라우저나 어플리케이션을 통해 웹 서비스를 사용할 수 있도록 한 것을 말한다.

18. (　　　)는 모바일 환경에서 오프라인 기능과 로컬 데이터베이스 지원 기능으로 기존의 웹 서버와 독립할 수 있는 환경을 제공하고 오디오(audio)와 비디오(video)를 쉽게 연결할 수 있어서 모바일 환경에 맞는 최적의 웹 어플리케이션을 개발할 수 있게 한다.

C.H.A.P.T.E.R

10

모바일 정보 검색

10.1 모바일 브라우저와 정보 검색

10.2 모바일 메일과 정보 획득

10.1 모바일 브라우저와 정보 검색

1) 모바일 브라우저

HTML 문서는 웹 서버에 파일형태로 저장해두고 클라이언트에서 웹 브라우저(browser)를 통해 URL을 입력하여 웹 서비스를 요청할 때 이 파일을 읽어서 제공해준다. 웹 브라우저는 웹 서비스를 요청하는 클라이언트 쪽의 프로그램이다. 스마트폰의 등장과 확산으로 인해 기존 웹 브라우저를 기반으로 모바일 브라우저가 빠른 속도로 발전하고 있으며 모바일 웹의 성장을 촉진시키고 있다. 그림 10-1은 대표적인 웹 브라우저와 모바일 브라우저를 보다 많이 사용하고 있는 순서로 나타낸 것이다.

세계 최대의 정보검색업체인 구글에서 2008년도에 오픈 소스 모바일 브라우저인 안드로이드(android)를 내놓았다. 단순한 인터페이스만으로 웹을 보다 빠르고 쉽게 이용할 수 있도록 하였기 때문에 기존의 모바일 브라우저의 점유율을 뚫고 점차 그 입지를 넓혀서 현재는 선두를 달리고 있다. 안드로이드 브라우저는 오픈소스 모바일 폰 운영체제로 유명한 같은 이름의 안드로이드(android) 운영체제를 기반으로 하고 있다. 또한 애플사에서 개발한 사파리와 오페라사의 오페라는 스마트폰의 보급에 힘입어 모바일 기기를 위한 모바일 브라우저(mobile browser)로 더 유명하다.

그림 10-1 웹 브라우저와 모바일 웹 브라우저

애플사에서는 퀵타임(quicktime) 멀티미디어 기술과 편리한 북마크 체계를 가지고 있는 '사파리'를 개발했다. 사파리에는 탭브라우징 웹주소 자동완성 기능이 있으며 구글 검색상자가 기본 인터페이스로 들어가 있다. 사파리는 아이폰의 보급과 대중화에 힘입어 모바일 브라우저 점유율 부분에서 상위를 달리고 있으며 HTML5 지원 기능을 추가하고 있는 것이 큰 특징이다. 아이폰의 모바일 브라우저로도 널리 알려져 있다.

그림 10-2는 아이폰에서 모바일 사파리를 실행하여 [새로운 페이지]를 선택하여 나타나는 브라우저의 우측 상단 검색상자에서 "호랑이"를 검색한 결과를 나타낸 것이다.

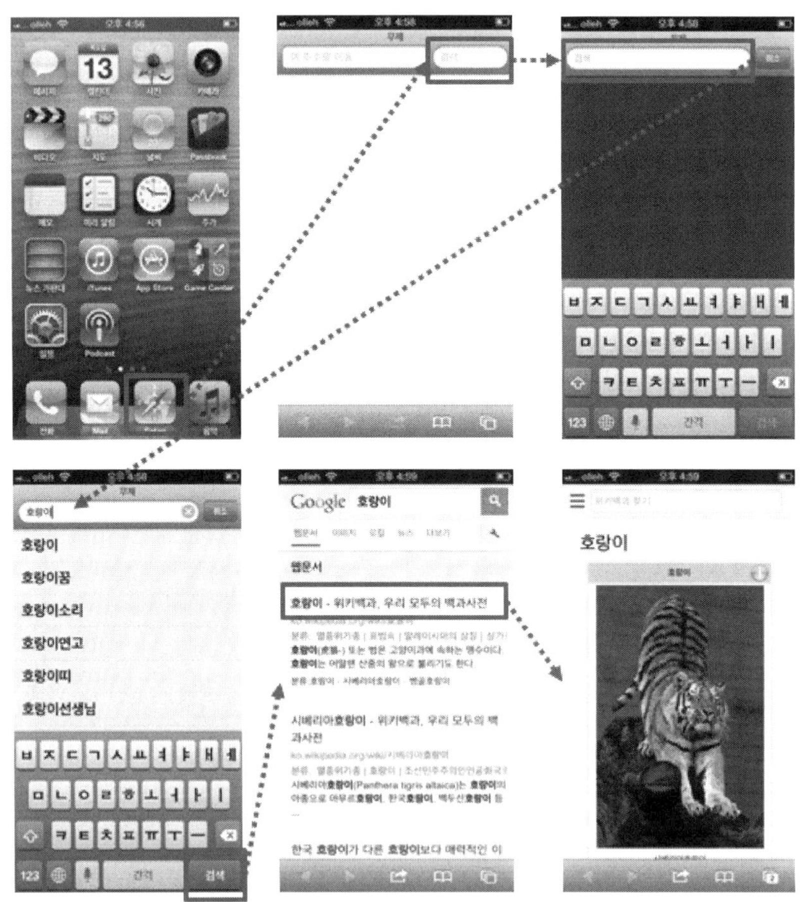

그림 10-2 모바일 사파리에서 Google 통한 정보 검색

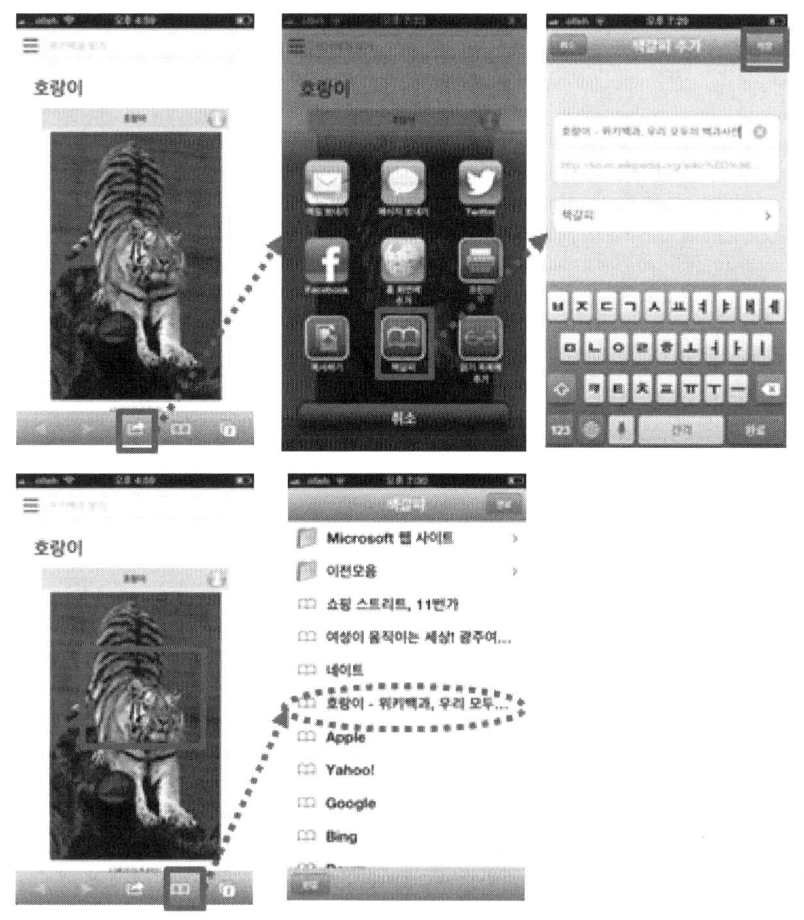

그림 10-3 모바일 사파리의 책갈피

그림 10-3과 같이 화면 아래 중간에 있는 [외부출력] 버튼을 눌러 나오는 메뉴를 통해 사파리를 통해 검색한 정보의 위치를 다양한 외부 목적지로 보낼 수 있는데, 그 중에 책갈피에 추가하려면 [책갈피]를 선택하고 [책갈피 추가 대화상자]가 나올 때 [저장] 버튼을 누르면 책갈피가 저장된다.

그림 10-4는 안드로이드 브라저를 이용하여 아이폰의 모바일 사파리의 예처럼 '호랑이'를 검색한 예를 나타낸 것이다. 홈화면에서 [인터넷]을 실행시키면 안드로이드 브라우저에 구글 정보검색상자가 나오는데 여기에 '호랑이'를 키워드로 입력하여 검색한 것이다.

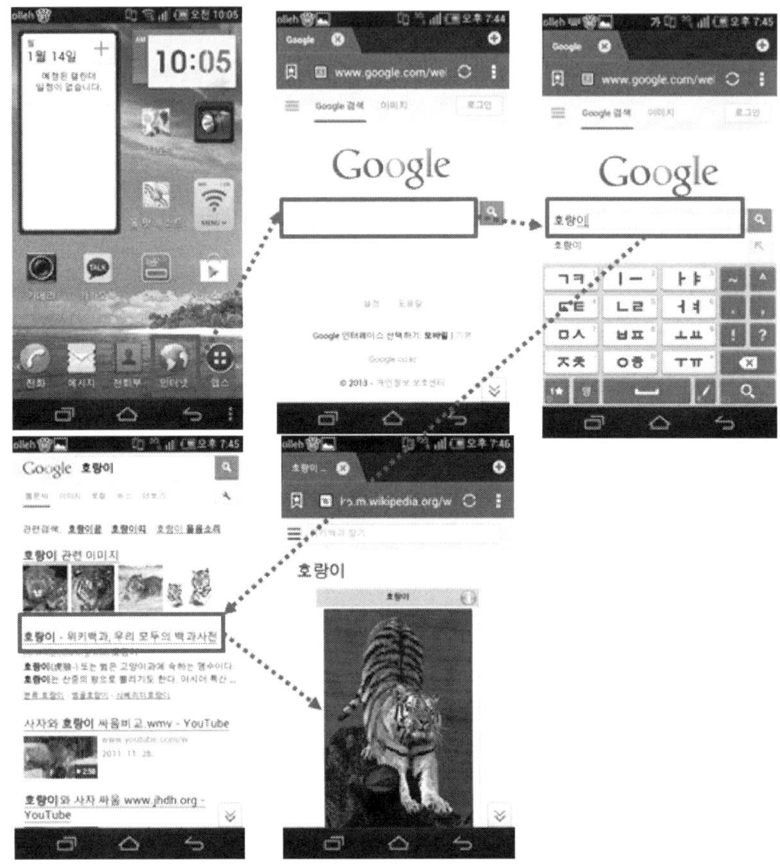

그림 10-4 안드로이드 브라우저에서 Google 통한 정보 검색

그림 10-5 안드로이드 브라우저에서 북마크

그림 10-5는 안드로이드 브라우저에서 검색한 정보의 위치를 나중에 다시 사용하기 위해 북마크 해두는 것을 나타낸 것이다. 우측상단 메뉴 버튼을 눌

러 나오는 메뉴에서 [북마크] 선택 후, [확인]을 누르면 북마크가 등록된다. 이 북마크를 확인하려면 좌측상단 북마크 아이콘을 누르면 된다.

2) 스마트폰의 음성인식 정보 검색

인터넷 포털사인 구글, 다음, 네이버에서는 SNS와 GPS와 연계된 실시간 맞춤형 정보검색 서비스를 제공하면서 음성인식에 의한 정보 검색 서비스를 경쟁적으로 제공하고 있다. 그림 10-6은 아이폰의 음성인식 기능인 시리(siri)에 의한 키워드 입력을 통해 정보 검색한 예를 보인 것으로 마이크 표시 앞에서 '정약용'이라는 키워드를 말하여 입력한 다음 [웹검색]과 [위키백과 검색]을 통해 검색결과를 보인 것이다. 오른쪽에 특별히 보이는 부분은 안드로이드폰에서 음성인식 서비스인 '스마트 보이스'를 통해 키워드를 입력할 수 있음을 보여주는 것이다. 위쪽의 '스마트 보이스' 버튼을 꾹 누르면 아래쪽처럼 음성을 입력할 수 있는 상태가 된다.

그림 10-6 구글의 음성인식 정보 검색

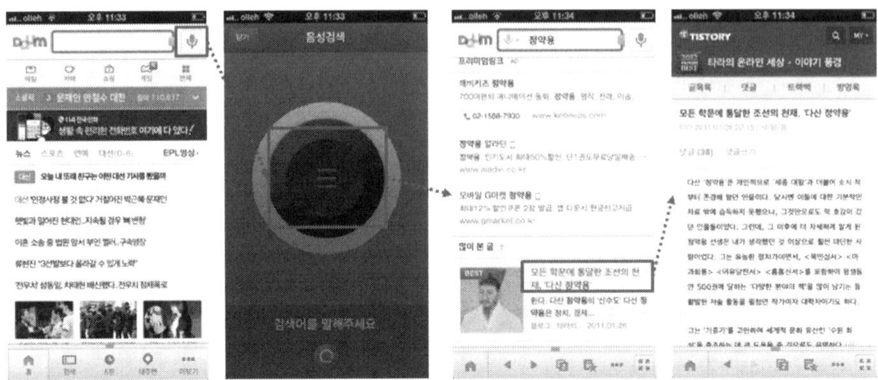

그림 10-7 다음의 음성인식 정보 검색

그림 10-7은 다음(daum)의 음성인식 정보 검색 예로서 '정약용'이라는 키워드 검색을 한 결과를 보인 것이다.

포털 사이트 다음(daum)에서는 스마트폰의 카메라를 통해 찍은 영화포스터, 음반표지, 도서, 주류 등에 대한 사진으로 사물 검색이 가능한 서비스를 제공하고 있다. 또한 네이버에서도 이와 유사한 서비스를 경쟁적으로 제공하고 있다. 그림 10-8은 포털 [다음]의 [검색] 버튼 선택 후, [사물] 버튼을 누르면, 카메라를 통해 사물 정보 검색이 가능해진다. 책 겉표지를 인식하여 해당 책의 정보를 표시하였다.

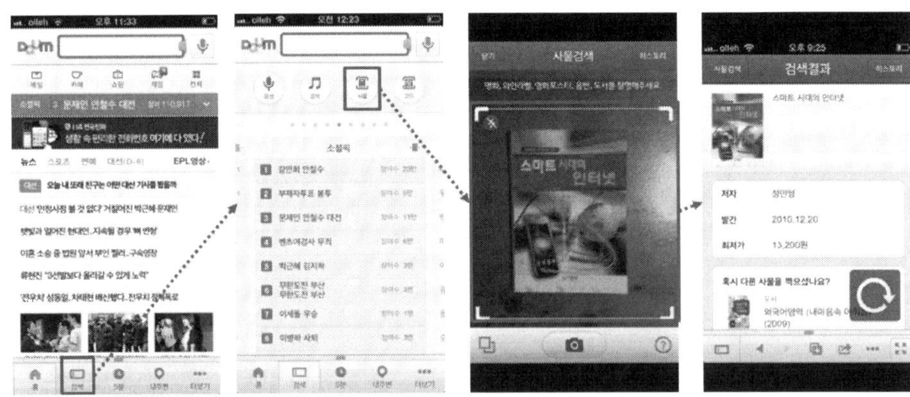

그림 10-8 다음의 사물 인식 정보 검색

그림 10-9 다음의 QR 코드 인식 정보 검색

또한, 바코드와 QR(Quick Response)코드를 제작하고 인식할 수 있는 서비스를 통해 실세계의 사물과 연계된 실감형 검색서비스도 제공하고 있다. QR 코드는 1994년 일본의 Denso Wave에 의해서 개발된 2차원 구조의 기호이며 바코드에 비해 대용량, 많은 기록, 고밀도, 오류정정 기능을 가지면서도 빠른 디코딩을 할 수 있다. 그림 10-9는 모바일 홈페이지 다음(daum)에서 [코드]를 선택하면 QR 코드를 카메라를 통해 읽어 들여 해당되는 정보가 찾아 읽어주는 것을 나타낸 것이다.

그리고 네이버와 다음(daum)에서는 음악을 인식하여 어떤 음악인지를 알려주는 음악인식 서비스를 제공해준다. 그림 10-10은 안드로이드 브라우저를 사용하여 네이버에서 음악인식을 한 예를 보여주는 것이다.

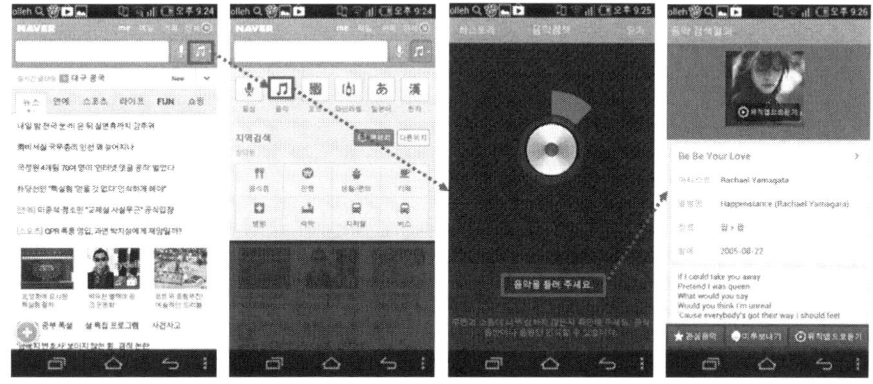

그림 10-10 안드로이드 브라우저를 이용한 네이버 음악인식

10.2 모바일 메일과 정보 획득

1) 모바일 메일

모바일 메일은 스마트폰과 같은 모바일 기기를 이용하여 메일을 송수신하는 서비스를 말한다. 모바일 메일을 사용하려면, 먼저 모바일 메일까지 지원하는 포털 사이트의 웹 메일에 가입하여 사용자계정을 확보하고, 스마트폰에서 모바일 메일을 위해 필요한 사항을 입력하여 메일 환경을 설정하면 된다. 그림 10-11의 경우는 기본 메일 계정이 [iCloud]로 설정된 상태에 있는 아이폰5에서 구글 메일(Gmail)을 사용할 수 있도록 계정을 추가한 예를 나타낸 것이다. [설정][Mail,연락처,캘린더][계정추가][Gmail]을 선택한 다음, 이름과 이메일주소, 암호 등을 입력하고 [다음] 버튼을 눌러 나오는 대화상자에서 [저장] 버튼을 누르면 Gmail 계정이 추가된 것을 확인할 수 있다. 확인하는 화면에서 [계정 삭제] 버튼을 누르면 메일 계정을 삭제할 수 있다.

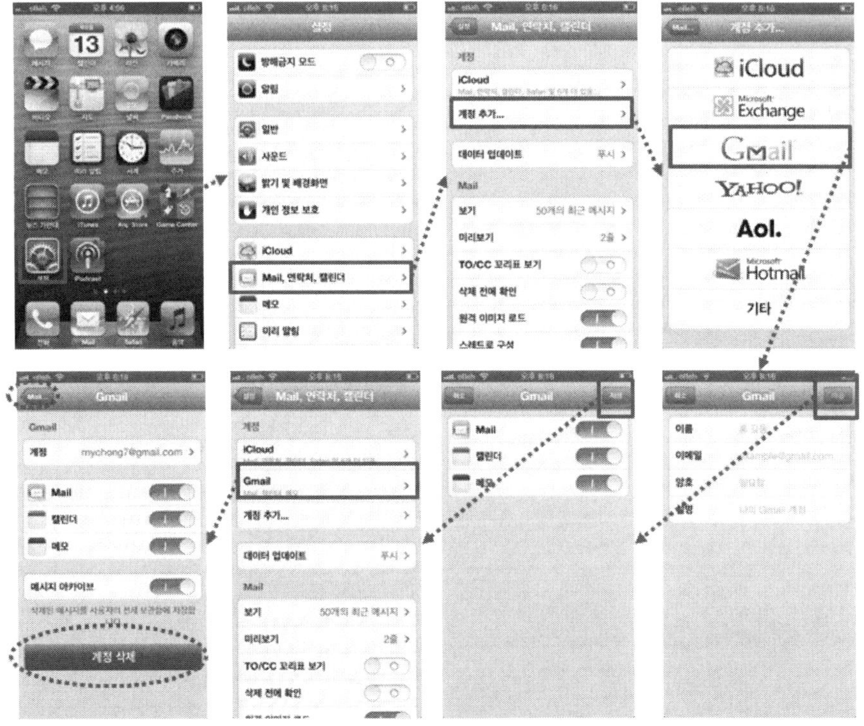

그림 10-11 아이폰 메일 환경에 구글메일 계정 추가

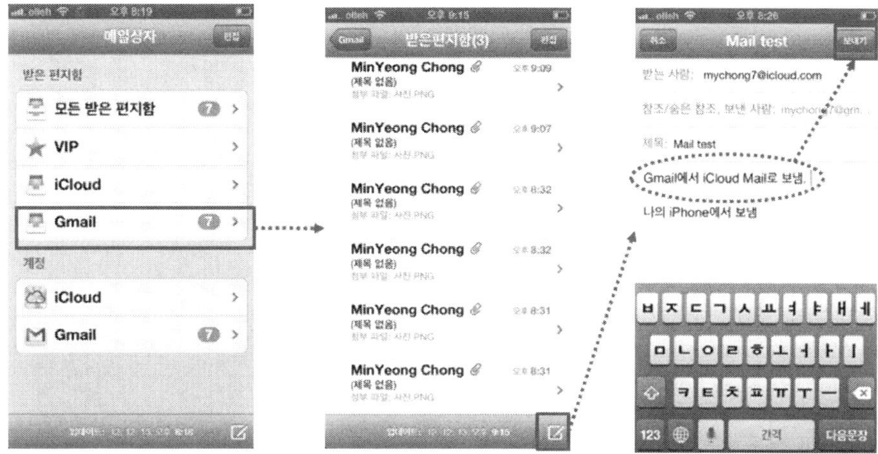

그림 10-12 아이폰 구글 메일 작성 후 보내기

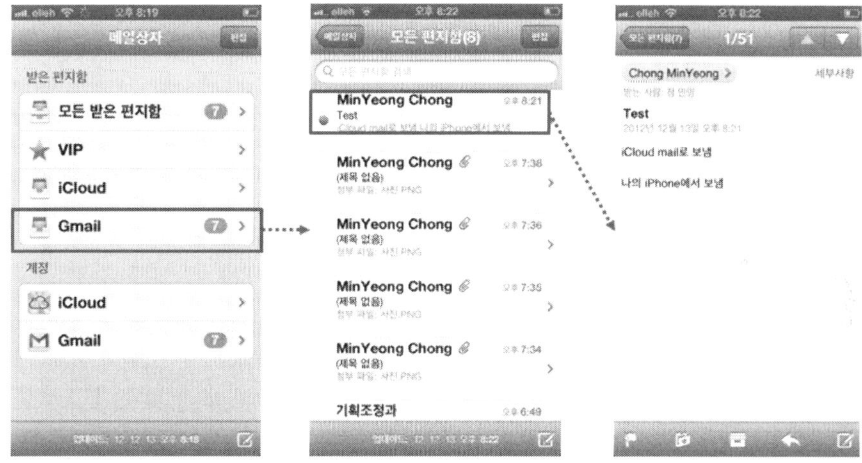

그림 10-13 아이폰 구글 메일 확인

그림 10-12는 아이폰에 설정한 구글 메일 계정에서 새로운 편지를 작성해서 보내는 것을 나타낸 것이다. 그림 10-13은 아이폰에서 메일이 왔다는 표시를 보고 메일을 확인하는 예를 보인 것이고, 그림 10-14는 확인한 메일의 답장을 보내는 것을 보인 것이다.

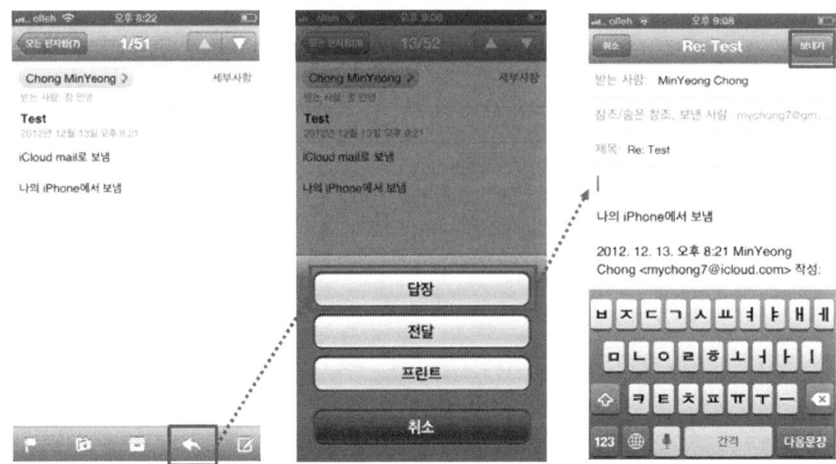

그림 10-14 아이폰 메일 답장

아이폰의 경우, 연락처에 메일주소를 등록할 수 있으며, 연락처의 메일주소를 통해 선택만 하면 곧바로 [받는사람]으로 메일을 보낼 수 있으며, [참조]로 여러 사람을 선택할 수도 있다. 또한 구글이나 네이버의 경우 주소록을 웹 메일의 주소와 함께 사용할 수 있다. 아이폰으로 사진을 찍어서 메일로 보낼 때도 사진을 선택할 때 나오는 아이콘을 통해 사진메일 형식으로 주소록에서 선택한 사람의 등록된 메일주소로 사진을 보낼 수 있다.

그리고 아이폰의 메모 기능을 통해 전자우편주소를 등록해두면 선택하기만 해도 곧바로 메일을 보낼 수 있는 상태가 된다.

그림 10-15는 안드로이드폰 메일 환경에 구글메일을 추가 설정하는 것을 나타낸 것이다. 먼저 [앱스][설정][앱설정]에서 [이메일]을 선택하여 [확인] 후, Gmail을 선택하고 몇 가지 옵션 설정하고 [다음]을 눌러서, Gmail 계정과 비밀번호를 입력하고 [다음]을 누르면, 확인 절차 후 계정 설정이 완료된다. 이제는 홈화면에서 '이메일' 아이콘을 선택하면 메일 수신을 확인하고 필요에 따라 메일을 송신할 수도 있다. 만약 이미 설정된 계정의 세부사항을 변경하려고 하면 [앱스][설정][앱설정]에서 [이메일]을 선택하거나 홈화면에서 '이메일' 아이콘을 선택하면 나타나는 [받은편지함]에서 오른쪽 메뉴에서 [설정]을 선택하면 그림 10-16과 같은 설정화면이 나오는데 여기서 변경사항을 수정하거나 계정이 필요 없는 경우 삭제할 수도 있다.

그림 10-15 안드로이드폰 메일 환경에 구글메일 계정 추가

그림 10-16 안드로이드폰 메일 계정 변경 및 삭제

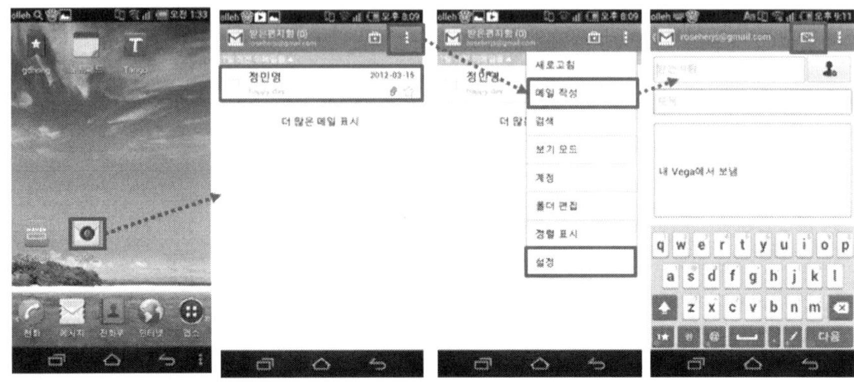

그림 10-17 안드로이드폰 메일 계정 변경 및 삭제

그림 10-17은 안드로이드폰 메일을 실행시켜 [받은편지함]에서 메뉴 버튼을 눌러 [메일 작성]을 통해 새로이 메일을 작성하는 것을 나타낸 것이다. 수신된 메일을 확인하려면 해당 메일 표시줄을 선택하면 되고 받는사람의 이메일 주소와 제목, 그리고 편지내용을 입력한 다음 오른쪽 상단의 [보내기] 아이콘을 누르면 메일이 송신된다. 메뉴에서 메일 설정사항을 변경하려면 [설정] 메뉴를 선택하면 된다.

2) 모바일 정보 획득

스마트폰의 모바일 브라우저를 통해 정보를 검색한 결과로 나타난 모바일 웹페이지에서 필요한 정보를 복사나 저장할 수 있다. 아이폰의 경우, 그림 10-18처럼 가장 왼쪽에 있는 첫 번째 화면으로 정보를 검색할 키워드를 입력할 수 있는 상태가 되고 여기서 키워드 '코끼리'를 입력한 다음 [위키백과 검색] 버튼을 선택하면 검색 키워드에 해당되는 정보를 찾아준다.

그리고 정보를 검색한 결과, 그것이 텍스트이든 이미지이든 해당 위치에서 지그시 누르고 있으면 텍스트의 경우 선택영역을 조정하여 복사하거나 붙일 수 있는 메뉴가 나오고 이미지의 경우 저장하거나 복사할 수 있는 메뉴가 나온다. 그림 10-19는 텍스트를 복사하고 이미지를 저장하거나 복사할 수 있는 것을 보여준다.

그림 10-18 모바일 웹페이지에서 정보검색 예

그림 10-19 모바일 웹페이지에서 정보획득 예

또 다른 정보획득 방법으로는 검색된 정보가 나타난 화면 자체를 통째로 사진 형태로 획득하는 방법이 있는데 이는 스마트폰의 화면 캡처 기능을 이용하면 된다. 아이폰의 경우, 홈버튼과 전원버튼을 동시에 누르면 현재의 화면을 캡처하여 사진 형태로 저장을 해준다. 안드로이드폰의 경우 삼성 갤럭시는 아이폰처럼 홈버튼과 전원버튼을 동시에 누르면 되지만 팬택의 베가레이서 같은 경우는 볼륨버튼과 전원버튼을 동시에 눌러야 한다.

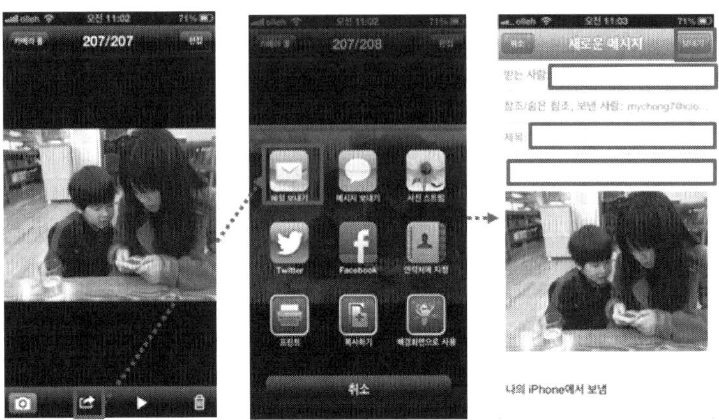

그림 10-20 아이폰 사진을 모바일 메일 보내기 예

아이폰에서 찍은 사진을 모바일 메일로 보내려면 그림 10-20처럼 우선 해당 사진을 선택한 다음 [외부출력] 버튼을 누른다. 이 때 다양한 외부출력 방법이 아이콘 메뉴형태로 나오는데 여기서 [메일보내기]를 선택한 다음, 새로운 메시지 화면에서 받는 사람 메일주소, 제목, 내용 입력 후 [보내기] 버튼을 누르면 메일에 첨부되어 송신된다.

안드로이드폰의 경우, 그림 10-21처럼 [갤러리]에서 해당 사진을 선택한 다음 가운데 상단 메뉴 버튼을 눌러 [이메일]을 선택하면 메일보내기 화면이 나오고 여기에서 받는 사람 메일주소, 제목, 내용 입력 후 [보내기] 버튼을 누르면 메일에 첨부되어 송신된다.

그림 10-21 안드로이드폰에서 특정 사진을 메일로 보내기 예

그림 10-22 안드로이드폰에서 여러장의 사진을 메일로 보내기 예

[갤러리]에서 여러 장의 사진을 선택하여 한꺼번에 보내려면 그림 10-22와 같이 여러 장이 사진이 보이는 상태에서 우측상단 메뉴를 눌러 [항목선택]을 선택한 다음, 보내고 싶은 사진들을 차례로 선택한다. 선택을 마쳤으면 가운데 상단의 메뉴 버튼을 눌러 [이메일]을 선택하고 메일보내기 화면에서 받는 사람 메일주소, 제목, 내용 입력 후 [보내기] 버튼을 누르면 메일에 첨부되어 송신된다.

아이폰의 팟캐스트(Podcast)에서 제공하는 오디오와 비디오 정보들은 서로 유사한 방법으로 획득할 수 있다. 여기서는 그림 10-23과 그림 10-24를 통해 비디오를 시청하고, 획득하는 방법만 소개하고자 한다. 그림 10-24는 비디오 팟캐스트를 시청하는 과정을 나타내고 있다.

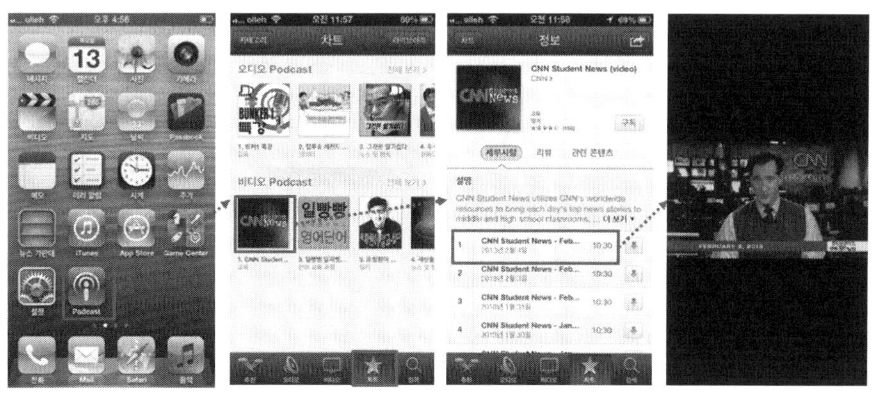

그림 10-23 팟캐스트 비디오 시청

그림 10-24 팟캐스트 비디오 다운로드

[Podcast][차트]를 선택하여 나타나는 비디오 팟캐스트 중에서 하나를 선택하여 들어가 세부항목을 선택하면 쉽게 스트림형식으로 시청할 수 있다. 그런데 비디오 팟캐스트를 소장하고 싶다면 그림 10-24와 같이 해당 비디오 팟캐스트에서 [구독]을 눌러서 나오는 화면에서 세부항목의 [다운로드] 버튼을 누르면 다운로드 진행상태를 보면서 다운로드 받을 수 있다.

연 / 습 / 문 / 제

1. 스마트폰의 보급과 확산으로 널리 사용하는 모바일 브라우저로 더 유명한 것끼리 짝지은 것은?
   ① 크롬(Chrome)-웹마(Webma) ② 파이어폭스(FireFox)-크롬(Chrome)
   ③ 사파리(Safari)-오페라(Opera) ④ 안드로이드(Android)-웹마(Webma)

2. 단순한 인터페이스만으로 웹을 보다 빠르고 쉽게 이용할 수 있도록 하였기 때문에 기존의 모바일 브라우저의 점유율을 뚫고 점차 그 입지를 넓혀서 현재는 선두를 달리고 있는 것으로 해당사가 개발한 스마트폰 운영체제와 같은 이름을 갖고 있는 것은?
   ① 크롬(Chrome) ② 파이어폭스(FireFox)
   ③ 사파리(Safari) ④ 안드로이드(Android)
   ⑤ 오페라(Opera)

3. 애플사에서 개발한 웹 브라우저이나 모바일 브라우저에 해당되는 것은?
   ① 크롬(Chrome) ② 파이어폭스(FireFox)
   ③ 사파리(Safari) ④ 안드로이드(Android)
   ⑤ 오페라(Opera)

4. 스마트폰과 같은 디지털 기기를 이용하여 메일을 송수신하는 서비스의 이름으로 가장 알맞은 용어는?
   ① 인터넷 메일 ② 웹 메일
   ③ 모바일 메일 ④ 스마트 메일

5. 음성인식 기능인 시리(siri)와 가장 관련이 깊은 것은?
   ① 크롬(Chrome) ② 파이어폭스(FireFox)
   ③ 사파리(Safari) ④ 안드로이드(Android)
   ⑤ 오페라(Opera)

6. 1994년 일본의 Denso Wave에 의해서 개발된 2차원 구조의 기호이며 비교적 대용량, 많은 기록, 고밀도, 오류정정 기능을 가지면서도 빠른 디코딩을 할 수 있는 것을 무엇이라고 하는가?
   ① 바코드 ② QR 코드
   ③ RFID ④ 스마트 태그

7. 네이버와 다음(daum)에서는 스마트폰의 카메라를 통해 찍은 영화포스터, 음반표지, 도서, 주류 등에 대한 사진으로 (   )이 가능한 서비스를 제공하고 있다.

연 / 습 / 문 / 제

8. 모바일 메일을 사용하려면, 먼저 모바일 메일까지 지원하는 포털 사이트의 웹 메일에 가입하여 (   )을 확보하고, 스마트폰에서 모바일 메일을 위해 필요한 사항을 입력하여 메일 환경을 설정하면 된다.

9. 아이폰의 경우, (   )에 메일주소를 등록할 수 있으며, 이 메일주소를 통해 선택만 하면 곧바로 [받는사람]으로 메일을 보낼 수 있으며, [참조]로 여러 사람을 선택할 수도 있다. 또한 (   )기능을 통해 전자우편주소를 등록해두면 선택하기만 해도 곧바로 메일을 보낼 수 있는 상태가 된다.

C.H.A.P.T.E.R 11

모바일 정보 공유

11.1 모바일 인터넷 서비스

11.2 모바일 SNS

11.1 모바일 인터넷 서비스

1) 모바일 인터넷 서비스와 앱 서비스

모바일 인터넷 서비스는 모바일 기기에서 인터넷에 접속하여 사용하는 인터넷 서비스를 말한다. 대표적인 서비스로는 모바일 웹 서비스를 들 수 있는데 기존의 데스크탑 PC 중심의 웹서비스를 그대로 모바일 기기에서 구현되도록 화면의 크기를 모바일 기기에 맞게 보다 작게 맞추어 서비스하는 것에서 출발했다. 이는 이동 상황에서 언제, 어디서든 인터넷에 접속하여 정보를 검색할 수 있는 편리성을 주었기 때문에 매력적이었으며 그만큼 인기도 좋아서 유명 포털 사이트에서 앞 다투어 모바일 웹 사이트를 구축하고 웹을 기반으로 하는 새로운 진보된 다양한 서비스까지 제공하기에 이르렀다.

특히 대표적인 모바일 기기인 스마트폰의 보급과 확산을 계기로 폭발적인 성장을 하고 있으며 스마트폰의 다양한 기능을 제공하는 소프트웨어에 해당되는 앱(App ; Applications) 서비스 형태로 진화되어 게임, 커뮤니케이션, 유틸리티, 지도, 네비게이션, 음악, 날씨, 뉴스, 금융 및 증권 거래, TV 및 라디오, 교육학습, 생활정보, 쇼핑, 동영상, 오피스, 전자책 등의 서비스와 연계되어 있다.

그림 11-1 모바일 웹페이지와 일반 홈페이지

그림 11-1은 포털 다음(www.daum.net)의 모바일 웹페이지와 일반 홈페이지를 나타낸 것이다. 모바일 웹페이지는 안드로이드폰에서 왼쪽의 다음(daum) 앱(App)을 실행한 것과 오른쪽의 모바일 브라우저에서 'm.daum.net'을 입력한 결과로 나온 것을 나타내고, 중앙에 있는 일반 홈페이지는 데스크탑 PC의 윈도우즈 운영체제하에 웹 브라우저 크롬을 통해 'www.daum.net'을 주소입력줄에 입력하여 다음(daum) 홈페이지를 나오게 한 것이다.

한국인터넷진흥원에서 조사 발표한 2011년도 하반기 스마트폰 이용실태 조사에 따르면 스마트폰의 인터넷 서비스로는 페이스북, 미투데이, 카카오스토리, 구글플러스(Google+) 등과 같은 SNS, 카카오톡, 마이피플, 라인, 토크 등과 같은 모바일 인스턴스 메신저를 필두로 모바일 쇼핑, 금융서비스, 스마트폰 광고 등이 있으며, 스마트폰 이용자 과반수 이상이 SNS를 하루 1회 이상, 평균 46.1분 이용하는 것으로 나타났고 그 다음으로 다른 친교 및 교제, 개인적 관심사 공유, 취미 및 여가 활동 등에 이용하고 있는 것으로 나타났다. 그리고 타인의 게시물 읽기를 가장 선호하고 그 다음으로 게시물 작성, 타인의 게시물에 반응 순으로 선호하는 것으로 나타났다. 모바일 인스턴스 메신저는 스마트폰 이용자 약 80%가 이용하고 있고 이용 후에 스마트폰 통화시간과 문자메시지 사용이 감소된 것으로 나타났다. 아이패드와 같은 스마트 패드의 인터넷 서비스를 통해서는 동영상 보기, 전자책 잡지 읽기, 문서작성 등의 비중이 가장 높았으며, 그 다음으로 게임, 정보검색 및 웹서핑 등을 하는 것으로 나타났다.

그리고 한국인터넷진흥원의 2012년 무선인터넷 이용실태 조사에 따르면 무선인터넷 이용률은 87.0%로 전년대비 21.8%p 증가했으며 지속적으로 증가하는 추세인 것으로 나타나고, 무선인터넷 이용자의 90.3%가 '스마트폰'을 통해 무선인터넷 접속하고 있는 것으로 나타났다. 또한 12세에서 59세까지 스마트폰 이용률은 78.5%로 전년대비 39.3%p 증가하였으며, 스마트폰 이용자의 37.1%는 '음성·영상통화'를 위해, 33.6%는 문자메시지(SMS, MMS)를 위해 이용하고 있는 것으로 나타났으나, 29.3%가 무선 인터넷 및 모바일 앱(App)을 이용하고 있는 것으로 나타나 우리에게 상당한 의미를 던져주고 있음을 느낄 수 있다.

2) 모바일 홈페이지

지금까지 만든 홈페이지를 어떻게 활용할 것인가? 이 질문에 대한 답은 일방적으로 정보를 검색하고 정보를 획득하기만 하는 정보 사용자 측면과 웹 사이트를 구축하고 홈페이지나 블로그 등을 통해 정보를 제공해주는 정보 제공자 측면이 다를 수 있다.

정보 사용자 측면에서 보면 자신의 홈페이지를 자유롭게 작성하여 자신의 PC에 저장(바탕화면)하고 이를 통해 인터넷 상의 정보를 획득하기 위하여 정보 검색의 출발점으로 삼을 수 있다. 최근에는 스마트폰의 확산으로 이동 상황에서도 인터넷의 웹 서비스를 제공받을 수 있는 환경이 만들어졌다. 자신의 모바일 기기에 모바일 홈페이지를 만들어놓고 쉽고 편리하게 모바일 웹 서핑을 즐길 수 있으면 더할 나위 없이 편리할 것이다. 그림 11-2는 아이폰의 메모 기능을 이용해서 홍길자의 모바일 홈페이지를 만든 것으로 나타낸 것이다. 왼쪽 부분은 메모에서 모바일 웹 페이지에 대한 간단한 URL을 입력하면 자동으로 하이퍼텍스트로 인식하여 연결된 웹페이지로 이동할 수 있으며, 그 대상이 이메일 주소인 경우에는 그 주소로 이메일을 쉽게 보낼 수도 있다. 오른쪽 부분은 'http://giljahong.sizac.kr'이라는 모바일 홈페이지를 보여준 것으로 이러한 모바일 홈페이지는 그림 11-3과 같이 'http://sizac.kr' 사이트에서 쉽게 만들 수 있다.

그림 11-2 아이폰 메모를 이용한 홈페이지

그림 11-3 sizac,kr 사이트를 이용한 모바일 홈페이지 만들기

그림 11-4 모바일 웹사이트 책갈피를 아이폰 홈 화면에 만들기

그리고 아이폰에서는 어떤 웹사이트든지 모바일 브라우저인 사파리에 책갈피로 등록하거나 그림 11-4와 같이 홈 화면에 추가하여 다시 방문하고자 할 때 쉽게 방문할 수 있도록 만들 수 있다.

정보를 생산하여 게시해주는 정보 제공자 측면에서는 자신이 가지고 있는 정보나 지식을 홈페이지를 통해서 게시하는 것이 중요하다. 이것은 기존의 포털 사이트에서 제공하는 미니홈피, 블로그, 카페, 클럽, 그룹 등을 통해서 쉽게 할 수도 있지만 웹 서버에 웹사이트를 구축하고 정보와 지식을 체계적으로 관리하면서 보다 전문적으로 널리 제공할 수도 있을 것이다. 이것은 공공의 목적이거나 상업용 목적이거나 상관없이 동일하게 요구되는 것이다.

그러나 웹2.0 서비스가 등장하고 스마트폰의 보급이 확산되면서 SNS 서비스 등을 통해 정보처리와 정보통신에 대한 참여와 공유의 개념이 일반화되면서 단순히 제공해주는 정보사용자에서 벗어나 정보를 자신이 만들어 제공하는 정보 제공자로서의 역할도 중요한 것으로 인식되고 있다. 따라서 이제는 정보에 대한 프로슈머(prosumer)로서의 역할이 기대된다. 즉 정보 생산자(producer)이면서 동시에 정보 소비자(comsumer)인 스마트한 정보 프로슈머가 되어야 할 것이다. 그리하여 지금까지 배운 내용들을 통해서 얻은 지식을 발판으로, '어디에 필요한 정보가 있는가(know where)'를 잘 파악할 수 있을 뿐 아니라 모바일 환경에서 언제, 어디서든 정보를 찾고 획득하고 생산하고 배포하여 전 세계를 대상으로 정보를 공유할 수 있는 능력을 길러서 세계적인 자신의 전문지식을 쌓고 활용하는 계기가 되고 출발점이 되도록 해야 지금의 디지털 정보시대를 이끄는 선두주자로 우뚝 설 수 있을 것이다.

11.2 모바일 SNS

1) 트위터(twitter)

트위터란 마이크로블로그 서비스를 제공하는 웹사이트(http://twitter.com)로서, 트윗(tweets)이라 하는 사용자의 메시지를 보낼 수 있고 읽을 수도 있는 서비스를 무료로 제공한다. 웹(web) 일지(log)라 할 수 있고, 긴 글을 쓰는 데 좋은 블로그와 달리, 간단한 글을 손쉽게 쓸 수 있도록 하여 모바일 기기에서 이동하면서도 사용할 수 있기 때문에 특히 스마트폰의 보급을 계기로 널리 확산되고 있다.

트윗은 원래 작은 새가 지저귀는 소리를 뜻하지만, 글 한 편에 해당되는 단위로 사용되며 140자 한도를 갖는다. 트윗은 디폴트(default)로 공개되지만 제약을 가할 수도 있다. 영어뿐만 아니라 다국어를 지원하므로 전 세계 이용자와 단문으로 트윗을 주고받을 수 있으므로, 현재의 생각을 담아 짧은 시간에 여러 곳으로 전달하는 전파 기능이 강하다. 2006년 잭 도시(Jack Dorsey)에 의해 만들어졌으며 전 세계적으로 2억명에 가까운 사용자들이 활용하고 있다.

트위터를 사용하여 다른 사람과 맺는 관계는 그림 11-5와 같이 기본적으로 일방적 관계이다. 사용자는 관심 있는 사람을 찾아 그 사람의 의사와 상관없이 일방적으로 팔로잉(following)할 수 있으며 팔로잉 관계가 형성되면 그 사람의 트윗을 구독할 수 있으며, 자신은 그 사람의 팔로우어(follower)가 된다.

트위터를 통해 소통되는 정보는 트윗이며, 트윗은 그림 11-6과 같이 새 글(new tweet), 전달(retweet), 댓글(reply) 등으로 여러 가지 형태로 표현된다. 새 글은 한 마디로 '혼자말 하기'의 의미이며, 전달은 '소문내기'이고, 댓글은 '답장하기'이다.

그림 11-7은 트위터를 통해 형성되는 관계 네트워크를 통해 트위터에 대한 이해를 돕기 위한 것이다. 일방적으로 팔로잉하면서 형성되는 관계가 발전하면 서로가 팔로잉하는 친구 관계, 서로를 쫓기만 하면서 루프를 형성하는 순환 관계가 형성될 수 있으며, 팔로우가 전혀 없는 외로운 사람이 나올 수도 있고, 많은 팔로우어만 가지고 있는 인기스타가 나올 수도 있다. 트위터에 가입한다는 것은 이러한 관계 네트워크 속에 들어간다는 것을 의미한다.

그림 11-5 트위터를 통한 관계

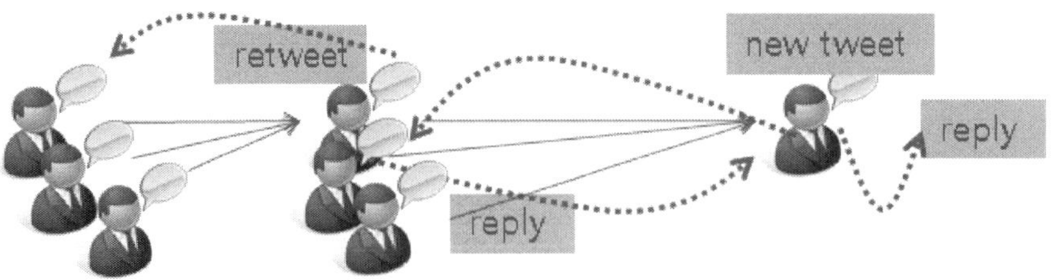

그림 11-6 여러 형태의 트윗

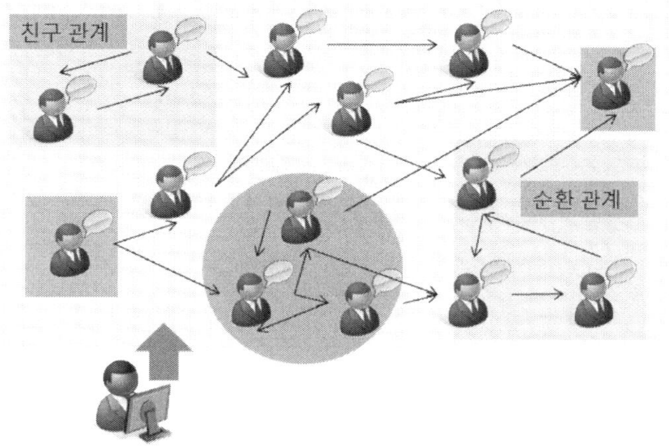

그림 11-7 트위터 관계 네트워크

그림 11-8 트위터 가입 및 로그인

그림 11-9 트위터 메뉴

그림 11-8은 안드로이드폰에서 트위터 가입 및 로그인 과정을 나타낸 것이다. 안드로이드폰에서 트위터 앱을 다운받아 설치 후 실행하면 [가입하기]와

[로그인] 버튼이 나온다. 여기서 [가입하기]를 선택하고 이름, 이메일주소, 아이디, 비밀번호를 차례로 입력한 다음, [가입하기] 버튼을 누르면 가입이 된다. 이메일주소는 미리 가입하여 준비해두어야 한다. 추가적으로 팔로우할 친구들을 추천해주고 팔로잉할 것을 유도하는데 필요한 만큼만 팔로잉하고 중단해도 된다. [로그인]은 가입할 때 정한 아이디 또는 이메일을 넣고 비밀번호를 입력하면 된다.

트위터는 그림 11-9처럼 홈(Home), 친해지기(Connect), 발견하기(Discover), 나(Me) 등의 메뉴를 가지고 있다. 홈(Home) 메뉴에는 나의 트윗과 답글, 그리고 내가 팔로잉한 사람의 트윗이 표시된다. 친해지기(Connect) 메뉴에는 반응(Interactions)과 맨션(Mentions)이 있는데, 반응에는 다른 사람이 내 트윗에 답글과 리트윗한 것, 그리고 팔로워가 팔로우하는 상황이 표시되고, 맨션에는 내 트윗에 답글한 것이 표시된다. 발견하기(Discover) 메뉴에는 트윗, 액티비티, 팔로우 추천, 친구찾기, 관심분야 둘러보기 등의 부메뉴가 있다. 나(Me) 메뉴에는 트윗, 팔로잉, 팔로워, 관심글, 리스트 등의 부메뉴가 있다. 트위터에서 팔로잉(Following)하려면 추천해주는 사람의 경우 오른쪽의 [팔로우] 버튼을 누르면 그 버튼이 [팔로잉]으로 바뀌면서 간단히 팔로잉한 것으로 된다. 그러나 다른 사람은 이름이나 아이디로 찾아서 원하는 사람일 경우 팔로우한다. 이것은 메뉴상단의 [검색] 버튼을 누르면 나오는 검색상자에서 키워드를 입력하여 [트윗]이나 [사람들]을 찾아준다. 사람은 [사람들] 버튼을 선택하면 키워드에 해당되는 후보 팔로잉 대상자들이 나오고 거기에서 원하는 사람의 오른쪽 [팔로우] 아이콘을 누르면 [팔로잉] 아이콘으로 바뀌면서 팔로잉이 완료된다. 그림 11-10은 안드로이드폰에서 팔로잉할 사람을 검색하여 팔로잉한 예를 나타낸 것이다.

그림 11-10 팔로잉할 사람을 검색하여 팔로잉

트위터에서 새 글(New Tweet) 작성하려면 어떤 메뉴에서든 그림 11-10의 왼쪽 두 번째 그림 조각의 우측상단 [새글] 아이콘을 눌러서 나오는 맨 왼쪽 그림 조각의 창에서 입력한 다음 [트윗] 버튼을 누르면 된다. 답글(Reply) 작성은 그림 11-11과 같이 특정 트윗을 선택하여 확인하면 아래에 [답글][리트윗][관심글][더보기] 등이 아이콘 형태로 나오는데 여기서 [답글]에 해당되는 맨 왼쪽의 아이콘을 눌러 나오는 창에서 글을 입력한 다음 [트윗] 버튼을 누르면 된다.

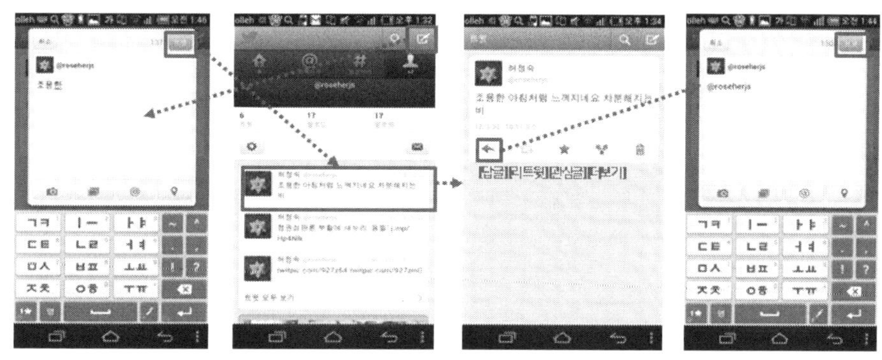

그림 11-11 트위터에서 새 트윗 및 답글 작성

그림 11-12 정보검색 결과 트윗으로 올리기

그림 11-12는 아이폰에서 그림 10-2와 같이 검색한 정보('호랑이')를 트위터로 보내는 과정을 것을 나타낸 것이다. 트위터에서 트윗은 그림이 아니고 140자 이내의 단문이므로, 그림이 전달되는 것이 아니고 그림에 대한 연결정보만 전달된다는 것에 유의해야 한다.

그림 11-13은 아이폰에서 보낸 트윗을 확인한 것을 나타낸 것이다. 실제 전달된 정보(트윗)는 140자 이내의 문자이며 문자에 연결정보가 포함된 하이퍼텍스트를 통해 연결정보까지도 확인할 수 있다.

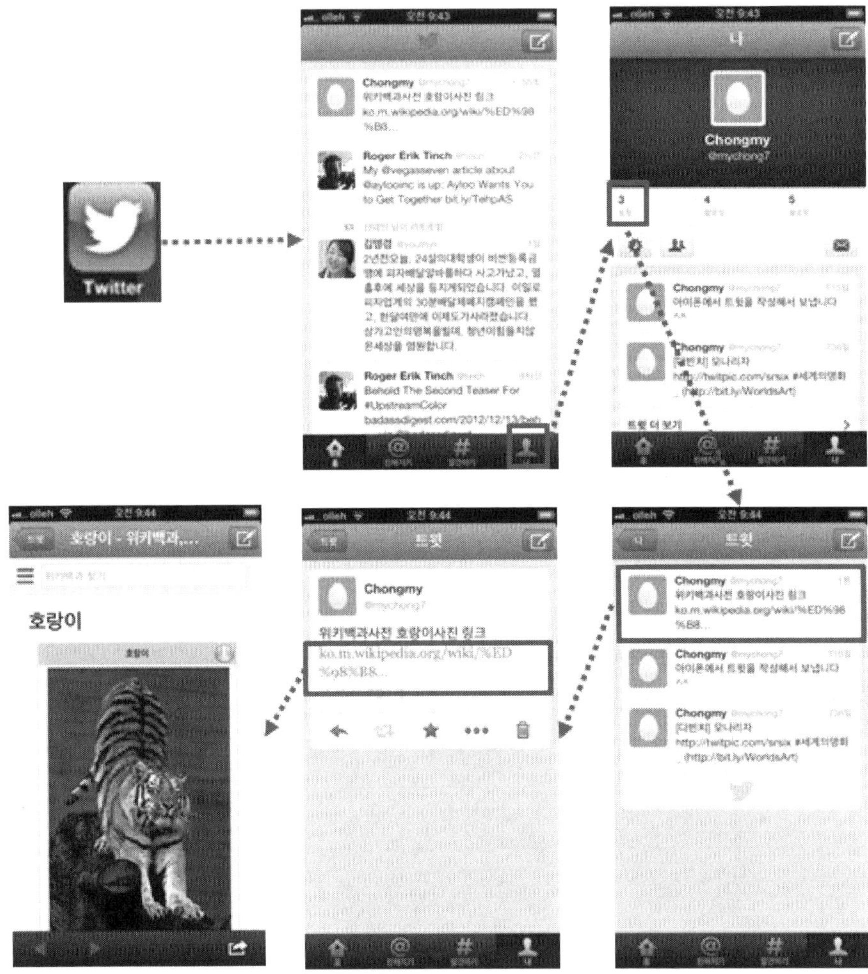

그림 11-13 아이폰에서 트윗 확인

2) 페이스북(facebook)

페이스북은 소셜네트워크 서비스를 제공하는 웹사이트로 2004년 마크 주커버그(Mark Zuckerberg)에 의해 회사가 설립되었으며 현재 전 세계에서 6억명 가까운 사용자가 활동하고 있다. 페이스북 사용자는 개인의 프로파일(profile)을 만들고 다른 사용자와 친구를 맺어 메시지를 교환한다. 일상생활 속에서

자신의 생각, 아이디어, 신변잡기, 여행 등의 정보를 글과 사진, 동영상 등의 디지털 콘텐츠 형식으로 게시할 수 있으며 이를 공유할 수 있다. 한마디로 생활을 저장해두고 친한 친구와 공유하는 공간이라 할 수 있다. 최근에 스마트폰의 보급을 계기로 일상에서 발생하는 일에 대한 글, 사진, 동영상을 이동하면서도 손쉽게 전달하고 확인할 수 있어서 널리 보급되고 있다.

페이스북을 통해 맺는 인간 관계는 트위터처럼 일방적으로 쫓는 관계가 아니라 그림 11-14와 같이 친구로 신청을 해도 상대방이 친구로 허락해야 친구 관계가 형성되는 쌍방 관계를 기반으로 하고 있다.

그림 11-14 페이스북에서 친구 관계

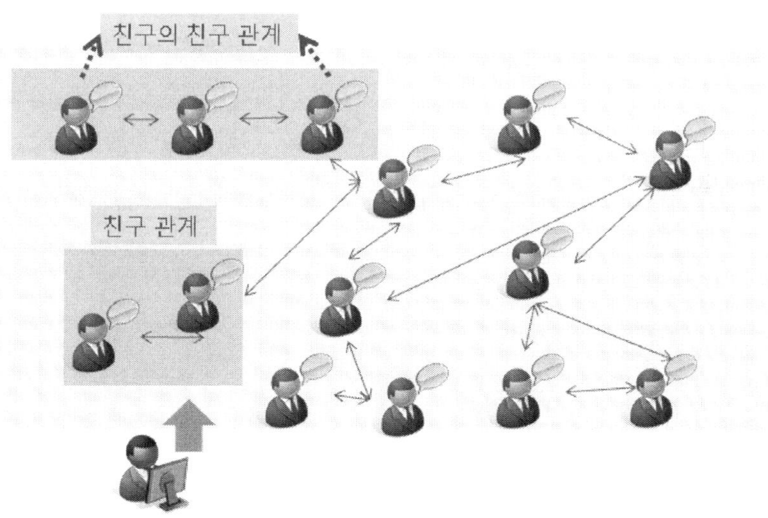

그림 11-15 페이스북 인맥 네트워크

그림 11-15는 페이스북 인맥 네트워크를 나타낸 것으로 친구 관계를 기본으로 그 관계를 친구의 친구 관계로 발전시키면서 거대한 인맥 네트워크를 형성한다는 것을 보여준다. 또한 페이스북을 통해 게시되는 정보도 현재 상태를 나타내는 글자제약이 없는 글, 사진, 링크정보, 동영상 등으로 트위터와는 근본적으로 다르다. 페이스북에 가입한다는 것은 그림 11-15와 같은 인맥 네트

워크 속으로 들어간다는 것을 의미한다.

그림 11-16은 안드로이드폰에서 페이스북 앱을 다운로드받아 실행시킨 다음 페이스북에 가입하는 과정을 나타낸 것이다. 일단 가입 화면에서 성, 이름, 이메일, 성별, 생일, 새비밀번호 등을 입력한다. 입력한 이메일주소로 보내온 이메일에서 코드번호를 받아서 입력하고 [확인] 버튼을 누르면 된다. 프로필 정보를 비롯하여 추가정보를 설정하거나 [건너뛰기]를 하면 가입이 완료된다.

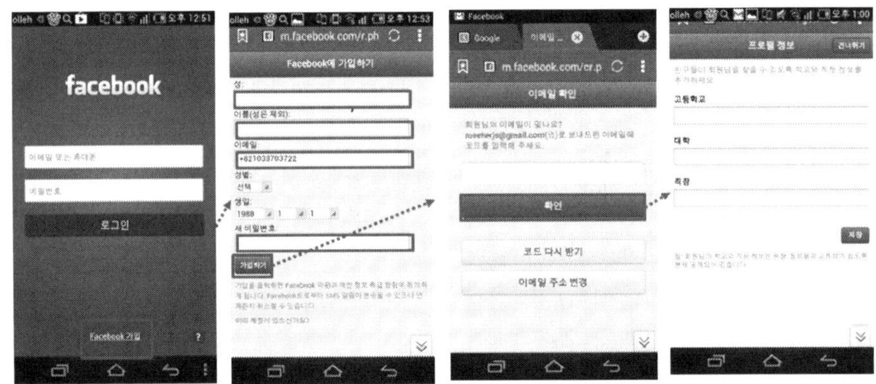

그림 11-16 페이스북 가입

그림 11-17 아이폰에서 페이스북 설정 및 설치

아이폰의 경우, 페이스북 앱을 앱스토어에서 찾아 설치해도 되고, 그림 11-17과 같이 [설정]을 통해 페이스북을 설정하고 어플을 설치해도 된다. 그림 11-18은 페이스북을 실행시켜 내가 올린 게시물의 공개범위를 [전체설정]에서 [친구만]으로 변경한 것을 나타낸 것이다. [홈] 메뉴 전환 버튼을 눌러 나오는 메뉴에서 아래쪽으로 내리면 [공개범위 설정]이 나오는데 이 메뉴를 선택하여 나오는 화면에서 [친구만] 라디오 버튼으로 조정하면 된다.

그림 11-18 아이폰에서 페이스북 게시물 공개범위 설정

그림 11-19 모바일 페이스북 메뉴

일반 페이스북 메뉴는 크게 [홈], [타임라인], [친구찾기], [설정] 등이 있고 추가로 어디서든 나타나는 [친구요청], [메시지], [알림] 등으로 구성되어 있다. 그러나 화면 크기의 제약을 받는 모바일 페이스북 메뉴는 [홈] 메뉴 속의 부메뉴 형태로 [타임라인], [친구찾기], [설정] 등이 들어 있고 [친구요청], [메시지], [알림] 등이 독립적으로 상단에 나오게 구성되어 있다.

그림 11-18의 첫 번째 화면에 보이는 좌측 상단의 [홈] 메뉴 전환 버튼을 눌러 [홈] 메뉴로 들어갈 수 있고 여기서 [뉴스피드]와 같은 부메뉴를 선택하여 해당 기능을 수행하는 화면으로 갈 수 있다. [홈] 메뉴에 있을 때 직전 부메뉴

실행화면으로 가려면 그림 11-8의 두 번째 화면처럼 [홈]메뉴 우측상단에 나오는 전환버튼을 누르면 된다. 페이스북에서 [뉴스피드]는 나와 친구가 만든 게시물을 인기순, 최신순으로 제시하는 곳이다. [홈] 메뉴의 부메뉴로는 크게 [검색] 텍스트상자, [타임라인], 즐겨찾기([뉴스피드][메시지][근처][이벤트][친구찾기]), 그룹([그룹만들기] 그룹목록), 앱([앱센터][채팅][콕 찔러보기][친구][사진][저장한 소식]), 친구([친한친구][가족]), 기타 설정 관련 사항([고객 센터][코드 생성기][계정 설정][공개범위 설정][약관과 정책][로그아웃]) 등으로 구분된다.

[홈]메뉴에 나의 사진과 이름이 표시되는 부분인 [타임라인]은 나와 관련된 프로필 정보, 친구, 사진, 지도, [좋아요]를 비롯해 기타 나의 이력에 대한 사항 표시 및 나의 프로필을 수정하고 나의 상태, 사진, 장소, 중요 이벤트를 게시하여 공개하는 곳으로 한마디로 나의 일상 정보를 게시하는 공간을 말하며 이전의 [담벼락]에 해당되는 것이다. 블로그와 유사하지만 좀더 개인적이고, 글자 제한, 소재 제한, 공간 제한이 없다. [타임라인]에 게시한 내 정보는 [뉴스피드]에도 게시되며, [뉴스피드]에 게시한 내 정보도 [타임라인]에 게시된다. [친구찾기]는 가입자의 프로필 정보를 분석해 연관성 높은 친구 추천 및 검색해주는 것이다. 설정에는 [공개범위 설정]과 [계정 설정]이 있는데 [계정 설정]에는 일반, 알림, 공개 설정, 보안, 앱과 웹사이트, 이메일, SMS설정 등이 있다.

페이스북에서 친구 관계가 만들어지려면 먼저 어느 한쪽이 친구 요청을 하고, 이에 대해 상대방이 수락해주여야 한다. 먼저 친구를 요청하기 위해서는 친구를 찾아야 하는데 그림 11-19에 있는 [친구 찾기] 메뉴에 나오는 [친구 검색] 텍스트박스나 [홈]메뉴 상단의 [검색] 텍스트 상자에서 찾고자 하는 친구의 이름을 입력하여 검색한다. 그리고 원하는 사람이 나타나면 선택하여 친구로 요청한다. 친구로 요청 받은 사람이 [확인] 해주면 친구수락이 되어 친구관계가 완성된다. 그림 11-20은 페이스북 친구 요청 및 수락 과정을 나타낸 것이다.

페이스북에서 새 게시글을 올리려면 [뉴스피드]에서 [상태]를 선택하면 나오는 텍스트 상자나 [타임라인]의 [게시글 작성]을 통해 게시글을 작성한 후 [게시] 버튼을 누르면 된다. 그림 11-21은 게시글을 올린 과정을 나타낸 것이다.

그림 11-20 모바일 페이스북 친구 요청 및 수락

그림 11-21 모바일 페이스북 게시글 쓰기

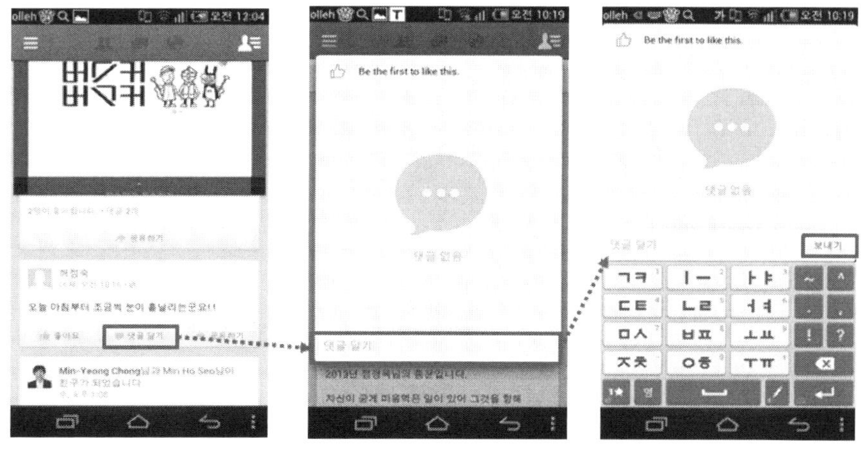

그림 11-22 페이스북 게시글에 대한 댓글 달기

페이스북에서 게시물에 대해 댓글을 달려면, 그림 11-22처럼 게시물 아래의 [댓글 달기] 선택해서 나오는 텍스트 상자에서 댓글을 입력하고 [보내기] 버튼을 누르면 된다. 또한 게시물에 대해 [좋아요]를 선택하면 해당 게시물을 좋아하는 횟수가 1 증가한다.

3) 카카오스토리

카카오스토리(KakaoStory)는 2012년 스마트폰 기반 모바일 메신저 서비스인 카카톡(KakaoTalk)으로 유명한 카카오(Kakao)사가 만든 사진 공유 기반 SNS 서비스이다. 설치된 앱의 아이콘을 실행하거나, 그림 11-23과 같은 카카오톡의 [더보기] 메뉴를 통해 그림 11-24와 같이 들어갈 수 있다.

카카오스토리의 메뉴에는 [소식], [내스토리], [친구], [더보기] 등이 있다. [소식]은 나와 친구들의 사진과 메시지 중심의 소식이 올라오는 곳이고, 내스토리는 내 사진을 촬영하거나 앨범에서 선택해서 글과 함께 올리고 공유할 수 있게 하는 곳이다. [친구]는 친구를 확인하거나 친구를 찾아 신청하고, 친구로 받은 신청을 보고 수락여부를 정해주는 곳이다. [더보기]는 카카오스토리 설정사항을 변경할 수 있는 곳이다.

그림 11-23 카카오톡

그림 11-24 카카오스토리 메뉴

카카오스토리에서 친구관계를 맺으려면 [친구] 메뉴로 들어가서 [친구찾기] 버튼을 누른 다음 친구를 직접 검색하여 찾거나 [친구신청]이나 [친구초대]에서 추천한 대상자를 선택하여 친구요청을 해야 한다. 이에 대해 대상자가 친구 요청 받은 것에 대한 [수락] 버튼을 누르면 친구관계로 등록된다. [친구신청]은 내 카카오톡 추천친구에 대한 것이고 [친구초대]는 카카오스토리 추천친구에 대한 것이다. 그림 11-25는 카카오스토리에서 [친구신청]이나 [친구초대]에 의해 친구 요청을 하고 이를 수락하는 과정을 나타낸 것이다.

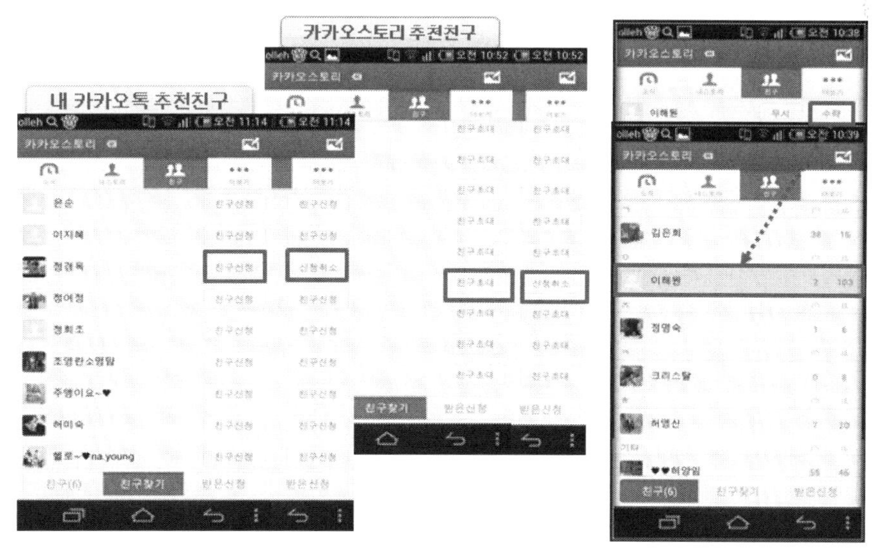

그림 11-25 카카오스토리 친구 신청 및 수락

연 / 습 / 문 / 제

1. 트위터를 통해 소통되는 정보는 트윗(tweet)이다. 다음 중 트윗과 거리가 먼 것은?

① 새 글(new tweet) ② 뉴스(news)
③ 댓글(reply) ④ 전달(retweet)

2. 트위터에서 자신의 트윗과 답글, 자신이 팔로잉한 사람들의 트윗과 리트윗이 올라오는 메뉴는?

① 홈(Home) ② 친해지기(Connect)
③ 발견하기(Discover) ④ 나(Me)

3. 트위터에서 자신이 올린 트윗을 모아 표시하는 메뉴는?

① 홈(Home) ② 친해지기(Connect)
③ 발견하기(Discover) ④ 나(Me)

4. 트위터에서 반응(Interactions)과 맨션(Mentions) 부메뉴를 갖는 메뉴는?

① 홈(Home) ② 친해지기(Connect)
③ 발견하기(Discover) ④ 나(Me)

5. 페이스북 [홈] 메뉴는 가입자의 시작 화면에 해당되는 것으로 페이스북 로고를 선택한 것처럼, 항상 나와 친구가 만든 정보가 인기순서나 최신순서로 게시되는 곳을 나오게 하는데 이곳은?

① 메시지 ② 상태
③ 타임라인 ④ 뉴스피드

6. 페이스북 프로필 메뉴를 선택했을 때 나오며 나의 일상 정보를 게시하는 공간으로 블로그와 유사하지만 좀 더 개인적이며, 글자 제한, 소재 제한, 공간 제한 없이 정보를 게시할 수 있게 해주는 곳으로 이전의 담벼락에 해당되는 곳은?

① 메시지 ② 상태
③ 타임라인 ④ 뉴스피드

7. 페이스북에서 가입자의 프로필 정보를 분석하여 연관성 높은 친구 추천 및 검색을 해주는 메뉴는?

① 홈 ② 친구찾기
③ 타임라인 ④ 설정
⑤ 친구요청

연 / 습 / 문 / 제

8. 페이스북에서 내가 올린 게시물의 공개범위를 수정할 수 있는 메뉴는?

① 홈 ② 친구찾기
③ 타임라인 ④ 설정
⑤ 친구요청

9. 모바일 인터넷 서비스는 ( )에서 인터넷에 접속하여 사용하는 인터넷 서비스를 말한다.

10. 스마트폰의 인터넷 서비스로는 페이스북, 미투데이, 카카오스토리, 구글플러스(Google+) 등과 같은( ), 카카오톡, 마이피플, 라인, 토크 등과 같은 ( )를 필두로 모바일 쇼핑, 금융서비스, 스마트폰 광고 등이 있다.

11. 스마트폰의 확산으로 이동 상황에서도 인터넷의 웹 서비스를 제공받을 수 있는 환경이 만들어졌다. 자신의 스마트폰에서 ( )를 만들어놓고 쉽고 편리하게 모바일 웹 서핑을 즐길 수 있으면 더할 나위 없이 편리할 것이다.

12. 정보 생산자이면서 동시에 정보 소비자인 사람을 ( )이라 한다.

13. 마이크로블로그 서비스를 제공하는 웹사이트로서, 트윗(tweets)이라 하는 사용자의 메시지를 보낼 수 있고 읽을 수도 있는 서비스를 ( )이라 한다.

14. 트위터에서 사용자는 관심있는 사람의 트윗을 일방적으로 구독할 수 있는데 이것은 일방적으로 쫓아가는 ( )이라 하며 자신은 ( )가 된다.

15. 트위터는 웹(web) 일지(log)라 할 수 있고, 긴 글을 쓰는 데 좋은 ( )와 달리, 간단한 글자수를 제한하여 간단한 글을 보다 쉽게 쓸 수 있도록 하였기 때문에 ( ) 서비스라고 한다.

16. 트위터를 통해 소통되는 정보는 ( )이며, 이것은 새 글(new tweet), 전달(retweet), ( ) 등으로 여러 가지 형태로 표현된다.

17. 친해지기(Connect) 메뉴에는 두 개의 부메뉴가 있는데, ( ) 메뉴에는 다른 사람이 내 트윗에 답글과 리트윗한 것, 그리고 팔로워가 팔로우하는 상황이 표시되고, ( )에는 내 트윗에 답글한 것이 표시된다. 발견하기(Discover) 메뉴에는 트윗, 액티비티, 팔로우 추천, 친구찾기, 관심분야 둘러보기 등의 또 다른 부메뉴가 있다.

연 / 습 / 문 / 제

18. 2004년 마크 주커버그가 만든 웹사이트로서, 일상생활 속에서 자신의 생각, 아이디어, 신변잡기, 여행 등의 정보를 글과 사진, 동영상 등의 디지털 콘텐츠 형식으로 게시할 수 있으며 이를 공유할 수 있는 소셜네트워크 서비스를 (　　　　)이라 한다.

19. 페이스북은 한마디로 생활을 저장해두고 친한 친구와 공유하는 공간이라 할 수 있다. (　　　)처럼 일방적으로 쫓는 관계가 아니라 친구로 신청을 해도 상대방이 친구로 허락해야 친구 관계가 형성되는 (　　　) 관계를 기반으로 하고 있다.

20. (　　　　)는 카카오톡으로 유명한 카카오사가 만든 사진공유 기반 SNS 서비스이다.

C.H.A.P.T.E.R 12

디지털 미디어 기술의 발전

12.1 디지털 미디어 기술

12.2 클라우드 컴퓨팅

12.1 디지털 미디어 기술

1) 디지털 미디어 기술의 개요

0과 1을 기반으로 하는 디지털 기술이 일반화됨에 따라 먼저 정보를 표현하는 측면에서 텍스트(Text), 소리(sound, music, voice), 영상(image) 미디어가 멀티미디어로의 통합되어 디지털 콘텐츠로 나타나고, 이를 전달하는 측면에서 패키지(package), 유선, 무선, 위성 등의 미디어가 하나의 디지털 기기에 통합되어 융합기기로 나타나면서 새로운 디지털 미디어로 거듭나고 있다. 이러한 융복합 현상은 디지털을 기반으로 하는 IT 기술이 발전하면서 BT(Biology Technology)와 NT(Nano Technology) 기술과 결합되고 사회전반과 여러 학문 분야에 융복합 현상이 퍼져나가게 하는 계기가 되었다.

또 한편으로는 하나의 기기와 서비스에 여러 기기와 서비스들을 융합하는 것이라 할 수 있는 이른바 디지털 컨버전스(Digital Convergence) 현상이 널리 확산되고 있다. 특히 스마트폰의 등장을 계기로 휴대폰, PMP(Portable media player), UMPC(Ultra-mobile PC), 내비게이션(Navigation), 게임기, 사전, 카메라(camera) 등의 융합 현상이 와이브로(Wibro ; Wireless Broadband), LTE (Long Term Evolution), BcN(Broadband Convergence Network), RFID (Radio Frequency Identification System), USN(Ubiquitous Sensor Network) 홈네트워크 서비스(Home Network Services), 로봇(Robot), 임베디드 소프트웨어(embedded software) 등의 유비쿼터스 컴퓨팅 기술을 기반으로 더욱 가속화되고 있다.

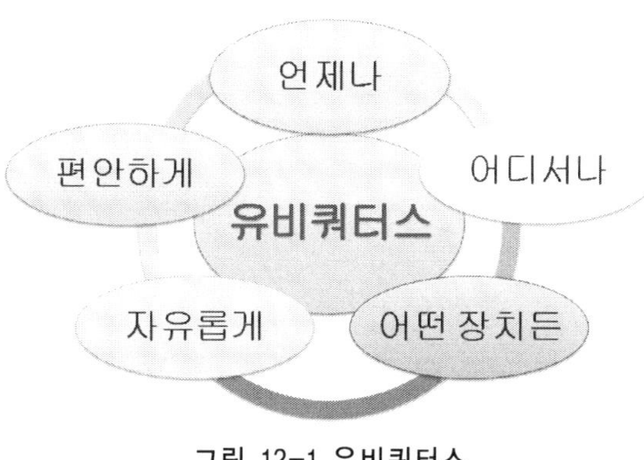

그림 12-1 유비쿼터스

2) 유비쿼터스 컴퓨팅

유비쿼터스(ubiquitous)는 '도처에 널려 있는' '언제 어디서나 동시에 존재하는'이라는 의미의 라틴어로서, '정보 기술'과 결합되어 그림 12-1처럼 언제, 어디서, 어떤 장치에서도 정보를 주고받을 수 있는 환경을 뜻한다.

유비쿼터스 컴퓨팅(ubiquitous computing)은 '어디든 존재한다'는 편재형 컴퓨팅(pervasive computing) 개념에서 출발한 것으로 언제, 어디서, 어떤 컴퓨터에서든 네트워크를 통해서 인간과 상호작용을 통해 정보를 처리하고 송수신할 수 있는 환경을 말한다. 유비쿼터스 컴퓨팅 기능을 갖는 유비쿼터스 기기는 스마트폰(smart phone) 크기의 기기, 스마트 패드(smart pad) 크기의 기기, 스마트 보드(smart board) 크기의 디스플레이를 갖는 것을 목표로 하기 때문에 스마트 기기라고도 한다. 즉 스마트폰의 등장을 계기로 유비쿼터스 컴퓨팅은 이동성을 강조하는 모바일 컴퓨팅, 그리고 편재성을 강조하는 클라우드 컴퓨팅(cloud computing)으로 그 중심점이 옮겨지고 있다.

유비쿼터스 네트워크(ubiquitous network)는 컴퓨터를 비롯한 여러 디지털 기기들이 네트워크에 연결되어 있어 언제, 어디서든 네트워크를 이용한 다양한 서비스를 받을 수 있는 IT환경을 말한다.

(1) BcN

BcN(Broadband Convergence Network)은 유선과 무선, 음성과 데이터 등 통신, 방송, 인터넷이 융합된 멀티미디어 서비스를 언제, 어디서나 광대역으로 이용할 수 있는 차세대 네트워크로서 새로운 인터넷 주소체계 IPV6 도입을 확산하고 통신 품질, 이동성, 보안성이 강화된 통신망이다. 처음에 도시 중심으로 구축되기 시작하여 점차 농촌지역으로 확대해나가고 있으며 대부분의 인터넷 서비스 이용자가 50Mbps 이상의 속도로 이용할 수 있게 품질도 지속으로 향상시켜나가고 있다.

(2) RFID

RFID(Radio Frequency Identification System)는 전파 중 라디오파를 이용한 식별 시스템으로 모든 사물에 전자태그를 부착하고 무선통신기술을 이용하여 판독기에 의해 사물의 정보 및 주변 상황정보를 감지하도록 한 것으로, 이것을 이용하여 식료품, 축산물, 폐기물, 환경 관리 및 물류, 유통, 보안 등 우

리생활의 다양한 분야에 적용할 수 있는 기술이다. RFID는 RFID 태그와 RFID 판독기로 구성되는데, 그 중 RFID 태그는 안테나와 집적회로로 구성된다. 안테나는 정보 송신하는 역할을 하며 집적회로에 정보가 기록된다. 빛에 의해 인식하는 바코드(barcode)를 대체할 전망이다.

(3) USN

USN(Ubiquitous Sensor Network)은 각종 센서에서 감지한 정보를 수집할 수 있는 무선네트워크로서 사물 정보 관리연동을 위한 기본 인프라를 형성하며, RFID와 BcN과 연계하여 사물의 정보를 인식, 관리하는 네트워크라 할 수 있다. 사람 중심의 정보화를 사물에까지 확대하여 유비쿼터스 사회를 구현하기 위한 기반 인프라(infra)로서 의미가 크다.

(4) 유비쿼터스 시티

유비쿼터스 시티(Ubiquitous City)는 첨단 IT 인프라와 유비쿼터스 정보 서비스를 도시 공간에 융합하여 생활의 편의 증대와 삶의 질 향상 체계적 도시 관리에 의한 안전 보장과 시민 복지 향상 신산업 창출 등 도시의 제반 기능을 혁신시키는 차세대 정보화 도시로서 건설, 가전, 문화와의 컨버전스를 실현하고자 하는 미래형 신도시를 말한다.

(5) 홈 네트워킹

홈 네트워킹(Home Networking)이란 가정 내의 각종 전자장치들을 통신 장비를 통해 연결하여 가정 내의 정보를 처리, 관리, 전달 및 저장함으로써 가정의 정보를 통합하고 관리할 수 있도록 한 것을 말한다. 홈 네트워킹은 1990년대 이후 각광을 받던 3A(Office Automation, Factory Automation, Home Automation) 중 하나인 홈 오토메이션(Home Automation)을 통해 발전된 가정 정보화 개념에서 출발한 것이다.

최근 스마트폰이 확산되면서 이동 중에 인터넷을 사용할 수 있게 되면서 밖에서 사용하던 그대로의 무선 환경까지도 가정의 유선환경에 추가하여 사용하고 싶은 욕구를 자극하여 스마트 TV와의 연계, 출입관리 모니터 시스템과의 연계, 홈 씨어터(home theater)와의 연계, 가정 내의 각종 전자제품 및 보일러, 전등, 가스관리 등까지 연계하는 홈 네트워킹 시스템이 개발되어 가정에 구축되어 활용하기에 이르렀다.

(6) 지능형 로봇

지능형 로봇(Intelligent Robot)은 언제 어디서나 이용자 요구에 부응한 서비스를 지능적으로 제공하는 네트워크 기반 지능형 로봇 기술 및 단말 기기를 말하며, URC(Ubiquitous Robot Companion)서버, 로봇 플랫폼을 필요로 한다. 지능형 로봇은 산업용, 오락용, 교육용, 군사용, 우주산업용 로봇은 물론 가정부 로봇, 청소 로봇까지 각종 도우미 로봇을 USN 환경하에 연동시켜 로봇이 내 옆에 있는 것처럼 느끼게 해주는 IT 도우미, 가사 도우미, 방범 및 경비, 간병 도우미 등을 할 수 있는 것을 목표로 한다.

(7) 증강현실(Augmented Reality)

가상현실은 컴퓨터그래픽스 기술을 이용해서 실세계의 환경을 가상으로 흉내내서 표현하는 기술을 말한다.

증강현실은 컴퓨터가 만드는 가상 이미지를 생생한 현실 환경에 실시간으로 포개서 덧붙여 놓아 원래 환경에 존재하는 것처럼 보이게 하는 가상현실(virtual reality)의 한 분야이다. GPS(Global Positioning System)를 이용하여 위치를 파악하고 그 위치의 환경을 표현하는 것을 기반으로 한다.

2) 모바일 컴퓨팅

모바일(mobile)은 '이동하기 쉬운'이라는 의미를 가진 것으로 최근 들어 모바일 폰에 컴퓨터 기능이 추가되어 스마트폰으로 진화하고 이 스마트폰이 확산됨에 따라 모바일 컴퓨팅, 모바일 기기 등에서 '이동성'을 뜻하는 말로 널리 사용되고 있다.

모바일 컴퓨팅(mobile computing)은 모바일 기기를 사용하여, 언제 어디서나 이동하면서도 자유롭게 컴퓨터 업무와 네트워크에 접속할 수 있는 이동식 컴퓨팅 환경을 말한다. 모바일 기기(mobile device)는 디지털 무선통신 기능을 가진 PDA, 태블릿PC와 같은 휴대형 컴퓨터와 이와 유사한 스마트폰, 스마트패드 등과 같이 이동성을 가진 장치를 말한다.

(1) 와이브로(Wibro)

와이브로(Wireless Broadband)는 KTX와 같은 고속 열차로 시속 100km 이상으로 이동하는 가운데도 높은 전송 속도로 무선 인터넷 접속이 가능한 서비스를 제공하는 기술로서 우리나라에서 한국통신(KT)를 주축으로 개발하여

2006년 6월부터 상용화 되었다. 와이브로는 외국의 기술을 사용하지 않고 우리나라가 독자적으로 개발한 것이므로 로열티를 외국에 줄 필요도 없고 3G망과 연동이 필요 없는 단일 표준 기술이므로 데이터 전송과 IPTV 서비스를 한꺼번에 받을 수 있고 단순하고 가벼운 기술이라는 장점이 있으나 우리나라 내에서도 가입자수가 적고 세계적으로 사용하고 있는 국가가 적어서 현재로서는 확산의 한계가 있는 단점이 있다.

(2) LTE

LTE(Long Term Evolution)는 2GHz대역의 주파수를 이용하여 음성뿐 아니라 영상 및 고속데이터 서비스가 가능한 비동기식 IMT-2000 서비스라 할 수 있는 3세대 이동통신(3G) 기술(HSPA/WCDMA ; High Speed Packet Access/Wideband-Code Division Multiple Access)을 장기적으로 진화시킨 기술이란 뜻이다. 3G의 경우 음성통화는 서킷, 데이터통신은 패킷 형태로 활용하여 비교적 속도가 느리지만 LTE는 모두 패킷 방식으로만 이루어지고, IP주소를 통해 연결되므로 간결한 연결방식으로 중간단계가 줄어들므로 3G보다 약 7배정도 빠른 다운로드 속도를 낼 수 있다. 유럽의 비동기식 디지털 전송기술인 GSM(Global System for Mobile communications)과 GSM을 발전시킨 WCDMA의 후속기술이기 때문에 이를 사용하고 있는 대부분의 국가가 그대로 사용할 것이고 따라서 데이터로밍도 편리할 수 있는 장점이 있으나, 2G, 3G와 연동되는 기술이므로 복잡하고 무거움을 갖는 단점이 있다.

현재로서는 세계적으로 사용하는 나라가 많다는 장점에 힘입어 4G 기술로 인정받으며 발전을 거듭하고 있으며 급기야 우리나라에서도 LTE가 대세로 자리 잡았다.

(3) 태블릿 PC(Tablet PC)

태블릿 PC는 패드(pad) 크기의 터치스크린 화면을 가지고 있어서 휴대가 간편한 랩탑 PC라고 할 수 있으며, 마우스 대신 손가락 또는 터치펜으로 간편하게 작동시킬 수 있는 특징이다. 데스크탑 PC처럼 사용할 때마다 부팅하는 것이 아니라 스마트폰과 같이 대부분 켜놓고 사용하므로 인터넷 등을 빠르게 이용할 수 있고, 노트북보다는 크기가 작아 이동 상황에서 사용하기 편리하고 전자책을 보기에 적당하고 통화 기능까지 갖춘 것도 있어서 최근 들어 인기몰이를 하고 있다. 그러나 복잡한 업무나 그래픽, 프로그래밍 등을 하기는 힘든

단점이 있다. 전자펜을 입력장치로 사용하고 이동상황에서 극도로 작업하기 용이하게 하는 것을 목표로 마이크로소프트사에서 개발한 랩탑 PC인 울트라 모바일 PC, 애플사의 아이패드 시리즈, 삼성의 갤럭시탭 시리즈, 구글의 넥서스7 등이 있다.

(4) 스마트폰(Smart Phone)

스마트폰(smart phone)은 휴대전화 기능에 모바일 팝탑 PC의 기능과 멀티미디어 플레이어로서 기능이 더해져 인터넷을 통한 정보검색은 물론 방송, 음악 등 멀티미디어 콘텐츠를 즐길 수 있는 지능형 단말기의 역할까지 수행하는 대표적인 디지털 융합기기이다. 스마트폰은 안드로이드, iOS 등 자체 모바일 운영체제를 가지고 있고, 이동 상황에서도 인터넷을 손쉽게 할 수 있으며, 다양한 어플리케이션을 온라인가게(앱 스토어 등)를 통해 다운로드 받아서 활용할 수 있기 때문에 소프트웨어만 있으면 못할 것이 없는 만능 디지털 기기라 할 수 있다. 여기서 앱(App)이란 스마트폰 내에서 활용할 수 있는 응용 프로그램인 스마트폰 어플리케이션(Application)을 간단하게 줄여서 표현한 것이다. 또한 스마트폰은 자체 모바일 브라우저를 통해 무선인터넷을 이용할 수 있지만 보안에 취약하고 해킹을 당하거나 분실했을 경우 정보들이 노출되기 쉬우므로 정보관리에 각별히 조심할 필요가 있다.

12.2 클라우드 컴퓨팅

클라우드(cloud)는 하늘에 떠있는 구름을 뜻하지만 컴퓨터 네트워크 다이어그램에 네트워크가 구름 모양으로 표시되던 것에서 유래하여 인터넷을 상징하는 의미로 사용되다가 모바일 인터넷의 발전으로 이동 상황에서도 인터넷을 통해 어디서든 접근할 수 있는 컴퓨터 서버까지도 포함하는 의미로 확대되었다.

클라우드 컴퓨팅(cloud computing)은 그림 12-2와 같이 각종 PC(팜탑, 랩탑, 데스크탑 PC), 스마트 TV, 스마트폰 등에 개별적으로 저장해 두었던 모든 자료와 소프트웨어들을 슈퍼컴퓨터 성능의 서버에 두고, 필요에 따라 인터넷을 통해 서버에 접속하여 공유할 수 있도록 한 것을 말한다. 클라우드 컴퓨팅은 서비스에 따라 인프라(Infrastructure), 플랫폼(Platform), 소프트웨어(Software), 저장장치(Storage), 보안(Security), 데이터(Data), 데이터베이스(Database), 시험환경(Test environment) 등의 다양한 종류가 있다. 이들을 사용하는 사용자 입장에서는 다양한 측면의 클라우드 컴퓨팅을 모두 구름 위에 떠 있는 것으로 보고 모바일 기기를 통해 서비스를 이용하는 것만 알면 된다.

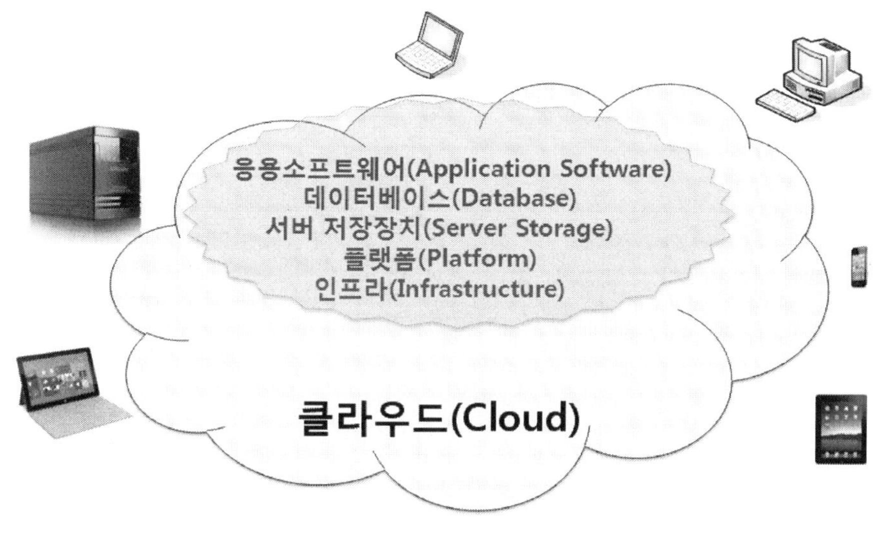

그림 12-2 클라우드 컴퓨팅

따라서 사용자 입장에서 클라우드 서비스는 클라우드 컴퓨팅 환경의 데이터 서버(Server)에 정보를 저장해두고 필요에 따라 불러와서 사용하는 웹 기반의 소프트웨어 서비스로 볼 수 있다. 실제로 클라우드 서비스는 이동 상황에서 모바일 기기를 통해 무선으로 언제든지 쉽고 간편하게 이용할 수 있다.

세계적으로 유명한 클라우드 서비스로는 드랍박스(dropbox)가 있으며, 애플의 아이클라우드(iCloud), 구글 드라이브(Google Drive), 윈도우8의 스카이드라이브(SkyDrive) 등이 있다. 우리나라에는 유명 포털 사이트 네이버와 다음에서 제공하는 클라우드 서비스를 비롯하여, KT의 유클라우드(uCloud), SK의 티클라우드(Tcloud), LG Cloud 등 각 통신사의 클라우드 서비스가 있다.

1) 드랍박스(Dropbox)

드랍박스(Dropbox)는 클라우드 서버의 저장장치를 통해 여러 컴퓨터 및 모바일 기기의 파일을 공유할 수 있도록 하는 그림 12-3과 같은 클라우드 서비스이다.

그림 12-3 드랍박스의 클라우드 서비스

데스크탑 PC에 드랍박스 클라이언트 프로그램을 설치하면 그림 12-4와 같이 'Dropbox'라는 특별한 폴더가 만들어지는데, 클라이언트 프로그램을 실행하여 이 폴더에 파일을 저장하거나 삭제할 수 있고 서브폴더를 만들거나 삭제할 수 있다. 그리고 이 폴더에 보관된 서브폴더와 파일들을 동기화시켜 같은 계정을 갖는 여러 컴퓨터나 모바일 기기들에 보관된 것들이 같은 상태를 유지하고 있는 것처럼 만든다. 그러나 실제로는 모든 폴더와 파일들이 클라우드 저장 장치에 보관되고 관리되며, 동기화되므로 각 클라이언트에서는 보여주기만 하는 것이다. 따라서 인터넷에서의 Dropbox(www.dropbox.com) 홈페이지를 통해 자신의 계정으로 클라우드 서버로 로그인하여 서버 저장장치에 저장된 실제 파일에 그림 12-5처럼 접근할 수 있다.

그림 12-4 데스크탑 PC 특별 Dropbox 폴더

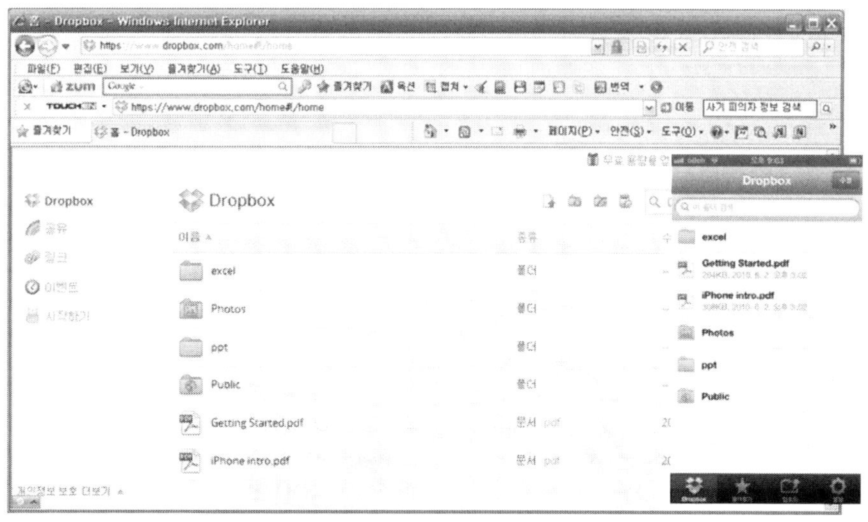

그림 12-5 Dropbox 홈페이지를 통한 파일 접근

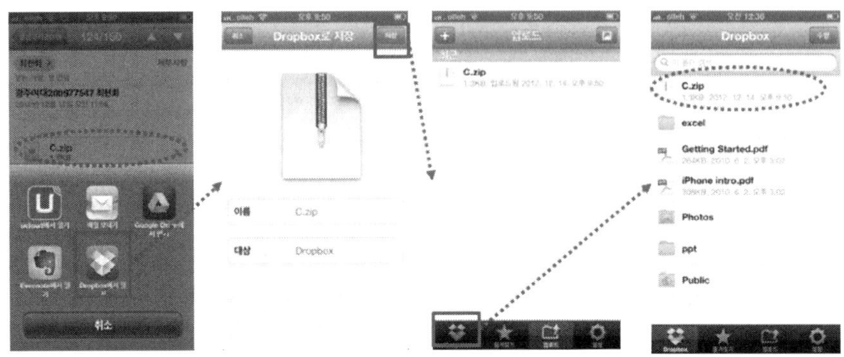

그림 12-6 아이폰 메일 첨부파일의 Dropbox에 저장 및 확인

그림 12-6은 아이폰의 [메일]에서 'C.zip'이라는 파일이 첨부된 것을 확인하고 이를 Dropbox에 저장하는 것을 나타낸 것이다. 먼저 첨부파일 'C.zip'를 지그시 누르고 있으면 보관할 곳을 선택할 수 있는 화면이 나타나고 여기서 'Dropbox에서 열기'를 선택한 다음, 이어서 나타나는 화면에서 [저장] 버튼을 누르면 클라우드 서버의 'Dropbox' 폴더에 저장된다. 이를 확인해보면 'C.zip' 파일이 추가되어 있음을 알 수 있다. 그리고 그림 12-7에 나타난 바와 같이 데스크탑 PC의 특별한 폴더 'Dropbox'와 홈페이지를 통해 접근한 'Dropbox' 폴더를 확인해보면 동기화되어 'C.zip' 파일이 보이는 것을 알 수 있다.

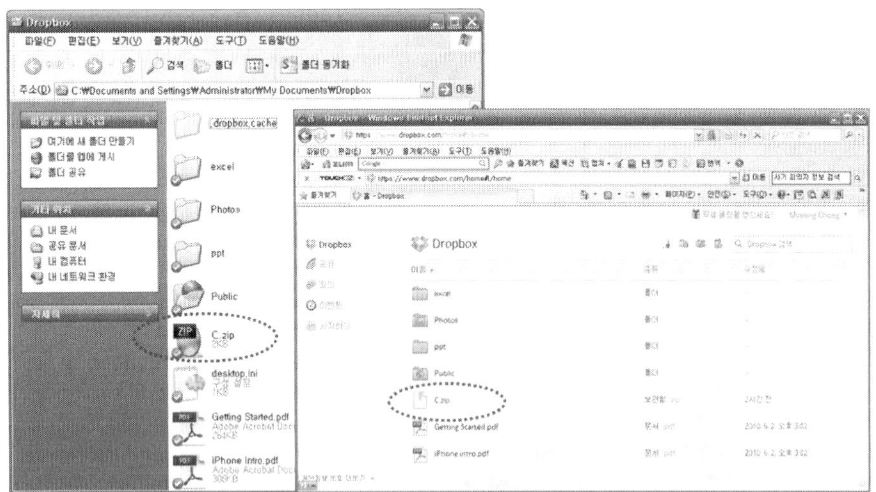

그림 12-7 데스크탑 PC를 통한 Dropbox 폴더의 파일추가 확인

2) 아이클라우드(iCloud)

아이클라우드(iCloud)는 애플사에서 제공하는 클라우드 서비스로서 iOS를 사용하는 모바일 기기와 여러 데스크탑 PC들이 메일, 연락처, 캘린더, 미리알림, 메모는 물론 사진과 동영상까지 공유할 수 있도록 한다. 그림 12-8은 데스크탑 PC에서 iCloud 홈페이지(www.icloud.com)를 통해서 자신의 계정으로 로그인한 것을 나타낸 것이다.

그림 12-8 iCloud 홈페이지를 통한 파일 접근

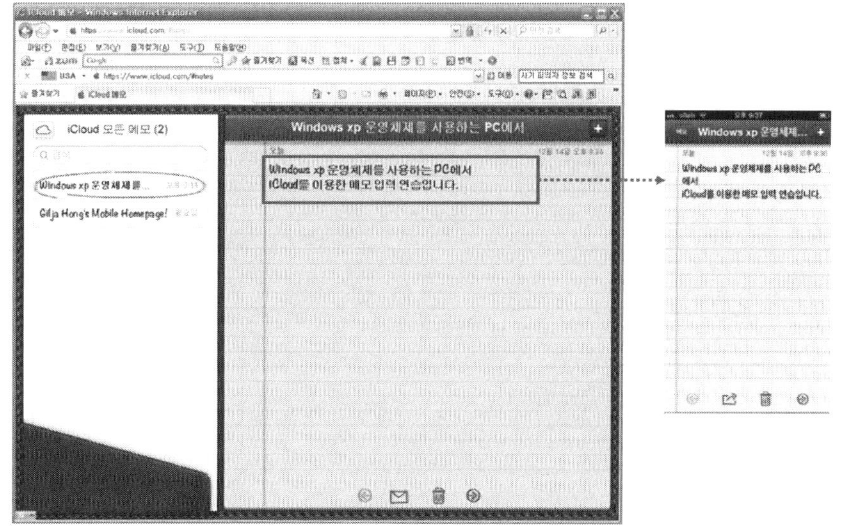

그림 12-9 iCloud 홈페이지를 통한 메모 작성 및 확인

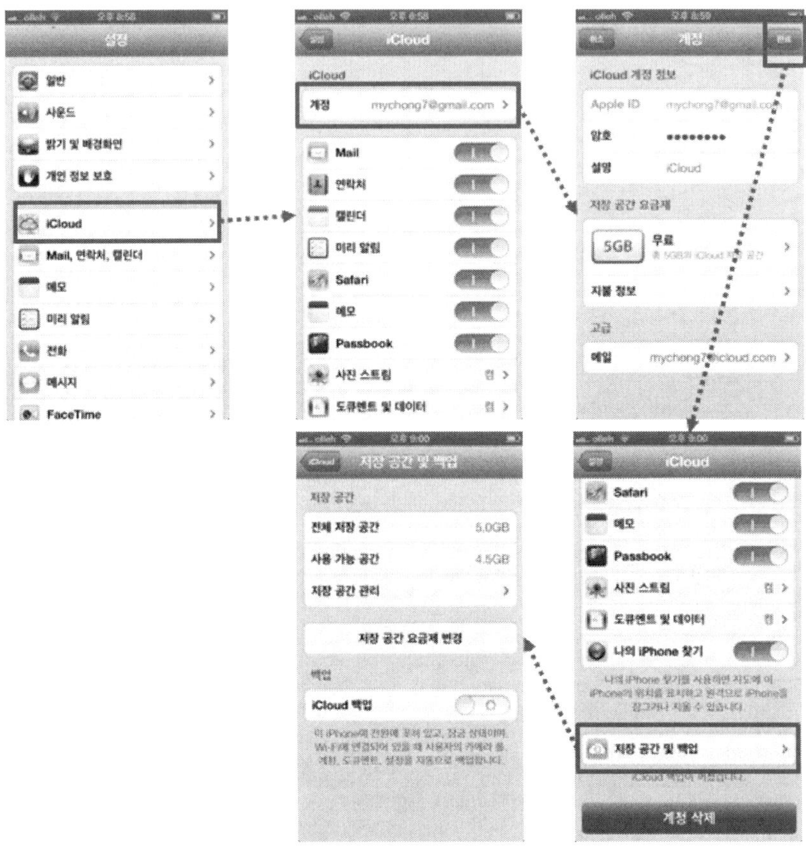

그림 12-10 아이폰에서 iCloud 설정

그림 12-9는 데스크탑 PC에서 iCloud의 자신의 계정에 로그인 상태에서 새로운 메모를 작성하고 이를 아이폰의 [메모]에서 확인한 것을 나타낸 것이다.

아이폰에서 이러한 아이클라우드 서비스를 이용하려면 그림 12-10과 같이 설정해두어야 한다.

3) 구글 드라이브(Google Drive)

구글 드라이브(Google Drive)는 구글에서 제공하는 문서저작도구이자 저장공간으로 사용되다가 나중에 클라우드 서비스가 추가되었다. 드랍박스처럼 데이스탑 PC에 구글드라이브 클라이언트 프로그램을 설치하면 그림 12-11과 같이 'Google 드라이브'라는 특별한 폴더가 만들어지는데, 클라이언트 프로그램을 실행하여 이 폴더에 파일을 저장하거나 삭제할 수 있고 서브폴더를 만들거나 삭제할 수 있다.

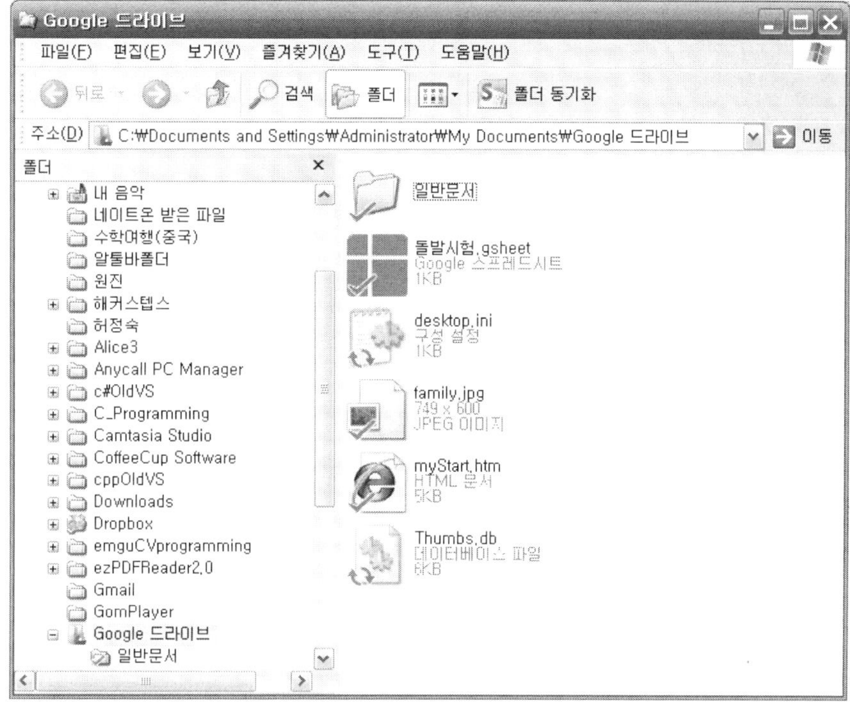

그림 12-11 아이폰에서 iCloud 설정

그리고 이 폴더에 보관된 서브폴더와 파일들을 동기화시켜 같은 계정을 갖는 여러 컴퓨터나 모바일 기기들에 보관된 것들이 같은 상태를 유지하고 있는 것처럼 만든다. 그러나 실제로는 모든 폴더와 파일들이 클라우드 저장 장치에 보관되고 관리되며, 동기화되므로 각 클라이언트에서는 보여주기만 하는 것이다. 따라서 인터넷 상의 구글(www.google.com) 홈페이지를 통해 구글 계정으로 로그인하여 [드라이브] 메뉴를 선택하면 클라우드 서버 저장장치에 저장된 실제 파일에 그림 12-12처럼 접근할 수 있다.

그림 12-12 구글 계정의 [드라이브] 메뉴를 통한 파일 접근

그림 12-13 아이폰 메일 첨부파일의 Google 드라이브에 저장 및 확인

그림 12-13은 아이폰의 [메일]에서 'C.zip'이라는 파일이 첨부된 것을 확인하고 이를 구글 드라이브에 저장하는 것을 나타낸 것이다. 먼저 첨부파일 'C.zip'를 지긋이 누르고 있으면 보관할 곳을 선택할 수 있는 화면이 나타나고 여기서 'Google Drive에서 열기'를 선택한 다음, 이어서 나타나는 화면에서 [업로드] 버튼을 누르면 클라우드 서버의 'Google 드라이브' 폴더에 저장된다. 이를 확인해보면 'C.zip' 파일이 추가되어 있음을 알 수 있다. 그리고 그림 12-14에 나타난 바와 같이 데스크탑PC의 특별한 폴더 'Google 드라이브'와 홈

페이지를 통해 접근한 'Google 드라이브' 폴더를 확인해보면 동기화되어 'C.zip' 파일이 보이는 것을 알 수 있다.

그림 12-14 데스크탑 PC를 통한 Google 드라이브 폴더의 파일추가 확인

연 / 습 / 문 / 제

1. 0과 1을 기반으로 하는 디지털 기술이 일반화됨에 따라 먼저 정보를 표현하는 측면에서 텍스트(Text), 소리(sound, music, voice), 영상(image) 미디어가 (   )로의 통합되어 디지털 콘텐츠로 나타나고, 이를 전달하는 측면에서 패키지(package), 유선, (   ), 위성 등의 미디어가 하나의 디지털 기기에 통합되어 융합기기로 나타나면서 새로운 (   )로 거듭나고 있다.

2. 하나의 기기와 서비스에 여러 기기와 서비스들을 융합하는 것이라 할 수 있는 이른바 (   ) 현상이 널리 확산되고 있다.

3. (   )는 '도처에 널려 있는' '언제 어디서나 동시에 존재하는'이라는 의미의 라틴어로서, '정보 기술'과 결합되어 언제, 어디서, 어떤 장치에서도 정보를 주고받을 수 있는 환경을 뜻한다.

4. (   ) 컴퓨팅은 편재형 컴퓨팅(pervasive computing) 개념에서 출발한 것으로 언제, 어디서, 어떤 컴퓨터에서든 네트워크를 통해서 인간과 상호작용을 통해 정보를 처리하고 송수신할 수 있는 환경을 말한다.

5. (   )통신, 방송, 인터넷이 융합된 멀티미디어 서비스를 언제, 어디서나 광대역으로 이용할 수 있는 차세대 네트워크로서 새로운 인터넷 주소체계 (   )도입을 확산하고, 통신 품질, 이동성, 보안성이 강화된 통신망이다.

6. (   )는 각종 센서에서 감지한 정보를 수집할 수 있는 무선네트워크로서 사물 정보 관리연동을 위한 기본 인프라를 형성하며, 전자태그(RFID)와 (   )과 연계하여 사물의 정보를 인식, 관리하는 네트워크라 할 수 있다.

7. (   )이란 언제 어디서나 이용자 요구에 부응한 각종 지식 및 정보 서비스를 지능적으로 네트워크 기반으로 소프트웨어 기술 중심으로 제공하는 것을 말한다.

8. (   )은 컴퓨터가 만드는 가상 이미지를 생생한 현실 환경에 실시간으로 포개서 덧붙여 놓아 원래 환경에 존재하는 것처럼 보이게 하는 가상현실(virtual reality)의 한 분야이다. (   )를 이용하여 위치를 파악하고 그 위치의 환경을 표현하는 것을 기반으로 한다.

9. (   )이란 가정 내의 각종 전자장치들을 통신 장비를 통해 연결하여 가정 내의 정보를 처리, 관리, 전달 및 저장함으로써 가정의 정보를 통합하고 관리할 수 있도록 한 것을 말한다.

연 / 습 / 문 / 제

10. ( )은 '이동하기 쉬운'이라는 의미를 가진 것으로 최근 들어 폰에 컴퓨터 기능이 추가되어 스마트폰으로 진화하고 이 스마트폰이 확산됨에 따라 '이동성'을 뜻하는 말고 널리 사용되고 있다.

11. ( )은 모바일 기기를 사용하여, 언제 어디서나 이동하면서도 자유롭게 컴퓨터 업무와 네트워크에 접속할 수 있는 이동식 컴퓨팅 환경을 말한다.

12. ( ) KTX와 같은 고속 열차로 시속 100km 이상으로 이동하는 가운데도 높은 전송 속도로 무선 인터넷 접속이 가능한 서비스를 제공하는 기술이다.

13. 2GHz대역의 주파수를 이용하여 음성뿐 아니라 영상 및 고속데이터 서비스가 가능한 비동기식 IMT-2000 서비스라 할 수 있는 ( )을 '장기적으로 진화'시킨 기술이란 뜻을 갖는 것이 ( )이다.

14. ( )는 패드(pad) 크기의 터치스크린 화면을 가지고 있어서 휴대가 간편한 랩탑 PC라고 할 수 있으며, 마우스 대신 손가락 또는 터치펜으로 간편하게 작동시킬 수 있는 특징이다.

15. 클라우드(cloud)는 하늘에 떠있는 구름을 뜻하지만 컴퓨터 네트워크 다이어그램에 네트워크가 구름 모양으로 표시되던 것에서 유래하여 ( )을 상징하는 의미로 사용되다가 모바일 인터넷의 발전으로 이동 상황에서도 인터넷을 통해 어디서든 접근할 수 있는 ( )까지도 포함하는 의미로 확대되었다.

16. ( )은 각종 PC(팜탑, 랩탑, 데스크탑 PC), 스마트 TV, 스마트폰 등에 개별적으로 저장해 두었던 모든 자료와 소프트웨어들을 슈퍼컴퓨터 성능의 서버에 두고, 필요에 따라 인터넷을 통해 서버에 접속하여 공유할 수 있도록 한 것을 말한다.

17. ( )는 애플사에서 제공하는 클라우드 서비스로서 iOS를 사용하는 모바일 기기와 여러 데스크탑 PC들이 메일, 연락처, 캘린더, 미리알림, 메모는 물론 사진과 동영상까지 공유할 수 있도록 한다.

18. ( )은 구글에서 제공하는 문서저작도구이자 저장공간으로 사용되다가 나중에 클라우드 서비스가 추가되었다.

C.H.A.P.T.E.R 13

디지털 프레젠테이션

13.1 디지털 프레젠테이션의 개요

13.2 프레지

13.1 디지털 프레젠테이션의 개요

개인의 삶, 학교 생활, 직장 생활에서 발표 능력, 즉 프레젠테이션 능력은 그 사람의 대인관계의 원활함을 보여주는 것이므로 그 중요성은 아무리 강조해도 지나치지 않는다. 프레젠테이션(presentation)이란 그림 13-1과 같이 발표자(presenter)의 정보와 지식을 청중에게 잘 전달해서 설득시키고 올바른 의사결정을 할 수 있도록 도와주는 의사소통 행위를 말한다. 프레젠테이션의 사전적 의미는 발표, 소개, 표현 등으로 볼 수 있지만, 실제로는 생각이나 표현의 제공 과정, 말하거나 가르치는 방법이나 스타일, 또는 목적지향의 의사소통(Communication) 행위로 볼 수 있다. 따라서 개인적인 대화를 제외한 입학/취업 면접, 수업시간 발표, 논문 발표, 사내 발표, 신제품 발표, 강의, 강연, 설교, 연설, 브리핑(briefing), 보고, 지시, 회의 등을 모두 프레젠테이션이라 할 수 있다. 프레젠테이션은 목적에 따라서는, 동기부여, 정보제공, 분석, 수업, 의사결정, 설득 프레젠테이션으로 구분할 수 있다.

최근의 프레젠테이션은 발표 자료를 디지털 컴퓨터를 이용해서 시청각을 자극하는 텍스트뿐 아니라 소리, 영상, 비디오 등 멀티미디어 자료로 준비하고 이를 프로젝터를 통해 청중에게 제시하고 설명하는 디지털 프레젠테이션이 일반적인 추세이다. 뿐만 아니라 고정된 오프라인 컴퓨터에서 벗어나 클라우드 컴퓨팅 기술을 이용한 프레젠테이션 프로그램이 등장하여 언제, 어디서든, 어떤 디지털 기기에서도 프레젠테이션을 수행할 수 있는 환경으로 발전하기에 이르렀다.

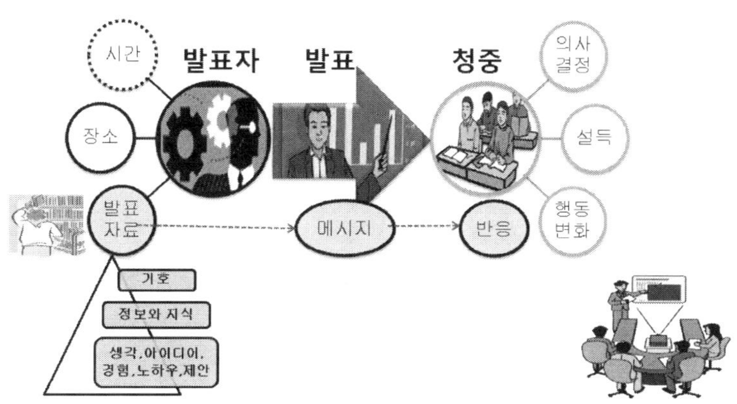

그림 13-1 프레젠테이션

프레젠테이션 구성요소로는 발표자, 메시지(message), 매체, 청중, 효과, 피드백(feedback) 등이 있다. 먼저 발표자는 목적을 갖는 프레젠테이션 행위자, 메시지는 정보와 지식이 전달매체에 맞게 기호화 된 것이다. 매체는 메시지를 전달하는 그릇이나 기구에 해당되며, 청중은 메시지를 받는 사람, 효과는 청중의 메시지에 대한 반응, 피드백은 발표자에게 돌아오는 청중의 효과를 말한다.

프레젠테이션 과정으로는 계획, 준비, 제작, 실행 과정으로 이루어진다. 먼저 계획 과정에서는 내용·자원·일정 계획 등을 수립하고, 준비 단계에서는 3P(Purpose, People, Place) 분석, 내용 준비(자료 수집, 프레젠테이션 내용, 슬라이드 설계) 등을, 다음으로 제작 단계에서는 메시지 확정, 줄거리 구성, 서론, 결론, 스토리보드, 비주얼 도안, 내용을 시각적 매체로 작성, 슬라이드 디자인 및 제작, 편성 등을 실행 과정에서는 리허설(rehearsal), 청중에게 메시지 전달, 질의응답 등을 수행한다.

디지털 프레젠테이션 작성 프로그램으로 널리 사용되는 것은 마이크로소프트 오피스의 파워포인트(PowerPoint), 애플 아이워크의 키노트(Keynote), 오픈오피스의 임프레스(Impress) 등이 널리 사용되어 왔으며, 최근에는 클라우드 컴퓨팅 기술을 이용한 프레지(Prezi)가 널리 각광을 받고 있다.

파워포인트는 마이크로소프트사의 프레젠테이션 프로그램으로 전 세계적으로 가장 널리 사용하고 있다. 파워포인트 프레젠테이션 문서는 슬라이드(Slide)의 집합이다. 슬라이드는 발표할 때 한 번에 보이는 화면 하나로서 여러 개의 관련 슬라이드가 모여서 하나의 주제를 갖는 프레젠테이션 자료가 된다. 파워포인트 문서 파일은 파워포인트 문서를 보조기억장치에 저장한 것을 말하며 확장자는'pptx'이다. 파워포인트 슬라이드는 크게 내용 구성요소와 스타일 구성요소로 이루어져 있다. 내용 구성요소로는 텍스트 그룹으로 텍스트 상자·머리글/바닥글·워드아트·날짜 및 시각 등이 있고, 기호 그룹에는 수식·기호가 있으며, 일러스트레이션에는 도형·스마트아트·차트 등이 있고, 이미지에는 그림·클립아트·스크린샷(Screenshot) 등이 있다. 그밖에 표·하이퍼링크·미디어(비디오, 오디오) 등이 있다. 스타일 구성요소로는 가장 상위에 테마(Theme)가 있고, 그 아래에 계층적으로 슬라이드마스터(Slide Master)가 있으며, 그 아래에 슬라이드 레이아웃(Slide Layout)이 있다.

13.2 프레지

1) 프레지(Prezi)의 개요

프레지(Prezi)는 클라우드 기반 프레젠테이션 프로그램으로 가상 캔버스 상에서 아이디어를 탐구하고 공유하는 스토리텔링(storytelling) 도구이다. 좀 더 단순하게 말하면 아이디어를 스토리로 담아낼 수 있는 프레젠테이션 서비스이다. 프레지는 ZUI(Zooming User Interface)에 의해 구분되므로 프레젠테이션 매체에서 확대되고 축소되는 것이 자유롭다. 프레지는 파워포인트와 달리 진행을 비선형 구조를 통해 개념 중심으로 구성할 수 있으며, 슬라이드 배치도 차례로 쌓아 두지 않고 맵(map) 기반으로 이루어진다. 또한 데스크탑에 기반을 두지 않고 웹(Web)에 기반으로 두고 있다. 따라서 유무선 통신망을 통해 인터넷에 접속할 수 있는 디지털 기기라면 데스크탑 PC든, 스마트폰이든, 스마트패드이든 어떤 것에서도 그림 13-2와 같은 프레지 사이트(prezi.com)를 이용하여 프레젠테이션 문서를 작성하고 편집하여 활용할 수 있다.

그림 13-2 프레지 홈페이지

프레지에 무료로 가입하면 일반적으로 100MB의 클라우드 공간을 제공하고 프레지라고 하는 발표자료를 만들면 무조건 다른 사람과 공유하도록 공개해야 한다. 그렇지만 공부하는 학생이나 가르치는 선생님의 경우는 500MB의 공간을 사용할 수 있고 만들어지는 프레지를 비공개로 할 수 있다.

프레지에 가입한 후 자신의 계정을 확보하고 로그인하면 자신의 새로운 프레지를 작성할 수 있다. [+새로운 프레지] 버튼을 누르면 그림 13-3과 같은 화면이 나온다. 이 화면에는 미리 작성된 틀에 해당되는 다양한 템플릿이 나오는데, 이 중에 자신이 작성하고자 하는 것과 가장 유사한 것을 하나를 선택하여 그 내용을 편집하면 된다.

프레지 템플릿을 선택하면 그림 13-4와 같은 프레지 편집 화면이 나타난다. 크게 상단의 메뉴 부분과 좌측의 프레임 화면, 그리고 오른쪽 가장 큰 부분이 편집창이다. 중앙 상단 메뉴는 프레지 삽입 구성요소인 프레임, 테마, 이미지, 모양(도형), 미디어, 파워포인트 등의 삽입을 위해 선택하는 메뉴이다. 좌측 상단 메뉴는 프레젠테이션을 시작하는 [감상하기] 버튼을 비롯해, [새 창으로 새로운 프레지 제작하기], [저장], [복구(CTRL-Z)], [재복구(CTRL-Y)]이고, 우측 상단 메뉴는 [다른 사용자 초대하기], [인쇄 가능한 pdf 저장], [설정], [도움말], [저장후 닫기]이다.

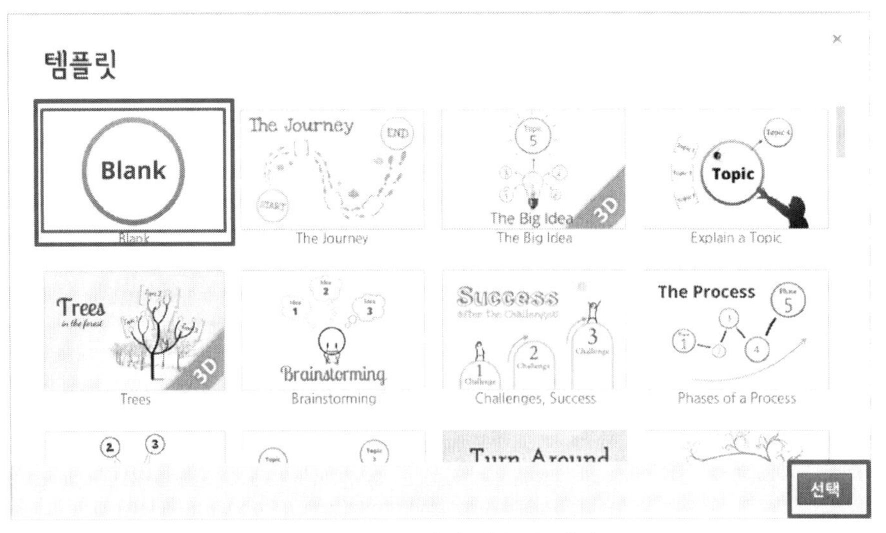

그림 13-3 프레지 템플릿 선택

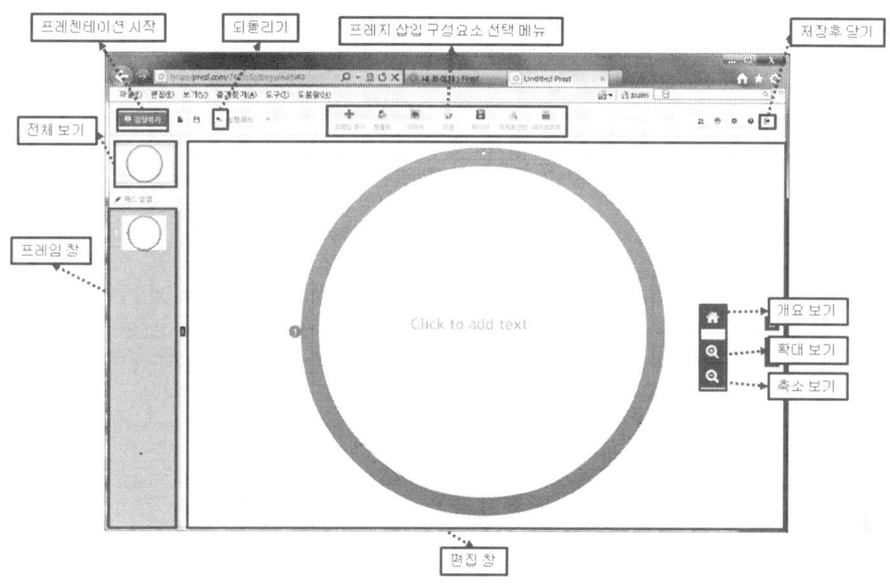

그림 13-4 프레지 편집 초기 화면

새로이 작성되는 프레지는 프레임의 집합이다. 여기서 프레임이란 복합 구조의 연결고리를 가지고 자신이 또 다른 프레임을 포함할 수 있는 그룹이 될 수 있는 것이다. 따라서 좌측 상단 부분의 [전체 보기]는 모든 프레임을 가장 상단에서 보는 것을 나타내는 것이고 외곽부분의 황금색 사각박스는 편집창에 나타나는 범위를 의미한다. 이 사각박스는 편집창의 빈 부분을 드래그하면 변하며, [개요보기]를 선택하면 홈 위치로 돌아간다.

2) 프레지 구성요소

(1) 프레임(Frame)

기존의 프레젠테이션 도구에서 프레젠테이션을 구성하는 슬라이드를 대체하는 것으로 슬라이드는 일직선 위에 나열되고 가장 단말에 해당되는 것이라면 프레임은 복합 구조의 연결고리를 가지고 자신이 또 다른 프레임을 포함할 수 있는 그룹이 될 수 있다는 측면에서 향상된 것이라 할 수 있다. 이 프레임들이 모여서 새로운 프레지 발표 자료를 형성한다. 새 프레지에 프레임을 추가하려면 중앙 상단 메뉴에서 [프레임 추가]를 눌러서 나오는 그림 13-5와 같은 메뉴에서 원하는 것을 선택한 다음 현재 편집창에서 그 크기만큼 드래그하면 된다. 이 때 추가된 프레임을 프레임창에도 추가된다.

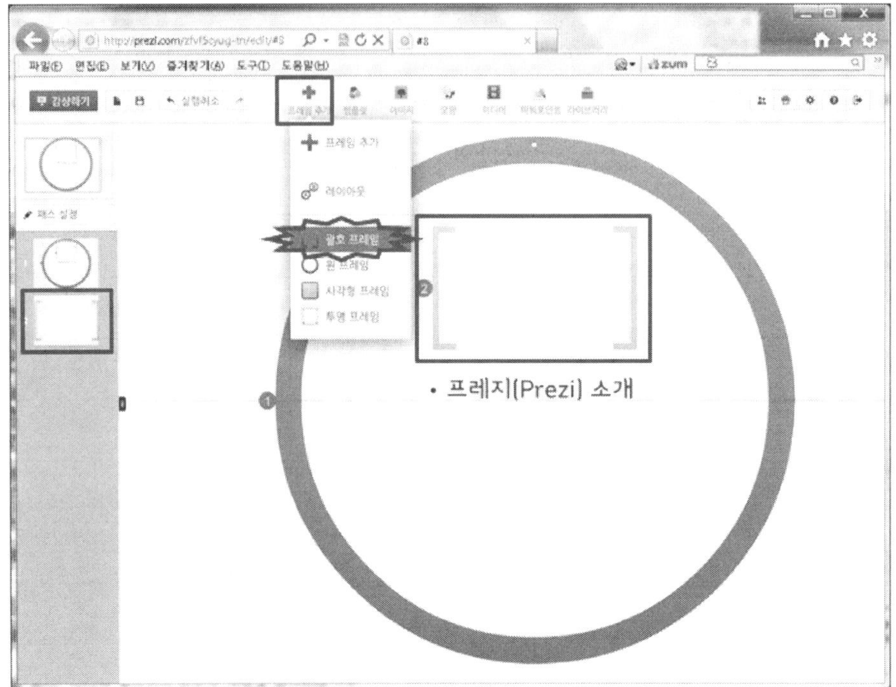

그림 13-5 프레임 추가

(2) 테마(Theme)

프레지에서 테마는 프레임에 적용되는 색깔에 대한 디자인 틀로서 프레임의 배경색(backgroud), 글꼴과 글꼴색(Font & Font Color), 원 프레임색(Circle Frame Color), 대괄호 프레임 및 사각형색(Bracket Frame & Rectangle), 화살표와 선색(Arrow & Line Color), 마커색(Marker Color) 등을 정하는 것을 말한다.

프레임에 대한 테마를 설정하려면 중앙 상단 메뉴에서 [템플릿]을 눌러서 나오는 그림 13-6과 같은 메뉴에서 원하는 테마 본보기를 선택하면 된다. 만약 현재 설정된 테마를 수정하려면 [현재 테마 수정하기]를 선택하고 이 때 나오는 그림 13-7과 같은 대화상자에서 수정할 수 있다. 그림 13-7은 [Advanced] 버튼을 눌러 각 테마 요소(배경색, 제목과 내용의 글꼴 및 글자색, 원과 직사각형 프레임색, 화살표와 선 색, 강조색 등)에 대한 빨강(Red), 녹색(Green), 파랑(Blue) 값을 직접 지정하여 수정하는 것을 나타낸 것이다. 그림 13-7에서 [Wizard] 버튼을 선택하면 마법사 창에서 본보기 색을 보고 각 테마 요소에 대한 색을 보다 쉽게 차례로 지정할 수 있다.

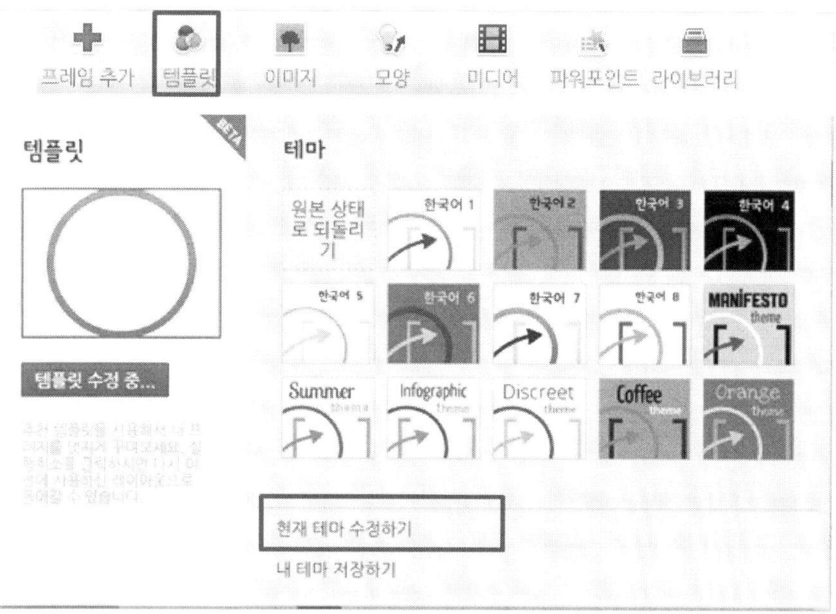

그림 13-6 템플릿과 테마 메뉴

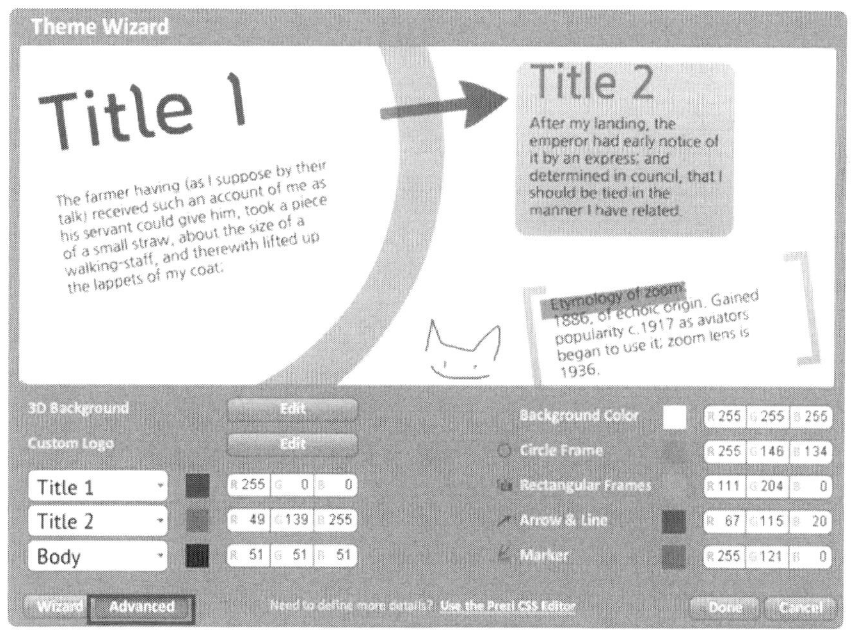

그림 13-7 현재 테마 수정(Advanced)

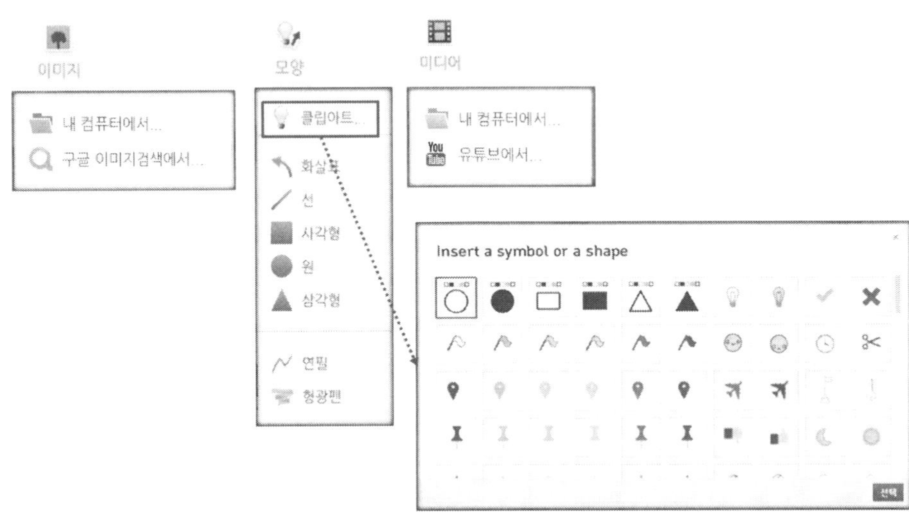

그림 13-8 이미지, 모양, 미디어 메뉴

(3) 이미지(image)

각 프레임 속에 이미지를 추가하려면 중앙 상단 메뉴에서 [이미지]를 눌러 그림 13-8과 같은 부메뉴를 통해서 원하는 이미지를 추가할 수 있다.

(4) 모양(Shape)

각 프레임 속에 특별한 모양의 도형을 추가하려면 중앙 상단 메뉴에서 [모양]을 눌러서 나오는 그림 13-8과 같은 부메뉴를 통해서 원하는 모양의 도형을 추가할 수 있다. [클립아트] 부메뉴를 선택하면 내장된 클립아트를 선택하여 추가할 수 있다.

(5) 미디어(Media)

각 프레임 속에 비디오 관련 파일을 추가하려면 중앙 상단 메뉴에서 [미디어]를 눌러서 나오는 그림 13-8과 같은 부메뉴를 통해서 원하는 미디어를 추가할 수 있다.

(6) 파워포인트(Powerpoint)

프레지에 이미 작성해 두었던 파워포인트 파일을 프레임화하여 삽입하려면 중앙 상단 메뉴에서 [파워포인트]를 눌러서 원하는 파워포인트 파일을 지정하면 된다.

3) 프레지 편집

프레지 편집기는 프레지 프레젠테이션을 웹 브라우저를 통해 작성할 수 있도록 해주므로 원격지의 클라이언트 PC에서 작성하여 클라우드 공간에 저장하는 구조를 가지고 있다. 그러므로 웹 서비스 환경에 맞게 비교적 간단하고 단순한 편집 구조를 가지고 있다. 프레지 편집기는 편집 모드에서 작동하므로 새 프레지를 작성하거나 기존에 이미 작성해놓은 프레지를 수정하려면 편집 모드로 들어가야 한다. 편집모드로 들어가기 위해서는 그림 13-9와 같이 로그인 상태에서 [내프레지] 메뉴를 선택해서 나오는 여러 프레지들 중에서 편집하려는 프레지 위에 마우스를 올려놓았을 때 나타나는 [편집] 버튼을 누르면 된다. 또 다른 방법으로는 편집하려는 프레지를 일단 클릭한 후, 바로 이어 나타나는 화면에서 [프레지 편집하기] 버튼을 누르면 된다.

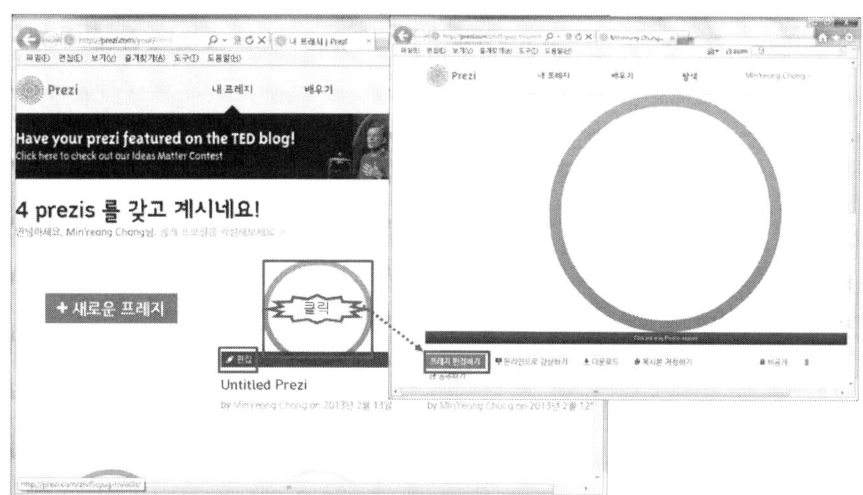

그림 13-9 프레지 편집

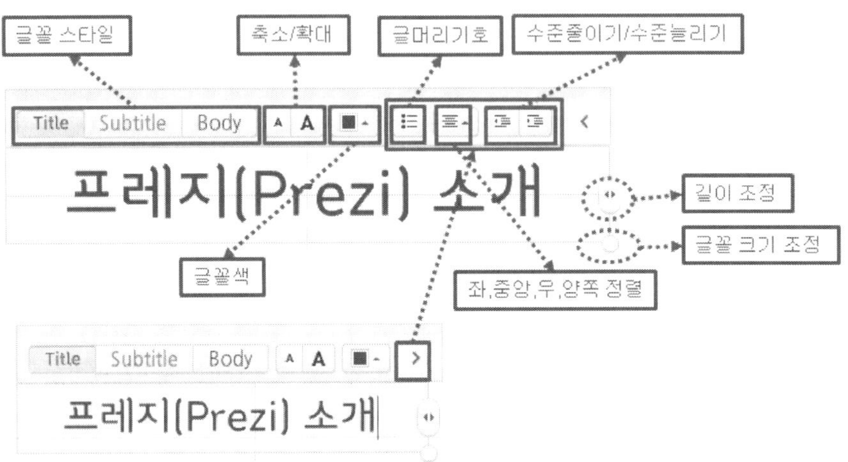

그림 13-10 텍스트 편집기

프레지 편집창에서 특정 빈 공간을 더블 클릭하면 그 위치에 그림 13-10과 같은 텍스트 편집기가 나와서 텍스트를 입력하고 편집할 수 있다. 텍스트 편집기 메뉴는 펼치거나 접을 수 있으며, 글꼴 스타일, 축소/확대, 글꼴색, 글머리기호, 정렬, 수준줄이기/수준늘리기, 길이 조정, 글꼴크기 조정 등의 명령을 수행할 수 있다. 만약 프레임창에서 특정 프레임을 클릭하면 그 프레임으로 들어가 편집할 수 있는 상태가 된다. 그리고 프레임 내의 특정 객체를 선택하면 그림 13-11과 같은 편집 아이콘이 나와서 그 객체의 수정, 이동 회전, 삭제, 확대, 축소 등의 편집 작업을 보다 편리하게 수행할 수 있게 해준다. 편집 아이콘에서 [텍스트 수정]을 선택하면 그림 13-10과 같은 텍스트 편집기가 나오고 보다 편리하고 간단하게 텍스트를 편집할 수 있다.

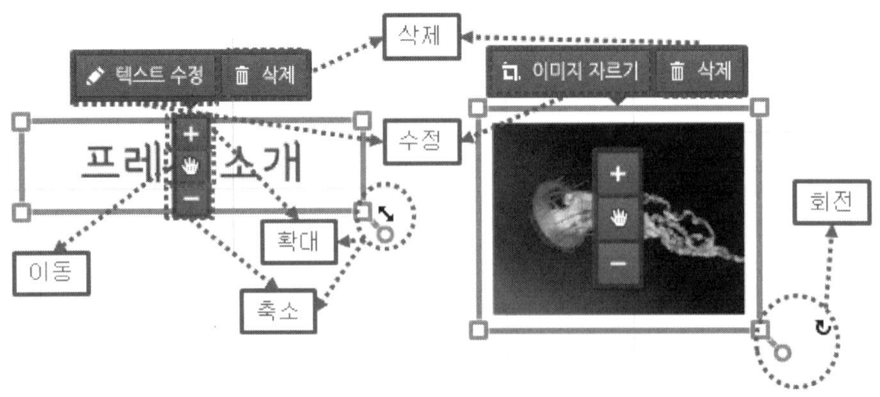

그림 13-11 편집 아이콘

3) 프레지 설정 변경 및 프레젠테이션 실행

자신이 작성한 프레지의 공개 여부, 프레지 이름, 설명, 댓글 등을 변경하려면, 로그인 상태에서 [내프레지] 메뉴를 선택해서 나오는 여러 프레지들 중에서 해당되는 프레지를 일단 클릭한 후, 바로 이어 나타나는 화면에서 그림 13-12와 같이 [비공개]를 선택하여 [공개설정 상태], [프레지이름], [설명], [댓글] 입력 및 변경을 수행하면 된다.

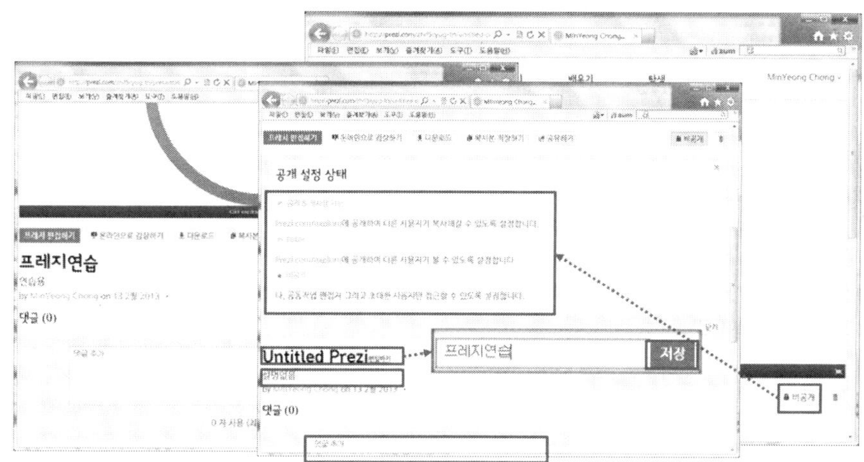

그림 13-12 프레지 설정 변경

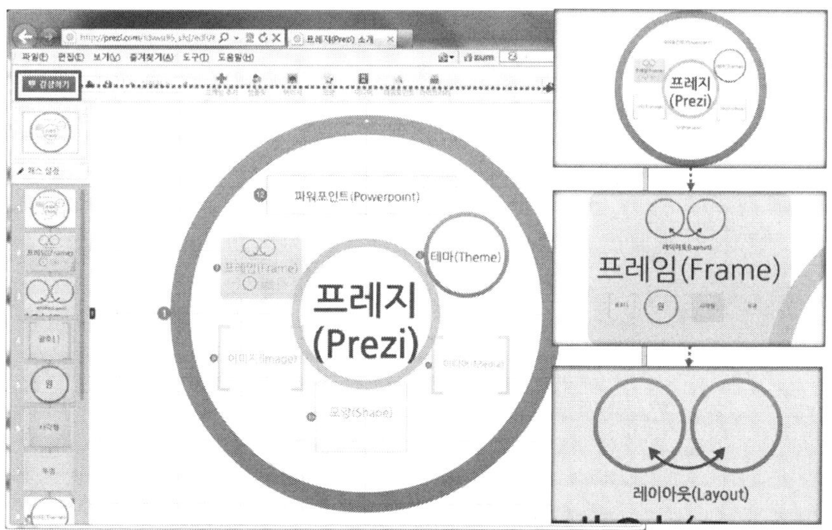

그림 13-13 프레지 프레젠테이션 실행

새 프레지 프레젠테이션을 작성하는 것은 편집모드에서 작업이 이루어지고, 좌측 상단 메뉴의 [감상하기]를 누를 때만 쇼모드로 돌아가서 패스(path)를 따라서 각 프레임을 발표할 수 있게 해준다. 쇼모드에서 오른쪽 방향키는 다음 프레임으로, 왼쪽 방향키는 이전 프레임으로 이동하게 하고, 위쪽 방향키는 프레임을 확대시켜 보여주고, 아래쪽 방향키는 프레임 축소시켜 보여준다. 쇼모드에서 편집모드로 돌아가려면 ESC 키를 누르면 된다. 그림 13-13은 프레지 샘플에 대해 [감상하기] 버튼을 눌러 프레젠테이션 실행한 것을 나타낸 것이다.

그림 13-14는 스마트폰에서 프레지 앱을 통해 로그인하여 프레지 프레젠테이션을 실행한 것을 나타낸 것이다.

그림 13-14 프레지 프레젠테이션 실행(스마트폰)

연 / 습 / 문 / 제

1. 프레젠테이션이란 정해진 시간 안에 자신의 생각, 아이디어, 경험, 노하우, 제안 등을 청중에게 정확히 전달해서, 청중이 발표자가 원하는 방향으로 (   ) 할 수 있도록 설득하는 의사소통 행위를 말한다.

2. 프레젠테이션의 사전적 의미는 발표, 소개, 표현 등이며, (   )의 의사소통(Communication) 행위로서 개인적인 대화를 제외한 입학/취업 면접, 수업시간 발표, 논문 발표, 사내 발표, 신제품 발표, 강의, 강연, 설교, 연설, 브리핑(briefing), 보고, 지시, 회의 등을 들 수 있다.

3. (   )는 프레젠테이션 할 때 한 번에 보여지는 화면 하나를 말한다. 프레젠테이션 문서 (   )은 프레젠테이션 문서가 보조기억장치에 저장된 것을 말하며 파워포인트에서 이것의 확장자는 (   )이다.

4. 파워포인트 슬라이드의 (   ) 구성요소로는 텍스트 그룹으로 텍스트 상자, 머리글/바닥글, 워드아트, 날짜 및 시각 등이 있고, 기호 그룹에는 수식, 기호가 있으며, 일러스트레이션에는 도형, 스마트아트, 차트 등이 있고, 이미지에는 그림, 클립아트, 스크린샷, 사진앨범 등이 있다. 그밖에 표, 하이퍼링크, 미디어(비디오, 오디오) 등이 있다.
   (   ) 구성요소로는 가장 상위에 테마(Theme)가 있고, 그 아래에 계층적으로 슬라이드마스터(Slide Master)가 있으며, 그 아래에 슬라이드 레이아웃(Slide Layout)이 있다.

5. 프레지는 클라우드 기반 프레젠테이션 프로그램으로 가상 캔버스 상에서 아이디어를 탐구하고 공유하는 (   ) 도구이다.

6. 프레지는(   )에 의해 구분되므로 프레젠테이션 매체에서 확대되고 축소되는 것이 자유롭다. 프레지는 파워포인트와 달리 진행을 비선형 구조로 개념 중심으로 할 수 있으며, 슬라이드 배치도 차례로 쌓아 두지 않고 맵(map) 기반으로 이루어진다. 또한 데스크탑에 기반을 두지 않고 (   )에 기반으로 두고 있다.

7. (   )은 기존의 프레젠테이션 도구에서 프레젠테이션을 구성하는 슬라이드를 대체하는 것으로 슬라이드는 일직선 상에 나열되고 가장 단말에 해당되는 것이라면 이것은 복합 구조의 연결고리를 가지고 자신이 또 다른 프레임을 포함할 수 있는 그룹이 될 수 있다는 측면에서 향상된 것이라 할 수 있다.

연 / 습 / 문 / 제

8. 프레지를 실행하여 [새로운 프레지 만들기] 버튼을 누르면 미리 작성된 틀에 해당되는 다양한 (   )이 나오는데, 이 중에 자신이 작성하고자 하는 것과 가장 유사한 것을 하나를 선택하여 그 내용을 편집하면 된다.

9. 프레지 구성요소로는 (   ), 테마, 이미지, 모양(도형), 미디어, 파워포인트 등이 있다.

10. 프레지에서 (   )는 프레임에 적용되는 색깔에 대한 디자인 틀로서 프레임의 배경색(backgroud), 글꼴과 글꼴색(Font & Font Color), 원 프레임색(Circle Frame Color), 대괄호 프레임 및 사각형색(Bracket Frame & Rectangle), 화살표와 선색(Arrow & Line Color), 마커색(Marker Color) 등을 정하는 것을 말한다.

11. 프레지 편집기는 프레지 프레젠테이션을 웹 브라우저를 통해 작성할 수 있도록 해주므로 원격지의 클라이언트 PC에서 작성하여 (   ) 공간에 저장하는 구조를 가지고 있다.

12. 새 프레지 프레젠테이션을 작성하는 것은 편집모드에서 작업이 이루어지고, 좌측 상단 메뉴의 (   )를 누를 때만 쇼모드로 돌아가서 패스(path)를 따라서 각 프레임이 발표할 수 있게 해준다.

13. 프레임 내의 특정 객체를 선택하면 (   ) 아이콘이 나와서 그 객체의 수정, 이동 회전, 삭제, 확대, 축소 등의 편집작업을 보다 편리하게 수행할 수 있게 해준다.

(1)

10진수 11
16진수 14

(3)

3G 201

(A)

ADPCM 94
AIFF 85
analog 11
analog data 12
AP 113
ASP.Net 146
AVI 87

(B)

BcN 198
bit 14
BMP 85
byte 14

(C)

CD-R 96
CD-ROM 96
CD-RW 96
CGI 145
cloud computing 202
CSU 107

(D)

digit 11
digital 11
Digital Convergence 197
digital data 12
DMB 28, 52
Dropbox 203
DSU 107
DVD-R 97
DVD-ROM 97
DVD-RW 97

(E)

encoding 84
EPUB 46

(F)

file 68
FTP 129

(G)

GIF 95
GIGO 69
Google Drive 208

(H)

Home Networking 199
HTML 139, 141
HTML 문서 141
HTML 문서 파일 141
HTML5 147
HTTP 139, 143

(I)

iCloud 207
IPTV 54
ISP 124
IT(Information Technology) 33

(J)

Java 146
JPEG 94, 95

(K)

know how 32
know where 32

(L)

LAN 110
LCD TV 53
LTE 113, 201
LZW(Lempel-Ziv-Welch) 93

(M)

media 16
medium 16
MIDI 48, 85
MIPS 65
mobile browser 155
mobile computing 200
MOV 87
MP3 48, 52, 94, 95
MPEG 87, 96
multi-media 43

(N)

NAS 98

(P)

PCM 85
PDA 51
PDF 46
PDP TV 53
PMP(Portable Multimedia Player) 52
PNG 95
presentation 217
Prezi 219
program 68

(Q)

QR 코드 161
quantization 84

(R)

RFID 28, 108, 198

(S)

sampling 83
smart 36
smart phone 52, 202
SNS 133
SSD 98, 99
SVG 95
SWF 87

(T)

TCP 122
TCP/IP 108, 122, 125

(U)

ubiquitous 198
ubiquitous network 198
UCC 45
URL 139, 143
USB 메모리 97
USN 199

(V)

VoIP 54

(W)

WAV 84
WiBro 28, 200
Wireless Broadband 200
WMF 86
WMV 87
WWW 127, 130, 139, 143

(Z)

ZUI 219

(ㄱ)

가상현실 200
가입자망 123

게이트웨이 115
고정소수점방식 81
구글 드라이브 208
근거리망 110, 111
기획 과정 44

(ㄴ)

내부적 표현 78
내장컴퓨터 51, 65
네트워크 107
네티즌(netizen) 31
넷북(net book) 51
니콜라스 네그로폰테 15

(ㄷ)

더미허브 112
데스크탑 PC 50
데이터 67
데이터 파일 64
데이터그램 110
드랍박스 203
디지털 11, 12
디지털 TV 52
디지털 기기 27, 49
디지털 데이터 12, 13, 27
디지털 미디어 19, 27, 61
디지털 방송 49
디지털 영상 47
디지털 음악 48
디지털 정보 27
디지털 정보 사회 11
디지털 출판 45
디지털 카메라(digital camera) 51
디지털 컨버전스 197
디지털 컴퓨터 49
디지털 콘텐츠 27, 43
디지털 콘텐츠 생명주기 44
디지털 콘텐츠 식별자 44
디지털 프레젠테이션 217
디지트 11
디코딩(decoding) 93

(ㄹ)

라우터 107, 115
랜 카드 114
랩탑 PC 50
리눅스(Linux) 66
리피터 107, 114

(ㅁ)

마샬 맥루한 17
마이크로블로그 121, 133
마이크로컴퓨터(microcomputer) 50
마이크로파 21
매시업 147
멀티미디어 19, 43
멀티미디어 콘텐츠 43
메인프레임(mainframe) 50
모뎀 107
모바일 메일 162
모바일 브라우저 155
모바일 웹 147
모바일 웹 브라우저 155
모바일 컴퓨팅 200
모바일 콘텐츠 45
모바일 홈페이지 177
모바일폰 52
무선 가입자망 123
무손실 압축 93
물리적 웹 148
미니컴퓨터(minicomputer) 50
미디어 16
미디엄 16

(ㅂ)

바이트 14
방송망 110
보조기억장치 64
부호화 84

브리지 107, 115
블로그 132
비트 14, 77
비트맵(bitmap) 86

(ㅅ)

사설망 110
사파리 156
샘플링 83
서버 115
서버 중심 언어 145
소셜 네트워크 서비스(SNS) 121
소셜미디어 133
소프트웨어 65
손실 압축 93
쉐어웨어 66
슈퍼컴퓨터 50
스마트 TV(Smart TV) 53
스마트 시대 36
스마트그리드 36
스마트러닝 36
스마트워크 36
스마트폰 36, 52, 202
스위칭 허브 113, 115
스크립트 146
슬라이드(slide) 218
시맨틱 웹 148
시스템소프트웨어 65

(ㅇ)

아나로그 11
아날로그 데이터 12
아이클라우드 207
아이튠즈 스토어(iTunes Store) 46
아이패드(iPad) 46
압축 93
양자화 84
에니악 62
엘빈 토플러(Alvin Toffler) 31
연산장치 64
영상 해상도 86
와이브로 113, 200
와이파이존 113
외부적 표현 78
외장하드 98
운영체제 66
워크스테이션(workstation) 50
원거리망(WAN) 111
웹 2.0 146
웹 브라우저 139
웹 서버 144
웹 서비스 130, 139
웹 콘텐츠 45
웹 프로그래밍 145
웹 프로그래밍 언어 145
웹 프로그램 145
웹캐스팅 49
위키 134
위키백과 134
유니코드(Unicode) 79
유닉스(Unix) 66
유비쿼터스 198
유비쿼터스 네트워크 198
유비쿼터스 시티 199
유비쿼터스 컴퓨팅 198
유선 가입자망 123
유즈넷 130
유지관리 과정 44
유통 과정 44
유튜브 45, 134
유틸리티 66
음성인식 정보 검색 160
응용소프트웨어 65
이더넷 112
이진 상태 13
인코딩(encoding) 93
인터네트워크 107, 123
인터넷 121
인터넷 서비스 127
인터넷 서비스 사업자 123

입력 자료 61
입력장치 63

(ㅈ)

자료 67
전달 매체 17
전자우편 130
전자우편주소 130
정보 62, 67
정보 검색 서비스 132
정보 프로슈머 179
정보기술 33
정보처리 시스템 61
정보통신 105
정보통신망 107
제어장치 64, 72
제작 과정 44
존 폰 노이만 62
주기억장치 64
증강현실 200
지능형 로봇 200
지식 68

(ㅊ)

차세대 컨버전스(convergence) 52
출력장치 64

(ㅋ)

카페 132
커뮤니케이션(communication) 34, 36
커뮤니티 35
컴퓨터 61
컴퓨터 게임 47
컴퓨터 시스템 65
컴퓨터망 107, 110
클라우드 컴퓨팅 202
클라우드(cloud) 202
클라이언트 115
클라이언트 중심 언어 145
클라이언트/서버 116
킨들 46

(ㅌ)

태블릿 PC 51, 201
테마 222
텔넷 129
토큰링 112
토폴로지 112
통신 구성요소 106
통신망 107
통신매체 106
통신장비 107
트위터 133, 179
트윗 179

(ㅍ)

파워포인트(PowerPoint) 218
파일 64, 68, 141
팔로우어 180
팔로잉 180
팝탑 PC 51
팟캐스트(podcasts) 49
패킷교환망 109
퍼블릭 도메인 소프트웨어 67
페이스북 134, 184, 190
포크소노미 147
포털 131
표본화 83
표준단위 15
표현 매체 17
프레임 221
프레젠테이션 217
프레지 219
프레지 템플릿 221
프로그램 62, 68, 146
프로그램 파일 64
프로그램내장방식 62
프로토콜 106, 108
프리소프트웨어 67

프리웨어	66
플래시 메모리	97
피어투피어	116
픽셀	85
픽셀 해상도	86

(ㅎ)

하드웨어	65
하이퍼링크	141
하이퍼미디어	19, 141
하이퍼텍스트	140
허브	107, 114
호스트(host)	111
홈 네트워킹	199
화면 해상도	86

○ 학습 진도표 ○

성명: ㊞					
주	단원	일자	시작	종료	비고
1	1장 디지털 미디어의 개요				
2	2장 디지털 미디어와 사회				
3	3장 디지털 콘텐츠와 기기				
4	4장 디지털 컴퓨터				
5	5장 디지털 정보의 표현				
6	6장 디지털 정보의 압축과 저장				
7	7장 컴퓨터 네트워크				
8	8장 인터넷				
9	9장 웹 서비스				
10	10장 모바일 정보 검색				
11	11장 모바일 정보 공유				
12	12장 디지털 미디어 기술의 발전				
13	13장 디지털 프레젠테이션				

디지털 미디어

지 은 이 | 정민영

펴 낸 이 | 김형근

펴 낸 곳 | 도서출판 기한재

주 소 | 경기도 파주시 회동길 56 (파주출판도시)

전 화 | 031)955-0900~2

팩 스 | 031)955-0100

등 록 | 1990년 3월 15일 제2-968호

발 행 | 2017년 8월 30일 1판 3쇄

정 가 | 15,000원

Published by Kihanjae Co.

ISBN 978-89-7018-678-8

http://www.kihanjae.com

E-mail : kihanjae@hanmail.net